teach
yourself

®

italian
lydia vellaccio
and
maurice elston

D0231286

For UK order enquiries: please contact Bookpoint Ltd, 130 Milton Park, Abingdon, Oxon OX14 4SB. Telephone: +44 (0)1235 827720. Fax: +44 (0)1235 400454. Lines are open 09.00–18.00, Monday to Saturday, with a 24-hour message answering service. Details of our titles and how to order are available at www.teachyourself.co.uk

For USA order queries: please contact McGraw-Hill Customer Services, P.O. Box 545, Blacklick, OH 43004-0545, USA. Telephone: 1-800-722-4726. Fax: 1-614-755-5645.

For Canada order queries: please contact McGraw-Hill Ryerson Ltd, 300 Water St, Whitby, Ontario L1N 9B6, Canada. Telephone: 905 430 5000. Fax: 905 430 5020.

Long renowned as the authoritative source for self-guided learning – with more than 30 million copies sold worldwide – the Teach Yourself series includes over 300 titles in the fields of languages, crafts, hobbies, business, computing and education.

The publisher has used its best endeavours to ensure that the URLs for external websites referred to in this book are correct and active at the time of going to press. However, the publisher has no responsibility for the websites and can make no guarantee that a site will remain live or that the content is or will remain appropriate.

British Library Cataloguing in Publication Data: a catalogue entry for this title is available from The British Library.

Library of Congress Catalog Card Number: on file

First published in UK 1998 by Hodder Headline Ltd, 338 Euston Road, London, NW1 3BH.

First published in US 1998 by Contemporary Books, a Division of the McGraw Hill Companies, 1 Prudential Plaza, 130 East Randolph Street, Chicago IL 60601 USA.

This edition published 2003.

The 'Teach Yourself' name is a registered trade mark of Hodder & Stoughton Ltd.

Copyright © 1998, 2003 Lydia Vellaccio and Maurice Elston

Advisory Editor: Paul Coggle, University of Kent at Canterbury

Typeset by Transet Limited, Coventry, England.
Printed in Great Britain for Hodder & Stoughton Educational, a division of Hodder Headline Ltd, 338 Euston Road, London NW1 3BH by Cox & Wyman Ltd, Reading, Berkshire.

Papers used in this book are natural, renewable and recyclable products. They are made from wood grown in sustainable forests. The logging and manufacturing processes conform to the environmental regulations of the country of origin.

Impression number	10	9	8	7	6		
Year	2008	2007	2006	2005	2004	2003	

contents

introduction

Welcome to *Teach Yourself Italian*!

Is this the right course for you?

If you are an adult learner with no previous knowledge of Italian and studying on your own, then this is the course for you. Perhaps you are taking up Italian again after a break from it, or you are intending to learn with the support of a class? Again, you will find this course very well suited to your purposes.

Developing your skills

The language introduced in this course is centred around realistic everyday situations. The emphasis is first and foremost on **using** Italian, but we also aim to give you an idea of how the language works, so that you can create sentences of your own.

The course covers all four of the basic skills – listening and speaking, reading and writing. If you are working on your own, the recording will be all the more important, as it will provide you with the essential opportunity to listen to Italian and to speak it within a controlled framework. You should therefore try to obtain a copy of the recording if you haven't already got one.

Use it or lose it!

Language learning is a bit like jogging – you need to do it regularly for it to do any good! Ideally, you should find a 'study buddy' to work through the course with you. This way you will have someone to try out your Italian on. And when the going gets tough, you will have someone to chivvy you on until you reach your target.

The structure of this course

The course book contains 25 **course units** plus a **reference section** at the back of the book. There are also **two cassettes** or **CDs** which you really do need to have if you are going to get maximum benefit from the course.

The course units

The course units can be divided roughly into the following categories, although of course there is a certain amount of overlap from one category to another.

Statement of aims

You will be told what you can expect to learn, mostly in terms of what you will be able to *do* in Italian by the end of the unit.

Presentation of new language

Usually in the form of dialogues which are recorded ▶ and also printed in the book. Some assistance with vocabulary is also given. The language is presented in manageable chunks, building carefully on what you have learned in earlier units.

Practice of the new language

Practice is graded, so that activities which require mainly *recognition* come first. As you grow in confidence in manipulating the language forms, you will be encouraged to *produce* both in writing and in speech.

Description of language forms

In these sections you learn about the *forms* of the language, thus enabling you to construct your own sentences correctly. For those who are daunted by grammar, assistance is given in various ways.

Pronunciation and intonation

The best way to acquire good pronunciation and intonation is to listen to native speakers and try to imitate them. But most people do not actually notice that certain sounds in Italian are pronounced differently from their English counterparts, until this is pointed out to them. For this reason we include specific advice within the course units.

ℹ️ Information on Italy and Italian life

Here you will find information on Italy and various aspects of Italian life – from the level of formality that is appropriate when you talk to strangers, to how the health service works if you should fall ill.

Reference section

The reference section contains

- a glossary of grammar terms
- a key to the exercises
- Italian–English and English–Italian vocabularies

How to use this course

At the beginning of each course unit make sure that you are clear about what you can expect to learn.

Read any background information that is provided. Then listen to the dialogues on the recording. Try to get the gist of what is being said before you look at the printed text in the book. Refer to the printed text and the key words and phrases in order to study the dialogues in more detail.

Keep listening!

Don't fall into the trap of thinking you have 'done that' when you have listened to the recording a couple of times and worked through the dialogues in the book. You may *recognize* what you hear and read, but you almost certainly still have some way to go before you can *produce* the language of the dialogues correctly and fluently. This is why we recommend that you keep listening to the recording at every opportunity – sitting on the tube or bus, waiting at the dentist's or stuck in a traffic jam in the car, using what would otherwise be 'dead' time. Of course, you must also be internalizing what you hear and making sense of it – just playing it in the background without really paying attention is not enough!

Check your progress

As you work your way through the exercises, check your answers carefully in the back of the book. It is easy to overlook your own mistakes. If you have a study buddy, it's a good idea to check each other's answers. Most of the exercises have fixed answers, but some are a bit more open-ended, especially when we are asking you to talk about yourself. We then, in most cases, give you a model answer which you can adapt for your own purposes.

Before you move on to a new unit always make sure that you know all the new words and phrases in the current unit. Try covering up the English side of the page and producing the English equivalents of the Italian. If you find that relatively easy, go on to cover up the Italian side of the page and produce the Italian equivalents of the English. You will probably find this more difficult. Trying to recall the context in which words and phrases were used may help you learn them better. After Units 6, 12, 18 and 25, check your progress in the *Testing Yourself* section, on p. 294.

Grammar

We have tried to make the grammar explanations as user-friendly as possible, because we recognize that many people find grammar daunting. But in the end, it is up to you just how much time you spend on studying and sorting out the grammar points. Some people find that they can do better by getting an ear for what sounds right, others need to know in detail how the language is put together.

Sources of real Italian

See Unit 25 (especially p. 292) and the *Taking it further* section (p. 293) for information about the Italian media. The Italian Cultural Institute is also a useful resource – there are branches throughout the world, for example in London, at 39 Belgrave Square, SW1X 8NX (tel. 020 7235 1461); in New York, at 686 Park Avenue, NY 10021 (tel. 212 879 4242).

Italian in the modern world

Italian is spoken by about 60 million people in Italy (including Sicily and Sardinia), the Ticino canton in Switzerland, Corsica, and parts of Istria and Dalmatia in the former Yugoslavia. Massive emigration over the past 100 years has led to the establishment of Italian-speaking communities worldwide, especially in the United States, Brazil, Argentina, and, more recently, Australia. Early pre-eminence in European architecture, banking, painting and music has enriched the English language with many words of Italian origin: *dome*, *cupola*, *bank*, *fresco* and *concerto* are a few of the more obvious examples. The great appeal of Italy has long been its landscape and artistic heritage, but it is important to remember too that, like Great Britain, it is a great manufacturing and trading nation.

1

scusi!
excuse me!

In this unit you will learn

- how to attract someone's attention
- how to exchange information about the languages you speak
- how to make and respond to simple enquiries or requests
- how to say you don't know
- how to greet someone formally
- how to accept or refuse what is offered to you

▶ 1 Primo dialogo *First dialogue*
Parla inglese? *Do you speak English?*

Il **portiere** (*the porter*) of a small hotel in Rome is having difficulties communicating with his foreign guests. He is looking for an Italian who speaks English and German to help out. He addresses **la signorina Anna Muti** (*Miss Anna Muti*) because he has heard she speaks several languages.

Listen to the following dialogue carefully, and without looking at the text, answer the following questions orally:

a How does the porter ask her: 'Do you speak English?'

Portiere	Scusi, signorina!
Sig.na M.	Sì...? Prego?
Portiere	Parla inglese?
Sig.na M.	Sì. Parlo inglese e francese.
Portiere	Ah, benissimo! Parla anche tedesco, vero?
Sig.na M.	No. Mi dispiace. Non parlo tedesco.

Sì...? Prego?	*Yes...? Can I help you?*
Benissimo!*	*Splendid! Great!*
Parla anche tedesco, vero?	*You speak German, too, don't you?*
No. Mi dispiace.	*No. I'm sorry (I don't).*
e	*and*

*See the section on stress, p. 7 below.

b How does Anna say: 'I speak English and French'?
c How does she say: 'I don't speak German'?

▶ Listen to the following list of languages. Tick the ones that have appeared in the dialogue. Can you guess the others? If in doubt, check them in the vocabulary at the back of the book.

italiano ☐	**russo** ☐	**tedesco** ☐	**cinese** ☐	**giapponese** ☐
spagnolo ☐	**greco** ☐	**francese** ☐	**inglese** ☐	**portoghese** ☐

d How would you say you speak the following languages?
____ inglese. ____ francese. ____ tedesco.

e How would you say you don't speak the following?
____ cinese. ____ giapponese. ____ russo.

f Now ask someone: 'Do you speak Italian?' _____

Parla also means *he is speaking* or *she is speaking*.

> **Pablo Serra parla spagnolo.** *Pablo Serra is speaking Spanish.*
> **Anna Muti parla italiano.** *Anna Muti is speaking Italian.*

g Match each picture with the correct caption (the first one is done for you), and complete the captions for **Gérard Dupont**

i ii iii iv

and **Helga Weil.**

> **Pablo Serra**
> **parla spagnolo.**

Anna Muti parla italiano.   Betty Warren parla inglese.
Gérard Dupont _____ .   Helga Weil _____ .

▶ 2 Sì, è lì *Yes, it's (over) there*

Two guests ask the porter for information. The first one, **una signora** (*a woman*), asks him where the lift and telephone are.

a How does she attract the porter's attention and ask where the lift is?

Signora   Scusi, l'ascensore, per favore?
Portiere   L'ascensore? Sì, è lì.
Signora   E il telefono?
Portiere   È qui, a sinistra.
Signora   Grazie.
Portiere   Prego.

l'ascensore	*the lift*
per favore	*please*
è qui, a sinistra	*it's here on the left*
prego	*don't mention it, you're welcome*

b How does she say: 'Thank you'?
c How would *you* attract someone's attention and ask where the telephone is?

▶ 3 Non lo so *I don't know*

The second guest, **un signore** (*a man*), asks him where the
station and the bank are. Being new to Rome, **il portiere** doesn't
know all the answers.

a   There is another way of saying *please* in this dialogue: what
is it?

Signore   Scusi, la stazione, per piacere?
Portiere   Sempre dritto, poi a destra. Dopo il semaforo.
Signore   E la banca?
Portiere   Mi dispiace. Non lo so.

sempre dritto	*straight on*
poi	*then*
a destra	*on the right*
dopo	*after*
il semaforo	*the traffic lights*

b   How does the porter say: 'I'm sorry'?
c   How would *you* attract someone's attention and ask where the
bank is?
d   If you were asked the same question how would you reply:
'I don't know'?
e   Listen to the above dialogues and mark where the stress falls
in the following words:

Esempio (*example*): sc**u**si
sinistra, stazione, ascensore, grazie, telefono

Look at the following town signs. Are the statements
underneath each one *true* or *false* (**vero o falso**)? Correct the
false statements.

f   g   h   i

| STAZIONE → | ← POSTA | MUSEO → | POLIZIA → |

La stazione è   La posta è   Il museo è   La polizia è
a sinistra   a destra   a destra   a sinistra

j   Someone asks you: **Scusi! Il Duomo?** (*the Cathedral*)

> DUOMO↑   Look at the sign. What do you answer?

k   **La posta** is *the post-office*. Can you guess what **il museo** and
la polizia are?

▶ 4 Buongiorno. Come sta?
Good morning. How are you?

Un professore (*a teacher*) meets **Giulia**, one of his students. They exchange greetings. How does the teacher greet **Giulia**? What does **Giulia** say when she leaves?

Professore	Buongiorno, signorina Giulia.
Giulia	Buongiorno, professore. Come sta?
Professore	Bene, grazie. E lei?
Giulia	Molto bene, grazie.
Professore	Ci vediamo domani! Arrivederci!
Giulia	Arrivederci, professore.

E lei?	*And you?*
(molto) bene	*(very) well*
Ci vediamo domani.	*See you tomorrow!*

▶ 5 Un gelato? *An ice cream?*

Il professore goes into a café where **un dottore** (*a doctor*) and other friends of his are waiting for him. He offers them something to drink.

a What does the teacher say to offer an ice cream to the young woman?

Professore	Un tè, signora?
Signora	No, grazie.
Professore	Un gelato, signorina?
Signorina	Sì, grazie.
Professore	E per lei, dottore? Un caffè o una birra?
Dottore	Un espresso e una pasta, grazie.

per	*for*
o	*or*
una pasta	*a cake*

BAR ITALIA

acqua minerale
tè
caffè
birra
espresso
limonata
cioccolato

b What expressions are used for *no, thank you* and *yes, please*?

c Guess what the drinks in the dialogue are. Check your answers in the vocabulary at the back of the book.

d Listen to and concentrate on the list of drinks that follows the dialogue. See which ones you can recognize: tick them off on the **Bar Italia** board (p. 5). Look up those you don't understand. There should be one left over: which is it?

Respond to the pictures as in the example. ✓ = you accept. ✗ = you refuse.

Esempio: Un espresso? No, grazie.

e   f   g

 ✗   ✓   ✗   ✓

▶ Pronunciation

Vowels

Italian has five vowels: **a, e, i, o, u**. The vowels **a, i** and **u** each represent one sound only. When the vowel is stressed it is slightly longer.

a is pronounced as in *bat*: listen to the following words: pasta, limonata, parla, banana. Notice particularly how, in the Italian word **banana**, the vowel **a** has exactly the same sound throughout, even though the second **a** is longer because of the stress: **ba-na-na**.

i is pronounced as in English *machine*: sì, sinistra, scusi, birra.

u is pronounced as in English *rule*: **u**n, **u**na, mus**e**o, scusi, cappucc**i**no

ATTENZIONE! *Beware!* Pronounce *u* as in *rule* NOT as in *tune*.

e has two sounds:

as in English *get*: è, pr**e**go, tel**e**fono, d**e**stra, caff**è**.

as in English *they*: e, franc**e**se, piac**e**re, s**e**ra, arrived**e**rci

o has two sounds:

as in English *got*: no, po', posta.

as in English *ought*: Roma, come, parlo

Stress

1 Stress usually falls on the last syllable but one: **prego**, **stazione**, **limonata**.
2 An accent on the final vowel of a word must be stressed: **caffè**.
3 Occasionally, the stress falls on the last syllable but two: **telefono**, **grazie**, **utile**, **semaforo**.

In this book irregular stress is indicated by underlining when the word is first introduced, and in the *Italian–English vocabulary*, pp. 334–50.

Accents

There are two accents in Italian: the grave (`) for open vowels (**verità, caffè, così, andrò, gioventù**) and the acute (´) for closed vowels (**perché, ventitré**). In this book we follow normal everyday practice in using the grave accent even on vowels that are considered to be closed. Apart from showing final stress, the accent distinguishes between two words that would otherwise be written the same: **e** *and*; **è** *is*.

Grammar

1 Saying 'please' and 'thank you'

grazie	*thank you*
prego	*not at all, don't mention it*
per favore ⎫ per piacere ⎭	*please*

Although **grazie** normally means *thank you* and **per piacere** or **per favore** *please*, care must be taken to use only **sì, grazie/no, grazie** when someone is offering you something:

Un caffè, dottore?	*A coffee (Doctor)?*
Sì, grazie.	*Yes, please.*
Un cioccolato, signora?	*A chocolate (Madam)?*
No, grazie.	*No, thank you.*

In response to thanks Italians instinctively reply **prego**:

Grazie.	*Thank you.*
Prego.	*Not at all, you're welcome, don't mention it.*

When **Prego?** is used as a question it means *Can I help you?* or *Pardon?*

2 Parlo, parla *(I speak, you speak)*

(Io) parlo   *I speak, I am speaking.*
(Lei) parla   *You speak, you are speaking.*

Parla can also mean *he/she speaks* or *he/she is speaking.*

The pronouns* (io *I*, lei *you*, etc.) are only used for emphasis, contrast, or to avoid ambiguity. The context will usually make it clear whether **parla** refers to *you*, *he* or *she*. Notice also that the verb* 'to be' is **not** used. Therefore in Italian *I am speaking* is the same as *I speak*: **parlo**.

3 *Domande e risposte* Questions and answers

To ask a question, Italians simply change the intonation of their voice. Listen to all the questions on the recording very carefully and compare the intonation with that of statements.

Parla italiano?   *Do you speak Italian?*
Sì. Parlo italiano e inglese.   *Yes. I speak Italian and English.*
Parla inglese?   *Does he/she speak English?*

Vero (literally *true*) added to the end of a question is the equivalent of the English *don't you? isn't it? aren't they?* etc.

Maria parla tedesco, vero?   *Maria speaks German, doesn't she?*
No. Parla spagnolo.   *No. She speaks Spanish.*
È lì, vero?   *It's (over) there, isn't it?*
Sì. È lì.   *Yes. It's (over) there.*

In answer to questions such as *Do you speak Italian?* we would normally answer in English: *Yes, I do* or *No, I don't*. Italians simply answer: **Sì** or **No**, or they repeat the whole sentence: **Sì. Parlo italiano** or **No. Non parlo italiano**. They do **not** express *do* or *don't*.

4 The negative

In negative sentences use **non** before the verb:

parlo   *I speak*   **non parlo**   *I don't speak*
Anna parla inglese, ma   *Anna speaks English, but*
   non parla tedesco.   *she doesn't speak German.*
Non è qui Roberto?   *Isn't Robert here?*

*If you are not sure what verbs, nouns, pronouns, etc. are, see *Glossary of grammatical terms*, p. 331.

5 Greetings and titles

Buongiorno (lit. *good day*) *hello, good morning, goodbye*

Buonascra (lit. *good evening*) is used for the late afternoon and evening.

Buonanotte *goodnight*

Arrivederci *goodbye* (at any time of day)

Note the various meanings of the following words and their abbreviated forms from the dialogues:

signore (sig.)	*(gentle)man, Mr, sir*
signora (sig.ra)	*lady, Mrs, madam*
signorina (sig.na)	*young lady/woman, Miss*
professore (prof.)	any professor or teacher
dottore (dott.)	any university graduate; not restricted to the medical profession

Italians normally use titles when addressing each other formally:

Buongiorno, signora.	*Good morning (madam).*
Buonasera, signorina.	*Good evening (miss).*
Grazie, dottore. Arrivederci!	*Thank you (doctor). Goodbye.*

6 Singular nouns and articles

In Italian most words end in a vowel.

Names for men usually end in -o – Carlo *Charles*, Franco *Frank*, amico *friend (male)*.

Names for women usually end in -a – Anna *Anne*, Maria *Mary*, amica *friend* (female).

Names for things usually end in -o or -a – gelato, posta.

If they end in -o they are called masculine nouns.

If they end in -a they are called feminine nouns.

Some nouns end in -e, and these can be either masculine or feminine. Learn them as you meet them. However, nouns ending in -**ore** are normally masculine and those ending in -**zione** are normally feminine: **il** dottore, **il** professore, **la** stazione, **la** lezione (*the lesson*).

il, un (*the, a, an*) are used with masculine nouns.

la, una (*the, a, an*)are used with feminine nouns.

l' (*the*) is used with masculine or feminine nouns beginning with a vowel.

Masculine		Feminine	
il cioccolato	*the chocolate*	la birra	*the beer*
il museo	*the museum*	la polizia	*the police*
il dottore	*the doctor*	la lezione	*the lesson*
l'amico	*the friend (male)*	l'amica	*the friend (female)*
un cappuccino	*a cappuccino*	una pasta	*a cake*
un gelato	*an ice cream*	una parola	*a word*
un tè	*a tea*	una stazione	*a station*

▶ Come si dice in italiano?
How do you say it in Italian?

1 attract someone's attention — **Scusi!**
   reply to someone attracting your attention — **Prego?**

2 ask someone whether they speak English — **Parla inglese?**
   say that you speak English and Italian — **Parlo inglese e italiano.**

3 say that you don't speak Spanish — **Non parlo spagnolo.**

4 make a simple enquiry — **Il museo, per favore?**
   say whether something is: here/(over) there /on the right/on the left/straight ahead — **È: qui/lì /a destra/a sinistra/sempre dritto.**

   make a simple request — **Una birra, per piacere.** **Un tè, per favore.**

5 greet someone:
   (morning/early afternoon) — **Buongiorno!**
   (later afternoon/evening) — **Buonasera!**
   (before going to bed) — **Buonanotte!**
   (on departure) — **Arrivederci!**

6 offer someone a coffee — **Un caffè?**
   accept/refuse what you are offered — **Sì, grazie./No, grazie.**

7 say you don't know — **Non lo so.**

8 say 'thank you' — **Grazie.**
   respond to thanks — **Prego.**

Now cover up the right-hand side and try to give the Italian.

Practice

1

crushed ice flavoured with lemon

Look at this group of friends sitting round a café table; go round clockwise and write down what drink each person is asking for. Choose carefully between **un** and **una**.

Esempio: a	Franco: 'Un caffè, per favore.'	e Roberto:___	
b	Anna: ____	f Rita: ____	
c	Alfredo:____	g Carlo: ____	
d	Maria: ____	h Olga: ____	

2 Now help the waiter when he returns by telling him which drink is for which person. Choose carefully between **il** and **la**. **Esempio: Il caffè è per Franco.**

3 Look at the following table which tells you what language(s) Olga and her friends speak. If you were talking about **Olga** you would write: **Olga parla inglese, francese e spagnolo.**

What would you write about **a Franco, b Rita, c Carlo? d** How would you write that **Carlo** speaks German but (**ma**) doesn't speak French?

	inglese	francese	tedesco	spagnolo
Olga	✓	✓		✓
Franco	✓			
Rita		✓		✓
Carlo			✓	✓

e How would you say: 'I don't speak Spanish'?
f How would you ask someone: 'Do you speak French?'
g Pretend you are **Olga** and say which languages you speak; which languages you don't speak.

Note that capital letters are not used for languages in Italian.

4 ▶ **Ora tocca a te!** *Now it's you turn!* A tourist stops you in the street and asks you the way. Complete your side of the following conversation:

(If you are using the recording, use 'pause' to give you time to answer.)

Turista	Scusi!
You	(*Respond to him*).
Turista	La posta, per favore?
You	(*It's over there on the left*).
Turista	E la stazione?
You	(*Straight ahead*).
Turista	Grazie.
You	(*Don't mention it*).

Check your responses against those of the model dialogue on p. 304, then use that dialogue so that you take the part of the tourist.

🛈 Coffee

The general word for coffee in Italian is **caffè**. **Espresso** (*black*) coffee is served in very small cups as it is quite strong. A **cappuccino** is a frothy white coffee given a distinctive flavour by a sprinkling of chocolate.

🛈 Bars and cafés

Il bar is the normal name for an Italian café. Both alcoholic and non-alcoholic drinks are served there. In most, you have to pay at the cashier's desk first, obtain a ticket/receipt (**scontrino**) and present it at the counter to get your drink. If you sit at a table, you pay more. Don't throw away any receipts you are given (in any cafes, restaurants or shops) while you are in the vicinity. The police may want to see them: to check not on you, but on the vendors, for tax purposes!

02

in giro per la città

out and about in town

In this unit you will learn
- how to identify things and places
- how to ask and say where people and places are
- how to order a snack or drink and ask for the bill

▶ 1 Cos'è? *What is it?*

Franco is showing **Roberta** round the town.

a What are the words he uses to point out the Cathedral?

Franco	Ecco il Duomo!
Roberta	E cos'è questo?
Franco	Questo è il Museo Nazionale.
Roberta	Bello! E questo palazzo? Cos'è? È una banca?
Franco	Sì. Questa è la Banca Commerciale.

questo/questa	*this*
bello/bella	*beautiful, nice*
palazzo	*building*

b How does he say: 'The National Museum' and 'the Commercial Bank'?

c How would *you* say: 'This is the museum'?

▶ 2 Dov'è? *Where is it?*

Roberta now wants to know where the Europa Hotel is and where the shops are.

a How does **Franco** say: 'After the American Consulate'?

b There are two words for *street* in this dialogue. What are they? What is the word for *main*?

Roberta	Dov'è l'Albergo Europa? Non è qui?
Franco	No. È più avanti. Dopo il Consolato Americano.
Roberta	Ma dove sono i negozi?
Franco	I grandi magazzini sono in Via Roma: la strada principale.
Roberta	Ah, sì! Vicino a Villa Millefiori.
Franco	No, no. Sono vicino a Piazza Municipio.

più avanti	*further on*
i negozi	*the shops*
i grandi magazzini	*the department stores*
vicino a	*next to, near*
Piazza Municipio	*the Town Hall Square*
è	*(it) is, it's*
sono	*(they) are*

c   How would *you* ask: 'Where is the Town Hall Square, please?'
d   How would *you* say: 'It's near Via Roma?'
e   How would *you* ask: 'Where are the shops, please?'

▶ 3 Cosa prende? *What are you having?*

Franco and **Roberta** are now at the **Bar-Ristorante Roma**. They say in turn what they are having. Then **Franco** calls the waiter (**cameriere**).

a   How does **Franco** say: 'I'm having a pizza and a glass of wine'?
b   How does he ask **Roberta**: 'What are you having?'
c   What is *red wine* in Italian?

Franco	Io prendo una pizza e un bicchiere di vino. Lei, Roberta, cosa prende?
Roberta	Un panino con formaggio.
Franco	Cameriere! Un panino con formaggio e una pizza.
Cameriere	Va bene. E da bere?
Roberta	Un'acqua minerale con limone e senza gas.
Franco	E per me, vino, vino rosso. E poi, due caffè.

un bicchier(e) di vino	*a glass of wine*
Cosa prende?	*What are you having?*
un panino con form̲aggio	*a cheese roll*
va bene	*all right*
e da bere?	*and to drink?*
un'acqua minerale	*a mineral water*
con/senza	*with/without*
poi, due ...	*then, two ...*

d   How would *you* ask for a sparkling mineral water?
e   How would *you* ask for a glass of red wine?

▶ 4 Il conto, per favore! *The bill, please!*

a   How does the waiter ask whether they want anything else?

Cameriere	Ecco: Il panino e l'acqua minerale per la signorina, e il vino e la pizza per lei. Altro?
Franco	No, grazie. Il conto, per favore.
Roberta	E lo zucchero...!
Cameriere	Subito, signorina.

lo zucchero	*sugar*	**subito**	*straightaway*

b How does Roberta ask for the sugar?
c How would you say: 'The sugar, please'?

▶ Listen to the numbers in Italian from 0 to 10:

0	1	2	3	4	5	6	7	8	9	10

zero uno, una due tre quattro cinque sei sette otto nove dieci

▶ 5 Un tavolo per dieci persone *A table for ten*

Una **guida** (*a guide*) enters the **bar-ristorante** with a group of tourists and orders for all of them.

a How many beers, how many sandwiches and how many ice creams are ordered?

Guida	Un tavolo per dieci persone.
Cameriere	Va bene qui?
Guida	Sì. Va bene. Sette birre e cinque tramezzini con prosciutto crudo.
Cameriere	E per i bambini? I gelati sono molto buoni.
Guida	Allora: un gelato misto e un'aranciata fresca.
Cameriere	Ecco: le birre, i tramezzini, il gelato e l'aranciata.

Va bene qui?	*Is it all right here?*
tramezzini	*sandwiches*
prosciutto crudo	*Parma ham* (lit. *raw ham*)
i bambini	*the children*
allora	*then*
i gelati sono molto buoni	*the ice creams are very good*
misto/a	*mixed*
fresco/a	*cool, fresh*

▶ Pronunciation

Consonants

Most consonants in Italian correspond roughly to their English equivalents, but double consonants (**mm**, **gg**, **cc**, etc.) must be heard: they are more deliberately pronounced than in English.

c and g need particular care before e and i:

c followed by e or i is pronounced with a soft sound,

as in English *child*: vicino, cinque, dieci, dice, cento, ufficio, farmacia.

c followed by a, o, u or a consonant is pronounced with a hard sound,

as in *cat*: banca, con, cameriere, cosa, come.

ch is as in *architect*: che, bicchiere, zucchero, macchina

g followed by e or i is pronounced with a soft sound,

as in *general*: gelati, formaggio, Angela, giro.

g followed by a, o, u or a consonant is pronounced with a hard sound

as in *gun*: granita, negozio, guida, albergo.

g followed by h is pronounced with a hard sound,

as in *gherkin*: alberghi.

gn as *ni* in *onion*: signore, signora, signorina.

Grammar

1 What? Where?

Cosa, che cosa and che can all be used to mean *what* in English.

Cos'è stands for cosa + è; the final -a is dropped for ease of pronunciation.

Che cos'è?
Cos'è? } *What is it?*

Cosa
Che cosa } prende? *What are you having?*
Che

Dov'è stands for dove (*where*) + è. The final -e of dove is dropped for the same reason.

Dov'è? *Where is it/he/she? Where are you?*
Dov'è la stazione? *Where's the station?*
Dov'è Roberto? *Where's Robert?*
Dove sono i negozi? *Where are the shops?*

2 Verbs

Parlo and **parla** (Unit 1) are parts of the verb **parlare** (infinitive) *to speak*. Here are the corresponding parts for **prendere** *to have, to take*:

prend -o *I have, I take*; **prend -e** *you have/take, he/she has/takes*.

È *you are, he/she/it is/it's*, and **sono** *they are*, are parts of the verb **essere** *to be* (Unit 3, p. 30).

3 Plural of nouns

Nouns ending in -o (masc.) change the final -o to -i:

museo   musei *(museums)*

Nouns ending in -a (fem.) change the final -a to -e:

birra   birre *(beers)*

Nouns ending in -e (masc. or fem.) change the final -e to -i:

masc: ristorante   ristoranti *(restaurants)*

fem: stazione   stazioni *(stations)*

Nouns ending in a consonant or in an accented vowel do not change:

caffè   due caffè *(two coffees)*

bar   tre bar *(three cafés)*

4 Articles

un' *(a/an)* is used only before feminine words beginning with a vowel: **un'**acqua minerale.

But **un** *(masc.)* *(a/an)* is used before consonants and vowels: **un** *a*lbergo *(a hotel, inn)*, **un** *a*scensore *(a lift)*, **un** *g*elato.

Notice: **un** amico (without an apostrophe) but **un'**amica (with an apostrophe because it is feminine).

lo *(the)* and **uno** *(a/an)* are used before masculine singular nouns beginning with **z** or **s + consonant**:

uno scontrino *a ticket/receipt*   *uno* studente *a student*
lo zucchero *the sugar*
lo scontrino *the ticket/receipt*   lo studente *the student*

Plural

il becomes i before masculine plural nouns: *il* museo, *i* musei; *il* duomo, *i* duomi.
la becomes le before feminine plural nouns: *la* birra, *le* birre; *la* stazione, *le* stazioni.

5 Articles with *piazza, via*

La piazza *the square*, la via *the road*; but when the square or the road is named, omit the article: **Piazza Municipio, Via Roma.**

6 Adjectives

Adjectives agree in number and gender with the nouns they qualify:

il vino rosso *the red wine*	la mela rossa *the red apple*
un panino fresco *a fresh roll*	un'aranciata fresca
	a cool orangeade

Questo/questa must also agree:

Questo palazzo è bello.	*This building is beautiful.*
Questa piazza è bella.	*This square is beautiful.*

Unlike English, adjectives in Italian often follow the noun they refer to: vino *rosso*, acqua *minerale*, aranciata *fresca*, prosciutto *crudo*. However, one or two very common ones such as **bello/bella** *beautiful, nice* often come before: **una bella città**   *a beautiful town.*

7 Numbers

un, una, besides meaning *a* or *an*, also mean *one*. It is the only number which agrees with the noun following it. The others do not change. When there is no noun following, use uno, una: un museo but **(numero) uno** *(number) one.* For 0–10 see p. 16.

Quanti caffè...? Uno!	*How many coffees...? One!*
Quante pizze...? Una!	*How many pizzas...? One!*

8 *Con* **with;** *senza* **without**

Un panino *con* formaggio	*a cheese roll* (literally means 'a roll *with* cheese')
un'acqua minerale *con* gas	*sparkling mineral water*
un'acqua minerale *senza* gas	*still* or *natural mineral water*
con/senza: limone, zucchero, latte, burro	*with/without lemon, sugar, milk, butter*

▶ How do you say it?

1	How to ask what something is	Cos'è?/Cos'è questo/questa?
	How to say what it is	È un museo. È una banca.
2	How to ask what things are	Cosa sono?/Cosa sono Standa e Upim?
	How to say what they are	Sono grandi magazzini.
3	How to ask where a thing or person is	Dov'è?/Dov'è la posta? Dov'è Franco?
	say where he, she or it is	È qui, è lì, ecc.
4	How to ask where things or people are	Dove sono i negozi? Dove sono Anna e Roberta?
5	How to ask what someone is having	Cosa prende?
	How to say what you are having	(Io) prendo un tè ...
6	How to say that you are having ... with ...	Prendo un tè con latte.
7	How to say that you are having ... without ...	Prendo un caffè senza zucchero.
8	How to ask for the bill	Il conto, per favore!

Practice

1 ▶ Listen to this list of towns, then to the list of famous places that follows: **Milano, Firenze, Londra, Parigi, Pisa, Napoli, Roma, Venezia.**

Il Colosseo, Piazza San Marco, il Vesuvio, il Ponte Vecchio, la Torre Eiffel, il Palazzo del Parlamento, la Torre Pendente, La Scala.

Try repeating them.

2 Look at the illustrations below. Match the name of the place with the name of the town, as in the example.

La Scala: Milano

Check that they are correctly paired.

3 To say *in Rome, in Venice, etc.* use **a: a Roma, a Venezia. Dov'è La Scala? A Milano.** *Where is La Scala? In Milan.*

Form similar questions and answers for **il Colosseo, il Vesuvio,** and **la Torre Eiffel.**

Now make statements about where the rest are. Start with:
La Scala è ...

4 Use the diagram to form questions and answers about these places as in the example:

a il Consolato Americano
b Piazza Garibaldi
c il Duomo
d l'Albergo Miramare

Esempio: Scusi, dov'è il Consolato Spagnolo?
È a sinistra, dopo il Consolato Americano.

Lei è qui
You are here

e Now answer the following question: **Dove sono i consolati?**

5 What are they?

Sort this list of words into three categories, Drinks, Food, Places, and precede each by **il, la** or **l':**

banca Duomo limonata piazza pizza pasta museo birra formaggio albergo acqua minerale panino aranciata tè prosciutto

6 With or without? **Con** or **senza?**

How do they take their tea? With or without sugar, etc.? Look at the table and make two statements, one about **Marta** and one about **Filippo**. Start with: **Marta prende il tè ...**

	limone	latte	zucchero
Marta		✓	✓
Filippo	✓		✗

Ora tocca a te!   How do you take yours?

7 What's this? **Cos'è questo/questa?**

Look at the illustrations on p. 6 and form a question and answer for each using **Cos'è questo?** or **Cos'è questa?** depending on whether the nouns are masculine or feminine.

8 ▶ Here are some more Italian town signs: how many can you guess? Look up those you don't know in the vocabulary at the back:

biblioteca ▥➡

castello ▥➡

centro città ▥➡

convento ▥➡

cinema ▥➡

gabinetti ▥➡

giardino pubblico ▥➡

teatro ▥➡

stadio olimpico ▥➡

spiaggia ▥➡

mare ▥➡

piscina ▥➡

ℹ Italian city life

Strictly speaking, **palazzo** means *palace*, but it is generally used to describe any large building or block of flats.

Although **strada** means *road* or *street* it is never used in naming any particular one. **Via** is used for this. **Via** may also mean *way* or *route*.

In Italian towns **la piazza** is the centre of social life where everyone meets for a date, a coffee or a chat. One of the most famous is **Piazza San Marco** (*St Mark's Square*) in Venice.

The most popular department stores are **Upim, Standa, La Rinascente** and **Coin**. They can be found in most Italian towns. Upim and Standa especially are reasonably priced and there are large food departments in some of them. Shop opening hours vary between regions. Most of them are open from 8.30/9.30 am to 12.30/1.00 pm and from 3.30/4.00 pm until 7.00/8.00 pm. Many of them observe half-day closing during the week, usually Monday morning, others one whole day. The latter, such as tobacconists, chemists, hairdressers and some restaurants, may close on a rota system. However, there is an increasing tendency for the big stores to be open throughout the day (**orario continuato**), especially in the major cities.

Pizza is a speciality of Naples and the **Campania** region. It can be bought in a variety of sizes either in a **pizzeria**, which is like a restaurant but cheaper, or in a **rosticceria**, a take-away which often has limited seating space for customers. You may also have a **pizza** cut from a large slab in which case it is called **pizza al metro** or **al taglio**. You may ask for your **taglio** (cut) by weight, size or value.

All the Italian cities mentioned in this unit have websites:

Firenze	http://www.firenze.turismo.toscana.it
Milano	http://www.traveleurope.it/milano
Napoli	http://www.ept.napoli.it
Pisa	http://www.pisa.turismo.toscana.it
Roma	http://www.romaturismo.it
Venezia	http://www.provincia.venezia.it

03 come si chiama?

what's your name?

In this unit you will learn

- how to exchange personal details formally and informally
- how to introduce yourself and others; respond to introductions

▶ Listen to the following ordinal numbers:

1st	2nd	3rd	4th
primo, prima	secondo, seconda	terzo, terza	quarto, quarta

▶1 A che piano...? *On what floor...?*

Il signor Russo asks il portiere on what floor i signori Nuzzo (*Mr & Mrs Nuzzo*) live: he has been invited to a party at their home.

a How does he ask on what floor they live?

Sig. Russo	A che piano abitano i signori Nuzzo, per favore?
Portiere	Terzo piano, numero 20. Quarta porta a destra.
Sig. Russo	Grazie mille.
Portiere	Prego.

porta	*door*
grazie mille	*many thanks*

▶2 Come si chiama? (formal) *What's your name?*

Il sig. Russo meets la sig.na Finzi for the first time.

a How does he ask: 'What's your name?' How does he give his own name?

b How does she ask: 'Where are you from?' How does he answer?

Sig. Russo	Come si chiama?
Sig.na Finzi	Sandra Finzi. E lei?
Sig. Russo	Mi chiamo Marco Russo.
Sig. na Finzi	Di dov'è?
Sig. Russo	Sono di Napoli.
Sig.na Finzi	Io sono di Torino.

▶3 Di dove sei? (informal) *Where are you from?*

In another part of the room **Elena** and **Massimo**, two younger people, meet on a more informal basis. Compare this dialogue (which is informal) with the second dialogue (which is formal).

a How does **Elena** ask: 'What's your name?' Compare it with the same question that **il Sig. Russo** asked in the second dialogue.
b How does she say: 'I'm from Milan'?
c How does he ask what she does and how does she answer: 'I'm a secretary'?

Elena	Come ti chiami?
Massimo	Massimo. E tu?
Elena	Elena. Sei di Milano?
Massimo	No. Sono di Firenze. E tu, di dove sei?
Elena	Io sono di Milano.
Massimo	Che cosa fai?
Elena	Sono segretaria.
Massimo	Io sono ragioniere. Lavoro in banca.

Che cosa fai?	*What do you do?*
ragioniere (m)	*accountant*
Lavoro in banca.	*I work in a bank.*

▶4 Di che nazionalità è? (formal)
What's your nationality?

Il sig. Russo is now talking to **la sig.na Galli**.

a How does he ask her nationality and how does she answer: 'I'm Italian'?
b How does he say: 'I'm Italian too'?
c How does **la sig.na Galli** say: 'She's Greek'?

Sig. Russo	Di che nazionalità è, signorina?
Sig.na Galli	Sono italiana. Sono di Palermo.
Sig. Russo	Anch'io sono italiano. Chi è questa bella ragazza?
Sig.na Galli	Maria Toffalis. È greca. Non parla italiano.
Sig. Russo	Ho capito. È qui in vacanza?
Sig.na Galli	Chi, io? Sono a Roma per studiare l'informatica.

Chi è ...?	*Who is ...?*
ragazza	*girl*
Ho capito	*I understand (lit. I have understood)*
per studiare	*to study*
l'informatica	*information technology*

▶5 Quanti anni hai? (informal)
How old are you?

Elena and **Massimo** are interrupted in mid-conversation by
Ugo. **Massimo** introduces first himself, then **Elena**, to him.

a How does **Massimo** introduce himself to **Ugo**?
b How does he introduce **Elena** to **Ugo**? How does she respond?
c How does **Massimo** ask how old **Elena** is and how does she
   answer?

Massimo	Io sono Massimo, e questa è Elena.
Elena	Piacere.
Ugo	Piacere, Ugo.
Massimo	Dunque... Elena, quanti anni hai?
Elena	Ho diciotto anni.
Massimo	Beata te! Io ho ventisei anni.

At this point **Sandra**, in a hurry to be off, spots **Massimo**, who
is a friend of hers, and greets him.

Sandra	Ciao, Massimo!
Massimo	Ciao! Come stai?
Sandra	Non c'è male, grazie. E tu?
Massimo	Abbastanza bene, grazie. Ci vediamo più tardi. Ciao!
Sandra	Ciao!

piacere	*how do you do?*
dunque ...	*well, where was I ...?*
Beata te!	*Lucky you!*
Ciao! Come stai?	*Hi! How are you?*
non c'è male	*not too bad*
abbastanza bene	*quite well*
ci vediamo più tardi	*see you later*

▶6 Quanti figli ha? (formal)
How many children have you (got)?

Finally, in another group, **Ugo** talks to la **sig.ra Dini**.

a How does la **sig.ra Dini** say she's married?
b (See picture and question p. 29)
c How does **Ugo** ask how many children she has?

d How does he ask their age?
e How does **la sig.ra Dini** say the little girl is only four?

Ugo	È sposata?
Sig.ra Dini	Sì. Sono sposata.
Ugo	Quanti figli ha, signora?
Sig.ra Dini	Due: Luisa e Paolo.
Ugo	Quanti anni hanno?
Sig.ra Dini	Il ragazzo ha undici anni e va a scuola. La bambina ha solo quattro anni.
Ugo	Ah, sono piccoli! Io non sono sposato. Mio fratello invece è sposato. Ma è separato.
Sig.ra Dini	Quanti fratelli e quante sorelle ha?
Ugo	Ho un fratello e una sorella. Io sono il secondo.

Nino

b Quanti fratelli e quante sorelle ha Nino?

figli	*children*
ragazzo	*boy*
va a scuola	*goes to school*
piccolo/a	*young, small*
invece	*but, on the other hand*
fratello, sorella	*brother, sister*

▶ Pronunciation

Consonants *(continued)*

s has two sounds:

> s as in English *song*: secondo, solo, Massimo, sono, suo, inglese
> s as in *toes* (usually between vowels): musica, scusi, sposato

sc followed by e or i is pronounced as in English *she*: ascensore

z has two sounds:

> *ts* as in *cats*: stazione, grazie, ragazza
> *ds* as in *odds*: zero, zucchero, gorgonzola

Grammar

1 Subject pronouns

singular		plural	
io	*I*	noi	*we*
tu	*you* (informal)	voi	*you* (plural)
lei	*you* (formal)		
lui, lei	*he, she*	loro	*they*

The familiar form **tu** (2nd person singular) is used with relatives, friends and children. Use **Ciao!** to say *hello* or *goodbye* when you are on **tu** terms with someone (as in Dialogue 5, p. 28). The **tu** form of the verb normally ends in -i. **Lei** means both *you* and *she* and is used whether you are talking directly to a man or a woman formally, or talking about a girl or woman. The context should make it clear.

2 Verbs

Present tense (irregular) of <u>essere</u> and *avere*

Present tense <u>essere</u> *to be*			avere	*to have*
(io)	sono	*I am*	ho	*I have*
(tu)	sei	*you are (informal)*	hai	*you have (informal)*
(lei)	è	*you are (formal)*	ha	*you have (formal)*
(lui, lei)	è	*he, she, (it) is*	ha	*he, she, (it) has*
(noi)	siamo	*we are*	abbiamo	*we have*
(voi)	siete	*you (plural) are*	avete	*you (plural) have*
(loro)	sono	*they are*	hanno	*they have*

The plural of both **tu** and **lei** is **voi**.

ATTENZIONE! The letter 'h' is never pronounced in Italian.

Present tense (regular) of -*are* verbs

The infinitives of regular verbs end in -**are**, -**ere** or -**ire**. For the present tense of -**are** verbs add the endings written in bold characters to the stem (**parl-**). See the box on p. 31.

Notice that *the first person singular* of the present tense of a verb always ends in -o.

Present tense		parl-are *to speak* (regular -are verb)
(io)	p<u>a</u>rl -o	*I speak, I am speaking*
(tu)	p<u>a</u>rl -i	*you (informal) speak, you are speaking*
(lei)	p<u>a</u>rl -a	*you (formal) speak, you are speaking*
(lui, lei)	p<u>a</u>rl -a	*he, she, (it) speaks, he, she, (it) is speaking*
(noi)	parl -i<u>a</u>mo	*we speak, we are speaking*
(voi)	parl -<u>a</u>te	*you (plural) speak, you are speaking*
(loro)	p<u>a</u>rl -ano	*they speak, they are speaking*

In this unit you have met **<u>a</u>bitano** (from **abitare**), **lavoro** (from **lavorare**) and **studiare** which are all conjugated like **parlare**. But verbs ending in -**iare** do not double the final -**i** in the second person singular **tu** form: tu stud**i**.

Notice how for all verbs the stress falls on the same vowel in the first person singular and the third person plural: **p<u>a</u>rlo p<u>a</u>rlano; <u>a</u>bito <u>a</u>bitano; st<u>u</u>dio st<u>u</u>diano; tel<u>e</u>fono tel<u>e</u>fonano** (from **telefonare** *to phone*)

3 Titles

Signore *(Mr)*, **Signora** *(Mrs)*, **Signorina** *(Miss)*, **Signori** *(Mr & Mrs)*

Titles ending in -**ore**, such as **signore**, **dottore** and **professore**, drop the final -**e** when followed by a proper name: **Buongiorno, dottore!** becomes **Buongiorno, dottor Nuzzo! Buongiorno, professore!** becomes **Buongiorno, professor Salviati!**

When you are not addressing people directly, but talking about them, you must use the definite article before the title: **il signore, la signora**, etc.

Dov'è **il dottore**?	*Where is the doctor?*
Dov'è **il dottor** Nuzzo?	*Where is Doctor Nuzzo?*

Although **signori** is masculine plural it can refer to both men and women:

I signori Spada	*Mr and Mrs Spada*

Similarly, **ragazzi** can mean *boys* or *boys and girls*; **figli**, *sons*, or *sons and daughters*, etc.

4 Numbers *(continued)*

First, second, third, etc., are adjectives in Italian:

il primo piano *the 1st floor*   la terza porta *the 3rd door*

il secondo dialogo *the 2nd*   la quarta strada a destra
  dialogue   *the 4th road on the right*

5 What's your name?

(lei) Come si chiama? literally *How do you call yourself?* is the
normal way of asking someone's name. (**Come** means *how*.)

(io) Mi chiamo Antonia.	*My name is Antonia.*
(lei) Come si chiama?	*What's your name?* (formal)
(tu) Come ti chiami?	*What's your name?* (informal)

6 Adjectives *(continued)*

Like nouns there are two types of adjectives:

those ending in **-o/-a**: piccolo**/a** *small*; ricco**/a** *rich*;
those ending in **-e** (m & f): intelligent**e** *intelligent*;
interessant**e** *interesting*.

As we have seen in Unit 2, p. 19, adjectives agree with the nouns
they qualify. In the following examples notice the endings in
bold:

Masculine singular	Feminine singular
un giardino piccolo *a small garden*	una casa piccola *a small house*
un uomo ricco *a rich man*	una donna ricca *a rich woman*
un ragazzo intelligente	una ragazza intelligente
an intelligent boy	*an intelligent girl*
un dottore inglese	una ragioniera inglese
an English doctor	*an English accountant*

The plural of adjectives corresponds to the plural of nouns (see
Unit 2, p. 18). For mixed genders use masculine adjectives.

Masculine plural	Feminine plural
i gelati italiani	le pizze italiane
i dottori inglesi	le ragioniere inglesi
i ristoranti francesi	le lezioni interessanti

Quanti, quante are also adjectives and must agree with the noun they qualify:

| Quanti fratelli e quante sorelle ha? | How many brothers and sisters have you? |

7 I also/me too

Notice how subject pronouns (**io**, **tu**, **lui**, **ecc.**) are used after **anche** for emphasis:

| **Mangia anche lei? Sì. Mangio anch'io!** | *Are you eating too? Yes, I'm eating too.* |
| **Aspettate anche voi? Sì. Aspettiamo anche noi.** | *Are you waiting too? Yes, we are (waiting) too.* |

8 Who/whom?

Chi? is used to refer to people:

| **Chi è questa ragazza? (È) Maria.** | *Who is this girl? (It's Maria)* |

Notice how Italians answer this question when a pronoun is involved:

| Chi è? Sono **io**. È **lui**, è **lei**. | *Who is it? It's me. It's him, it's her/you.* |

9 *Età* age

To express **età** *age* in Italian, use the verb **avere** (*to have*):

| Quanti anni **ha** Bruno? | *How old is Bruno?* |
| **Ha** trentaquattro anni. | *He's thirty-four (years old).* |

10 Possessives with family relations

Mio/mia *my*, **tuo/tua** *your*, **suo/sua** *your* are adjectives and must therefore agree with the nouns they qualify. Say **tuo/tua** when using the informal **tu**, and **suo/sua** when using **lei**. Take special care with **suo/sua**, which apart from *your* can each mean *his* or *her*, depending on the context.

mio fratello	*my brother*
sua sorella	*his sister, her sister, your sister*
suo padre	*his father, her father, your father*

▶ How do you say it?

1	How to ask someone's name a formally b informally How to give your name	**Come si chiama?** (form.)/ **Come ti chiami** (inf.)? **Mi chiamo .../Sono ...**
2	How to ask where someone is from a formally b informally How to say where you are from (referring to town)	**Di dov'è?** (form.)/**Di dove sei?** (inf.) **Sono di Londra, sono di Parigi, ecc.**
3	How to ask what someone's job is a formally b informally	**Che cosa fa?** (form.)/ **Che cosa fai?** (inf.)
4	How to ask someone's nationality a formally b informally How to give your nationality	**Di che nazionalità è?** (form.)/ **Di che nazionalità sei?**(inf.) **Sono inglese, sono americano/a, ecc.**
5	How to ask someone's age a formally b informally How to give your age	**Quanti anni ha?** (form.)/ **Quanti anni hai?** (inf.) **Ho venticinque anni, ho ventotto anni, ecc.**
6	How to ask and say who someone is How to introduce yourself/ others How to respond to an introduction	**Chi è questa ragazza? È Maria.** **Io sono .../ Questo/questa è ...** **Piacere.**

Practice

1 ▶ Repeat the numbers from 11 to 50 as you hear them. Listen carefully to 21, 28, 31, 38, 41 and 48. What difference do you notice between these six numbers and the other numbers from 20 to 50?

11	12	13	14	15	16
undici	**dodici**	**tredici**	**quattordici**	**quindici**	**sedici**

17	18	19	20	21	22
diciassette	**diciotto**	**diciannove**	**venti**	**ventuno**	**ventidue**

23	24	25	26	27
ventitrè	**ventiquattro**	**venticinque**	**ventisei**	**ventisette**

28	29	30	31	32	33
ventotto	**ventinove**	**trenta**	**trentuno**	**trentadue**	**trentatrè**

34	35	36	37	38
trentaquattro	trentacinque	trentasei	trentasette	trentotto

39	40	41	42
trentanove	quaranta	quarantuno	quarantadue

43	44	45	46
quarantatrè	quarantaquattro	quarantacinque	quarantasei

47	48	49	50
quarantasette	quarantotto	quarantanove	cinquanta

2　▶ You will hear the names of five people on the recording with the number of the floor they live on and their door number. Fill them in as in the example. (The Roman numeral denotes the floor.)

Esempio　　　　　　　　a　　　　　　　　b

┌─────────────────┐　┌─────────────────┐　┌─────────────────┐
│ **Dott. Colombo** │　│ **Prof. P. Russo** │　│ **Carlo Pini** │
│ **PROFESSORE**   │　│ **ARCHITETTO**   │　│ **RAGIONIERE** │
│ **II 21**   │　│   │　│   │
└─────────────────┘　└─────────────────┘　└─────────────────┘

Secondo piano　　　Primo piano,　　　　Quarto piano,
numero ventuno.　　numero dodici.　　　numero
　　　　　　　　　　　　　　　　　　　quarantasette.

c　　　　　　　　　　d

┌─────────────────┐　┌─────────────────┐
│ **Olga Fulvi**   │　│ **Anna Biondi** │
│ **DENTISTA**   │　│ **GIORNALISTA** │
└─────────────────┘　└─────────────────┘

Primo piano,　　　　Terzo piano,
numero tredici.　　　numero trentotto.

3　Using the information from the nameplates above, write down what each person's occupation is. **Esempio: Il dottor Colombo è professore.**

4　Languages are masculine and don't change: **greco, russo, ecc.** (see p. 2). The same words are used for nationalities except that in this case they are adjectives and must agree with the nouns they qualify: Ugo è italiano; Pippa è italiana. Here is a list of countries and people. Can you tell from the countries what nationality these people are? Remember that 'German' is **tedesco, tedesca**.

Esempio: L'Inghilterra: Rita e Olga. Rita e Olga sono inglesi.

a **la Germania:** Helga.   b **la Francia:** Gérard e Philippe.
c **la Spagna:** Juanita.   d **la Russia:** Ivan e Natasha.
e **l'Italia:** Anna e Pina.

5   Now say what town they are from. **Esempio: Londra. Rita e Olga sono di Londra.**

a Bonn b Nizza c Barcellona d Omsk e Trento.

6   Finally, say what town they live in. **Esempio: Rita e Olga abitano a Londra.**

7   Here is the beginning of a letter from **Luisa,** who is writing to her new pen-pal **Anna.**

Roma, 3 novembre

Cara Anna,

Mi chiamo Luisa. Ho quindici anni. Sono di Trento, ma abito a Roma. Ho una sorella. Si chiama Vittoria e ha tredici anni. Mio padre è francese e mia madre è italiana...

Write the beginning of **Anna's** letter to **Luisa** in which she gives the following information. Start your letter: **Cara Luisa,**

Age 17   Father: Italian
Town she comes from: **Siena**   Mother: German
Town she lives in: **Lucca**   Brother: **Luigi,** 18 years old

ℹ Social niceties

Il sig. Russo said (Dialogue 4, p. 27): **Chi è questa bella ragazza?** Making and receiving compliments is an essential feature of Italian daily life. They are not meant to be offensive or patronizing. They are linked to another aspect of Italian culture: **fare bella figura** – that is, 'keeping up appearances'; it is important to make the right impression, in dress, bearing and general attitude. Perhaps equally important, if not more so, is not 'to create a bad impression': **fare brutta figura.**

04

quant'è?

how much is it?

In this unit you will learn

- how to ask about opening and closing times
- about the days of the week
- how to ask the price and pay for purchases
- how to talk about the colour and size (of shoes and clothing)

▶ Listen to the main divisions of the clock:

alle due *at 2.00*; alle tre *at 3.00*; alle due e un quarto *at 2.15*; alle tre e un quarto *at 3.15*; alle quattro e mezza *at 4.30*; alle cinque e mezza *at 5.30*; alle sei meno un quarto *at 5.45*; alle sette meno un quarto *at 6.45*; all'una *at 1.00*; all'una e un quarto *at 1.15*; all'una e mezza *at 1.30*

▶ 1 A che ora apre il tabaccaio?
At what time does the tobacconist's open?

a How does B say: 'At eight o'clock'?

A Scusi, signore, a che ora apre il tabaccaio?
B Alle otto.
A E a che ora chiude?
B Alle dodici.

▶ The days of the week

Listen to the days of the week **i giorni della settimana** and notice particularly where the stress falls. In Italy the week starts on Monday and the days are written without capitals.

lunedì, martedì, mercoledì, giovedì, venerdì, sabato, domenica.

▶ 2 Che giorno parte? *What day are you leaving?*

Il **tabaccaio** (*the tobacconist*) asks **il dottore**, a regular customer of his, on what day he is leaving for Paris.

a What are the words for 'morning' and 'evening' in this conversation?

Tabaccaio Che giorno parte per Parigi? Giovedì o venerdì?
Dottore Giovedì.
Tobaccaio Quando ritorna?
Dottore Parto giovedì mattina e ritorno domenica sera.

▶ Now listen to these numbers and repeat them.

1000   2000   20,000   120,000   220,000

mille duemila ventimila centoventimila duecentoventimila

Attenzione! The plural of **mille** (1,000) is **mila**. **Cento** (100) is invariable: **duecento** (200); **seicento** (600) etc.

The **euro** is divided into 100 **centesimi**; these are shown after the comma: 10,20 is **dieci euro e venti centesimi,** or commonly expressed as **dieci euro e venti.** (The comma in Italian = the decimal point in English.)

For numbers from 60 to 100 see p. 60. However, if you have the recording, try to understand the prices in Dialogue 3 before consulting p. 60.

▶ 3 Vorrei tre francobolli *I'd like three stamps*

The doctor then buys some stamps, postcards and newspapers.

a How much did the stamp below cost?
b How does **il tabaccaio** ask: 'Do you want these?'
c How many postcards and how many newspapers does **il dottore** want to buy?

Dottore	Vorrei tre francobolli.
Tabaccaio	Per l'estero?
Dottore	Sì. Per l'Inghilterra. E tre cartoline.
Tabaccaio	Queste sono belle. Vuole queste?
Dottore	Sì. E questi due giornali.
Tabaccaio	E poi...?
Dottore	Nient'altro, grazie. Quant'è?
Tabaccaio	I giornali, €1,76; le cartoline, €1,20; i francobolli, €1,23.
Dottore	Mi dispiace, non ho spiccioli. Ho solo un biglietto da cinquanta.
Tabaccaio	Non importa. Ecco il resto.
Dottore	Grazie. Buonasera.

per l'estero	*for abroad*
la cartolina	*postcard*
il giornale	*the newspaper*
nient'altro	*nothing else*
non ho spiccioli	*I haven't any change*
solo	*only*
un biglietto	*a (bank) note*
non importa	*it doesn't matter*

d Look at the bank notes below. Which one did **il dottore** pay with: **i, ii, iii** or **iv**?

Fontana di Trevi

e È una cartolina di Londra o di Roma?

▶ 4 A che ora <u>a</u>prono i negozi?
At what time do the shops open?

a How does **A** say: 'Very kind of you'?
b Write down in figures at what time the shops open in the morning and at what time they close at night.

A Scusi, a che ora aprono i negozi la mattina?
B Alle nove.
A E a che ora chi<u>u</u>dono?
B All'una.
A E di pomeriggio?
B Aprono alle quattro e chiudono alle otto.
A Grazie. Molto gentile.
B Prego. Si figuri!

di pomeriggio	in the afternoon
si figuri!	not at all
molto gentile	very kind of you

▶ 5 Vorrei un vestito *I would like a dress*

a How does la commessa (*shop assistant*) ask: 'Can I help you?'
b How does la cliente ask: 'How much does it cost?'
c How does she say: 'The blouse is too dear'?

Commessa	Buongiorno, signora. Desidera?
Cliente	Vorrei un vestito e una camicetta.
Commessa	Di che colore, signora?
Cliente	Il vestito? Bianco o nero.
Commessa	Che taglia?
Cliente	La quaranta.
Commessa	Ecco: questo nero è semplice, ma elegante.
Cliente	Infatti. È molto carino. Lo posso provare?
Commessa	Certo, signora. Di qua, prego.
Cliente	Sì. Questo va bene. Quanto costa?
Commessa	Cinquantanove euro. Non costa molto.
Cliente	No. Non è caro.
Commessa	E la camicetta, signora? Non vuole la camicetta?
Cliente	No. La camicetta è troppo cara.

vestito	*dress*
camicetta	*blouse*
bianco/a, nero/a	*white, black*
che taglia?	*what size?*
carino/a	*pretty, nice*
Lo posso provare?	*Can I try it on?*
Di qua, prego	*This way, please*
Questo va bene	*This one is (fits) all right*

▶ 6 Quanto costano queste scarpe?
How much do these shoes cost?

a How does il cliente say: 'I'll take a pair of brown sandals'?
b How does il Commesso ask: 'What size?'(for the sandals)?

Cliente	Scusi, quanto costano queste scarpe?
Commesso	Centosessanta euro.
Cliente	Sono bellissime! Ma sono troppo care. Prendo un paio di sandali marroni e un paio di calzini beige.
Commesso	D'accordo. Che numero?
Cliente	Il quarantuno.
Commesso	Ecco…
Cliente	Sì. Sono proprio comodi.
Commesso	Desidera altro, signore?
Cliente	No, grazie. Quant'è?
Commesso	Non paga qui. Paga alla cassa.

d'accordo	*fine*
proprio comodo/a	*really comfortable*
Paga alla cassa.	*You pay at the cash desk.*

▶ Pronunciation

Consonants *(continued)*

gu before a vowel is like *gu* in *linguist:* lingua, guida, guanto

qu before a vowel is like *qu* in *quite:* qui, acqua, quarto, quaranta

Mark the stress in these words: **lunedì, sabato, domenica, aprono, chiudono.**

Grammar

1 Present tense (regular -*ere* and -*ire* verbs)

As with -**are** verbs, the endings in bold are added to the stem which is obtained by taking off -**ere** and -**ire**, respectively. Compare the **lei, voi** and **loro** endings with those of -**are** verbs (p. 31).

Prendere *to take, to have* is conjugated like **chiudere. Sentire** *to hear* or *to feel* and **partire** *to leave* behave like **aprire.**

Present tense	chiud-ere *to close* (regular -ere verb)	
(io)	chiud-o	*I close, I am closing*
(tu)	chiud-i	*you (informal) close, you are closing*
(lei)	chiud-e	*you (formal) close, you are closing*
(lui, lei)	chiud-e	*he, she, (it) closes, is closing*
(noi)	chiud-iamo	*we close, we are closing*
(voi)	chiud-ete	*you close, you are closing*
(loro)	chiud-ono	*they close, they are closing*
Present tense	apr-ire *to open* (regular -ire verbs)	
(io)	apr-o	*I open, I am opening*
(tu)	apr-i	*you open (inf.), you are opening*
(lei)	apr-e	*you (form.) open, you are opening*
(lui, lei)	apr-e	*he, she (it) opens, is opening*
(noi)	apr-iamo	*we open, we are opening*
(voi)	apr-ite	*you open, you are opening*
(loro)	apr-ono	*they open, they are opening*

2 *A che ora...?* At what time ...?

To say *at 2 o'clock, 3 o'clock, 4 o'clock,* etc. up to *12 o'clock,* use **alle** for *at*: **alle due, alle tre, alle quattro, alle dodici.** Instead of **alle dodici** *at twelve* you can also say **a mezzogiorno** *at midday,* **a mezzanotte** *at midnight.* For *at 1 o'clock* use **all'una**; *at about 1 o'clock* **verso l'una.**

> **Ci vediamo verso l'una,**   *See you about one, two etc.*
> **verso le due, ecc.**

3 *Di che colore?* What colour?

Colours are adjectives and therefore agree with the noun they qualify. Like most adjectives they follow the noun.

azzurro *blue*   **bianco** *white*   **giallo** *yellow*
grigio *grey*   **nero** *black*   **rosso** *red*

> il vestito giallo   *the yellow dress*
> i vestiti gialli   *the yellow dresses*
> la gonna rossa   *the red skirt*
> le gonne rosse   *the red skirts*

To ask what colour a thing is/things are: **Di che colore è?/Di che colore sono?**

> **Di che colore è la giacca?** *What colour is the jacket?*
> **Di che colore sono i guanti?** *What colour are the gloves?*
> **La giacca è grigia e i guanti** *The jacket is grey and the gloves*
> **sono neri.** *are black.*

Colours that end in -e in the singular (m. & f.), such as **verde** *green* and **marrone** *brown*, end in -i in the plural (m. & f.):

Singular			Plural	
il vestito	*dress, suit*	verde/marrone	i vestiti	verdi/marroni
la maglietta	*T shirt*		le magliette	

The following colours never change their endings: **beige** *beige* **blu** *navy blue* and **rosa** *pink*.

4 *Quant'è?* How much is it?

Quant'è stands for **quanto è**. **Quant'è** is especially used when you are buying more than one thing and want to know what the total comes to:

> **Quant'è (in tutto)?** *How much is it (altogether)?*

5 *Un paio, due paia* one pair, two pairs

The plural of **paio** (m.) *pair* is **paia** (f.): **un paio** but **due paia**.

> **un paio di guanti** *a pair of gloves*
> **due paia di scarpe** *two pairs of shoes*

6 How much does it cost? How much do they cost?

Make sure to use the plural **costano** when asking the price of more than one article:

> **Quanto costa il vestito?** *How much does the dress/suit cost?*
> **Quanto costano queste** *How much do these shoes cost?*
> **scarpe?**

7 Very

To give the idea of *very*, subtract the final vowel from an adjective and add -**issimo/a** for the singular or -**issimi/e** for the plural:

bello/a → bell- → bell**i**ssimo/a   *very beautiful*
caro/a → car- → car**i**ssimo/a   *very dear*
una camicia bellissima   *a very beautiful shirt*
due quadri carissimi   *two very expensive pictures*

8 I haven't any ...

In negative sentences in the plural, such as *I haven't any change,
I haven't any brothers, any* remains unexpressed in Italian:

Non ho spiccioli   *I haven't any change.*
Non ho soldi.   *I haven't any money.*

Similarly, *any* is omitted when negative questions are in the plural:

Non ha amici italiani?   *Haven't you got any Italian friends?*

9 Countries

Countries are normally preceded by the definite article in Italian:

**L'Italia ha circa 60 milioni
di abitanti.**   *Italy has about 60 million
inhabitants.*
**Vorrei due francobolli per
la Svizzera.**   *I'd like two stamps for
Switzerland.*

10 Writing numbers

Notice how numbers are all written in one word, however long:

Quant'è? Centoventisei euro.   *How much is it? 126 euros.*

With **cento** *a/one hundred* and **mille** *a/one thousand*, the indefinite article *a* or the number *one* is not expressed:

cento sterline; mille euro   *a hundred pounds; a thousand
euros*
centomila persone   *one hundred thousand people*

but *1 million* is **un** milione **di:**

un milione **di** dollari	*a million dollars*
due milioni **di** abitanti	*2 million inhabitants*

11 See you!

Ci vediamo literally means *We see each other.*

Ci vediamo	stamattina dopo oggi stasera	*See you*	*this morning* *later* *today* *this evening/tonight*

Other ways of using **ci vediamo:**

Ci vediamo	domani dopodomani	mattina	*See you*	*tomorrow* *the day after tomorrow*	*morning*
	lunedì martedì	pomeriggio sera		*on Monday* *on Tuesday*	*afternoon* *evening/ night*

12 Prepositions

Here is a list of some Italian prepositions. Their English equivalents are very approximate but they can be a useful guide to understanding:

di	*of*	**a**	*at, to*	**da**	*from, by*
in	in	**con**	*with*	**su**	*on*
per	*for*	**tra/fra**	*between* or *among*	**senza**	*without*

It must be emphasized, however, that their meanings vary enormously according to the context.

▶ How do you say it?

1 How to ask at what time a place opens/closes   **A che ora apre/chiude?**

How to say at what time it opens/closes   **Apre/chiude alle .../all'.../a...**

| 2 How to ask on what day someone is leaving | Che giorno parti (informal)/ parte (formal)? |
| | |

2 How to ask on what day someone is leaving
How to say on what day you are leaving

Che giorno parti (informal)/ **parte** (formal)?
Parto lunedì/giovedì, ecc.

3 How to say what you would like (to buy)

Vorrei una cartolina, un francobollo, ecc.

4 How to ask about...
   colour
   size: **a** clothes in general
      b footwear

Di che colore?
Che taglia?
Che numero?

5 How to ask how much a thing/things cost
How to ask what the price comes to

Quanto costa?/Quanto costano?

Quant'è?

Practice

a CONSOLATO

b BANCA

c *MUSEO*

d ISTITUTO EUROPEO

e **I GRANDI MAGAZZINI**

1 ▶ Listen to the recording and write down in figures the opening and closing times of the above places.

  a La mattina il consolato apre alle nove e mezza e chiude all'una.
  b Il pomeriggio la banca apre alle tre e chiude alle quattro.
  c Il museo apre alle nove e chiude alle due.
  d L'Istituto Europeo apre alle nove e chiude all'una e mezza.
  e I grandi magazzini aprono alle nove e chiudono alle sette e mezza.

2 Match the words below with the correct pictures. Look up those you don't know.

i jeans	la camicia
i pantaloni	le scarpe
la gonna	i sandali
la camicetta	la cravatta
la giacca	la maglietta
i guanti	il vestito

3 Form questions to ask **a** how much the T shirt costs; **b** how much the trousers cost; **c** how much the shoes cost. Write down in words the price of each.

4 a Write down what **Carlo** buys, using the information in the table below. On the left-hand side you see the clothes he buys. The figures refer to the number he buys of each, and at the top of the table you will see what colours he chooses (**comprare** *to buy*).

	rosso	giallo	nero	verde
maglietta	1	3		
cravatta		1		1
paio di scarpe			2	
paio di pantaloni		1		1

Start: **Carlo compra una ...**

b Assuming **Carlo** pays the prices given on p. 48, how much does he pay in total?

5 **Ora tocca a te!** Add your side to the dialogue.

Tabaccaio	Desidera?
You	*Two stamps.*
Tabaccaio	Per l'estero?
You	*Yes. For France.*
Tabaccaio	Altro?
You	*A postcard of Rome and this newspaper.*
Tabaccaio	Poi...
You	*Nothing else. How much does it come to?*
Tabaccaio	Due euro e dieci.
You	*Here you are.*

6 What do you think **CHIUSO, APERTO** and **SALDI** mean in the signs below? Check the meanings in the vocabulary.

7 Look up the words you don't know in this advert. What are they offering a discount for? When?

Prices

In markets and small shops you can often bargain for the price of an article or ask for a discount (**uno sconto**) unless, that is, the sign **prezzi fissi** *fixed prices* is displayed.

Tabaccaio **Tobacconist**

In Italy tobacco and salt are state monopolies. They are both sold in tobacconists' shops, **Sali e Tabacchi**, which also sell stamps. **Carta bollata** and **marche da bollo** are also obtainable there. The first is government stamped paper: it is used for a variety of official purposes such as drawing up contracts. The second are revenue stamps used for, among other things, official receipts.

05

il colloquio

the interview

In this unit you will learn
- how to exchange information about where you are going (country, town)
- how to ask why... and say because ...
- how to ask and say how something is spelt
- how to ask and tell the time
- how to ask for someone's address and phone number

▶ 1 Dove vai? *Where are you going?*

Barbara tells her friend **Beatrice** that she is going to Bologna for her job interview (**il colloquio**).

a How does **Barbara** say 'I'm going to Bologna'?
b How does **Barbara** say: 'By train'?
c How does **Beatrice** say: 'Only for ten days'?

Beatrice	Dove vai?
Barbara	Vado a Bologna per il colloquio.
Beatrice	Come vai? In macchina?
Barbara	In treno. Ma anche tu parti, no?
Beatrice	Sì. Vado in Inghilterra con la mia amica francese. Andiamo a Londra.
Barbara	Per quanto tempo?
Beatrice	Oh! Solo per dieci giorni.
Barbara	Andate in albergo o a casa di amici?
Beatrice	Andiamo in una piccola pensione. Gli alberghi sono cari.

in macchina	*by car*
in treno	*by train*
andiamo	*we are going*
per quanto tempo?	*how long for?*
a casa di amici	*to a friend's house*
una pensione	*a guest house*

▶ 2 Quanto tempo ci vuole?
How long does it take?

Barbara asks **un passante** *a passer-by* if he knows where the shoe factory is.

a She asks where the shoe factory is in a slightly different way from the one you have already learnt: can you spot the difference and repeat the question?
b How does **il passante** say: 'It's not far'?

Barbara	Scusi, sa dov'è la fabbrica di scarpe?
Passante	Certo, signora. Sempre dritto dopo la chiesa.
Barbara	È lontano da qui?
Passante	No. Non è lontano. È vicino.
Barbara	Quanto tempo ci vuole?

Passante	A piedi, mezz'ora.
Barbara	E in <u>au</u>tobus?
Passante	Solo cinque minuti.
Barbara	Ho capito. Che ore sono adesso, per piacere?
Passante	Sono le dieci.
Barbara	Già le dieci? Allora prendo l'autobus.

FERMATA
7 PIAZZA CAVOUR
19 DUOMO

c   What is **una fermata?**

chiesa	*church*
lontano	*far*
a piedi	*on foot*
mezz'ora	*half an hour*
Che ore sono?	*What time is it?*
adesso	*now*
già	*already*

▶3   Il suo nome? *Your name?*

Barbara is being interviewed by **il dottor Verga, Direttore del Personale** *the Personnel Manager*.

a   What expression does he use to ask her to spell her name?
b   How does **Barbara** say: 'My husband is Swiss'?
c   How does she say 'I understand everything'?

Dottor Verga	Il suo nome, signora?
Barbara	Barbara Setzler.
Dottor Verga	Setzler?... Come si scrive?
Barbara	Dunque: S come Salerno, E come <u>E</u>mpoli, T come Torino, Z come Zara, L come Livorno, E come Empoli, R come Roma.
Dottor Verga	Non è italiana?
Barbara	Sì. Sono italiana. Mio marito è sv<u>i</u>zzero.
Dottor Verga	Capisce l'inglese?
Barbara	Capisco tutto, ma non parlo bene.

Come si scrive?	*how do you spell it/how is it spelt?*
marito	*husband*
tutto	*everything*

▶4 Qual è il suo indirizzo? *What's your address?*

The interview continues. **Barbara** says where she was born.

a How does she say: 'I was born in Lucca, but I live in Siena'?
b How does **il dott.** Verga ask: 'How many languages do you speak?'

Dottor Verga	Dove abita?
Barbara	Sono nata a Lucca, ma abito a Siena.
Dottor Verga	Dove lavora?
Barbara	A Firenze: in uno studio legale.
Dottor Verga	Perchè vuole cambiare il suo lavoro attuale?
Barbara	Perchè vorrei usare le lingue che conosco.
Dottor Verga	Quante lingue parla?
Barbara	Quattro. Tre abbastanza bene.
Dottor Verga	Qual è il suo indirizzo?
Barbara	Via Lazio 68.
Dottor Verga	E il numero di telefono?
Barbara	Il mio numero di telefono è 3355541.

st<u>u</u>dio legale	*lawyer's office*
Perchè vuole cambiare ...?	*Why do you want to change...?*
cambiare	*to change*
attuale	*present/current*
le lingue che conosco	*the languages that I know*
abbastanza bene	*quite well*

▶ Pronunciation

The Italian alphabet has 21 letters: **a, b, c, d, e, f, g, h, i , l, m, n, o, p, q, r, s, t, u, v, z.** For spelling names, the town alphabet is normally used:

a A come Ancona	h Acca come Hotel	q Cu come Quebec
b Bi come Bari	i I come Imola	r Erre come Roma
c Ci come Capri	l Elle come Livorno	s Esse come Salerno
d Di come Domod<u>o</u>ssola	m Emme come M<u>o</u>dena	t Ti come Torino
e E come Empoli	n Enne come N<u>a</u>poli	u U come Urbino
f Effe come Firenze	o O come Ostia	v Vi come Verona
g Gi come G<u>e</u>nova	p Pi come Palermo	z Zeta come Zara

The following are not part of the Italian alphabet but may be required for spelling foreign names:

j I lunga come Jazz   w Doppia vu come Washington
k Kappa come Kaiser   x Ix come raggi X
y Ipsilon come York

Grammar

1 Verbs

In Dialogue 1 (p. 52) **vai** *you* (informal) *are going* is part of the
irregular verb **andare** *to go*.

Present tense	**andare** *to go*		
(io) vado	*I go, am going*	(noi) **andiamo**	*we go, are going*
(tu) vai	*you (inf.) go, are going*	(voi) **andate**	*you (pl.) go,*
(lei) va	*you (form.) go, are going*		*are going*
(lui, lei) va	*he/she/it goes, is going*	(loro) **vanno**	*they go, are going*

Capisce is part of **capire** *to understand*, another type of -**ire**
verb. The endings in bold are added to the stem **cap-**.

Present tense	**capire** *to understand*		
(io) cap-**isco**	*I understand*	(noi) cap-**iamo**	*we understand*
(tu) cap-**isci**	*you (inf.) understand*	(voi) cap-**ite**	*you (pl.) understand*
(lei) cap-**isce**	*you (form.) understand*		
(lui, lei) cap-**isce**	*he/she/it understands*	(loro) cap-**iscono**	*they understand*

The most common verbs like **capire** are: **finire** *to finish*, **preferire**
to prefer and **pulire** *to clean*.

e.g. fin-**isco**, fin-**isci**, fin-**isce**, fin-**iamo**, fin-**ite**, fin-**iscono**; preferisco, prefer-**isci**, ecc.; pul-**isco**, pul-**isci**, ecc.

Ho capito (lit.: *I have understood*) is what Italians usually say
to show that they understand what has been said to them:

Ripeto?	*Shall I repeat?*
No, no. Va bene. Ho capito.	*No, no. That's all right. I*
	understand.

Notice that when **capire** is used, the language is preceded by the
article:

Capisce l'inglese? Sì. Capisco l'inglese e il tedesco.

2 *Andare a/in ...* to go to ...

With towns, use **andare a ...**; with countries, use **andare in ...**

Vado a Nizza, a Pisa...	*I'm going to Nice, to Pisa...*
Andiamo in Italia, in Francia...	*We're going to Italy, to France...*

3 Articles: *gli* the

Gli (plural of **lo** and **l'**) is used before masculine plural words beginning with a vowel, **s** + consonant, or **z**:

Singular		Plural	
l' + vowel		**amici**	*the friends*
		alberghi	*the hotels*
	gli	**uffici**	*the offices*
lo + **s** + consonant		**studenti**	*the students*
		stranieri	*the foreigners*
lo + **z**		**zii**	*the uncles*

amico (*male*) *friend* takes the plural form **amici** *but* **amica** (*female*) *friend* takes the plural form **amiche**.

Take care with words ending in **-co, -ca, -go, -ga**. They often insert an **h** in the plural to preserve the same **c** or **g** sound (see *Pronunciation*, Unit 2): **la banca, le banche** (*the banks*); **il lago, i laghi** (*the lakes*).

4 Why ...? Because ...

Perchè means both *why* and *because*:

Perchè non va in albergo?	*Why don't you go to a hotel?*
Perchè gli alberghi sono cari.	*Because hotels are expensive.*

5 Excuse me, do you know where ... is?

As in English, the expression **Scusi, sa dov'è...?** is frequently used as another way of asking **Dov'è ...?**

6 How long does it take?

Use the expression **Quanto tempo ci vuole?** to ask or say how long something takes:

Quanto tempo ci vuole per andare a casa di Maria?	*How long does it take to go to Mary's house?*
Ci vuole un'ora.	*It takes an hour.*
Ci vuole un quarto d'ora.	*It takes a quarter of an hour.*

For plural nouns: ore *hours*, minuti *minutes*, giorni *days*, etc., ci vuole becomes ci vogliono.

| Quanto tempo ci vuole per ritornare? | *How long does it take to return/get back?* |
| Ci vogliono cinque minuti. | *It takes five minutes.* |

7 What time is it?

To ask the time, either **Che ora è?** or **Che ore sono?** may be used, but the answer will depend on whether the time is singular or plural. Always use **sono le ...** in your answer unless talking about *one o'clock, midday* or *midnight*. **Sono le due, sono le cinque, sono le sei,** but **è l'una, è l'una e mezza, è mezzogiorno, è mezzanotte.**

The clocks (**gli orologi**) below show how **e** is used to say '*past*', and **meno** (*less*) on the left to say '*to*'. Listen to the recording.

meno		e
11.40	**12.00**	**12.05**
Sono le dodici meno venti	È {mezzogiorno / mezzanotte}	Sono le dodici e cinque
12.45	**1.00**	**1.15**
È l'una **meno** un quarto	È l'una	È l'una e un quarto
2.45	**3.00**	**5.30**
Sono le tre **meno** un quarto	Sono le tre	Sono le cinque e mezza
5.50	**11.00**	**4.20**
Sono le sei **meno** dieci	Sono le undici	Sono le quattro e venti

8 Means of transport

andare in/a... *to go by/on...*				
Vado in	aereo autobus bicicletta macchina metropolitana treno vaporetto	*I'm going by*	*air bus bike car underground train boat*
but... Vado a piedi		*I'm going on foot/I'm walking*		

9 Possessive adjectives

When referring to *one member* of the family *only* (**mio fratello, sua sorella ecc.**; see Unit 3, p. 33) the article is not used before **mio, tuo, ecc.** In other cases, however, the definite article is required and must precede the possessive:

Le mie sorelle e i tuoi fratelli   *My brothers and your sisters*
    vanno a casa.   *are going home.*

Here are the possessive adjectives for *my, your, his, her*.

Singular			Plural		
	Masc.	Fem.	Masc.	Fem.	
(io)	il mio	la mia	i miei	le mie	*my*
(tu)	il tuo	la tua	i tuoi	le tue	*your (informal)*
(lui/lei)	il suo	la sua	i suoi	le sue	*his, her; your (formal)*

  il mio orologio; il suo   *my watch; his/her/your watch*
    orologio
  la mia città; la sua città   *my town; his/her/your town*
  i miei amici; i suoi amici   *my friends; your/his/her friends*
                                (m.)
  le mie amiche; le sue amiche   *my friends; your/his/her friends*
                                (f.)

10 I was born in …

It is important to use the *present* tense of **essere**, not the past, when saying when or where you were born:

Dov'è nato/a?	*Where were you born?*
Sono nato/a a Roma.	*I was born in Rome.*

11 How do you spell (write) it?

To ask *'How do you spell…?'* Italians say *'How do you write..?'* **Come si scrive?**

Si means *one, you, people in general* and is used frequently in Italian. It is always used with the third person of the verb, and precedes it.

Come si dice in italiano?	*How do you say it in Italian?*
Qui si parla italiano.	*Italian is spoken here.* (Lit: *here one speaks Italian*)
In questo ristorante si mangia bene.	*You can eat well in this restaurant.*

▶ How do you say it?

1	How to ask where someone is going	**Dove va?** (formal)/**Dove vai?** (informal)
	How to say where you are going (country, town)	**Vado in Italia, a Genova.**
2	How to ask why … and say … because	**Perchè …?** **Perchè …**
3	How to ask how something is spelt	**Come si scrive?**
4	How to ask and tell the time	**Che ora è?/Che ore sono?** **È l'una…/Sono le due …**
5	How to ask for someone's address/phone number	**Qual è il suo** (formal)/**il tuo** (informal) **indirizzo?** **Qual è il suo** (formal)/**il tuo** (informal) **numero di telefono?**

After this unit only the **lei** form (formal *you*) will be used in the *How do you say it?* section unless **tu** is more appropriate.

Practice

1 ▶ Numbers (*continued*)

First repeat the round numbers from **60–100** as you hear them.

60	70	80	90	100
sessanta	settanta	ottanta	novanta	cento

Now use your pause button so that you can say the following numbers before you hear them:

61	68	82	88	91
sessantuno	sessantotto	ottantadue	ottantotto	novantuno

97	98	99	100
novantasette	novantotto	novantanove	cento

Finally, listen to the ordinal numbers 5th to 10th and repeat them:

5th	6th	7th	8th	9th	10th
quinto/a	sesto/a	settimo/a	ottavo/a	nono/a	decimo/a

2 ▶ In the eight addresses below, the house numbers are written out in full. See if you can recognize what they are by listening to the recording. Write them down in figures.

a Via Nazionale settantasei
b Via Quattro Novembre ottantacinque
c Via Cavour sessantotto
d Via Martelli settantanove
e Via Romolo centosettanta
f Via Mercuri centonovantotto
g Via Vittorio Emanuele centosettantasette
h Via Terni centodue

3 Say where **Carlo, Roberto,** etc. are going, and how they get there (pp. 56 and 58).

a **Carlo** ____ in ufficio

____.

b **Roberto** ____ Parigi

____.

c **Franco** ____ Roma

____.

d Anna _____ a casa .

e I bambini —— a scuola _____ .

f Francesca _____ Milano _____ .

4 Now imagine a conversation with Carlo: the information given in **Exercise 3** could be rendered in question-and-answer form:

– **Dove vai, Carlo? – Vado in ufficio.**
– **Come vai? – In bicicletta.**

Write similar conversations with **Franco, Anna** and **Francesca**.

5 Write these times out in words starting with **È ...** or **Sono ...** (see p. 57):

a 10.05 **b** 12.45 **c** 2.50 **d** 3.20 **e** 5.45 **f** 6.30
g 12.00 (noon) **h** 12.00 (midnight)

6 ▶ **Ora tocca a te!** You have a short interview with **i dirigenti** _the Managers_. You are Pat Brown, 33 years old and American. You work **in un'agenzia di viaggi** _a travel agency_. Use the pause button to complete your side of the interview.

Dirigente	Il suo nome?
You	_Pat Brown._
Dirigente	Brown? Come si scrive?
You	_Spell it for him._
Dirigente	È inglese, vero?
You	_No. I'm American, but I live in London._
Dirigente	Quanti anni ha?
You	_I am 33._
Dirigente	Che lavoro fa?
You	_I work in a travel agency._
Dirigente	Parla francese e tedesco?
You	_I understand everything but I don't speak well._

7 What is this handbook for?

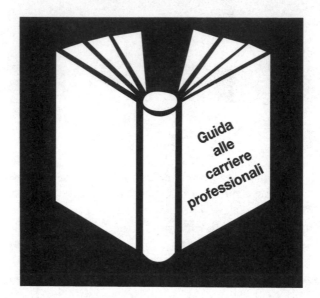

Guida
alle
carriere
professionali

i Buses are the most usual form of **public transport** in Italian towns, though trams and trolley buses still exist. You must buy your ticket before boarding the bus, otherwise you are liable to a fine (**la multa**). You normally buy **un blocchetto** *a carnet* of 10 before the journey, at the tobacconist's, at the newsagent's or in bars.

i More websites

http://www./lucca.turismo.toscana.it
http://www./siena.turismo.toscana.it

06

alla stazione
at the station

In this unit you will learn
- how to buy a rail ticket and book a seat
- how to ask the time of the next train, etc.
- how to ask from what platform it leaves
- how to ask whether you have to change and where

▶1 A che ora parte il prossimo treno?
At what time does the next train leave?

At the railway station **un viaggiatore** *a traveller* is buying a ticket to Turin.

a How does **l'impiegato** *the (booking) clerk* say 'at 3.25 p.m.'?
b How does **il viaggiatore** ask: 'From what platform?'

Viaggiatore	Vorrei un biglietto per Torino.
Impiegato	Prima o seconda classe?
Viaggiatore	Prima classe. A che ora parte il prossimo treno?
Impiegato	Alle quindici e venticinque. Fra dieci minuti.
Viaggiatore	Da che binario?
Impiegato	Dal binario diciotto.
Viaggiatore	A che ora arriva a Torino?
Impiegato	Alle venti e cinquanta.
Viaggiatore	Devo cambiare?
Impiegato	No. È diretto. Guardi, signore, l'orario dei treni è là in fondo.

prossimo/a	*next*
fra dieci minuti	*in ten minutes*
Da che/quale binario?	*From what platform?*
Guardi...	*Look...*
Devo cambiare?	*Do I have to change?*
l'orario dei treni	*the train timetable*
là in fondo	*down there*

▶2 Vorrei prenotare ... *I'd like to book ...*

At the railway station a man is trying to book three seats for tomorrow morning, but there will be a strike (**sciopero**) on.

a How does **A** say: 'Three seats for tomorrow morning'?
b You have now learnt two meanings for **espresso** and two for **biglietto**: what are they?

A	Vorrei prenotare tre posti per domani mattina.
B	Domani? Impossibile!
A	Perchè impossibile?
B	Perchè domani c'è lo sciopero.
A	Un altro sciopero? Ci sono sempre scioperi. Tre posti per dopodomani, allora.

B   C'è l'Eurostar alle otto e trenta e un espresso alle dieci e quaranta.
A   Meglio l'Eurostar. Tre biglietti, andata e ritorno.

ci sono sempre …	*there are always …*
meglio	*better*
dopodomani	*the day after tomorrow*
andata e ritorno	*return ticket*

▶ 3 C'è un treno diretto…?
Is there a through train…?

A traveller wants to go to Florence and asks for the times of the trains (**l'orario dei treni**) at the enquiry desk (**Ufficio Informazioni**).

a   How does **l'impiegato** say: 'It's two minutes late'?
b   'The train is leaving from platform 9.' What is the Italian equivalent?

Viaggiatore	C'è un treno diretto per Firenze o devo cambiare?
Impiegato	Se vuole prendere l'espresso, deve aspettare tre ore, fino alle diciotto e quarantacinque.
Viaggiatore	Non c'è un treno prima delle sette meno un quarto?
Impiegato	L'Eurostar. Ma deve cambiare a Bologna.
Viaggiatore	È in orario l'Eurostar?
Impiegato	No. È in ritardo di due minuti.
Viaggiatore	Meno male! Da quale binario parte?
Impiegato	È in partenza dal binario nove. Se ha già il biglietto, può pagare il supplemento in treno.

Se vuole prendere…	*If you want to take…*
aspettare	*to wait for*
fino a	*until*
prima di	*before*
in orario/in ritardo	*on time/late*
meno male!	*thank goodness!*
può pagare	*you can pay*

▶ 4 Si scende dall'altra parte

You get off on the other side

Il **signor Neri** asks a passenger whether the bus (**l'autobus**) on which they are travelling goes to the main line station.

a How does **il sig. Neri** ask: 'Where's the 68 bus stop?'
b How does **il passeggiero** say: 'I'm getting off at the next stop too'?
c What are the three expressions you have met for 'please' up to now?

Sig. Neri	Va alla stazione centrale quest'autobus, per favore?
Passeggiero	No, signore. Deve prendere il 68.
Sig. Neri	E dov'è la fermata del 68, per cortesia?
Passeggiero	Davanti all'università. Dopo il municipio.
Sig. Neri	Grazie. Può dirmi quando devo scendere?
Passeggiero	Certamente. Alla prossima fermata.
Sig. Neri	Ho capito. Scendo e vado davanti all'università.
Passeggiero	Guardi, alla prossima fermata scendo anch'io.
Sig. Neri	Allora scendiamo insieme. Si scende da qui?
Passeggiero	No. Si scende dall'altra parte. Da qui si sale solamente.

per cortesia	*please*
davanti a	*in front of*
Può dirmi...?	*Can you tell me...?*
insieme	*together*
da qui	*over here*
si sale (salire irr.)	*you get on*
solamente	*only*

▶ Pronunciation

a + i   vai, stai, ai binari
e + u   l'Albergo Europa, l'Istituto Europeo, la Comunità Europea
i + e   le mie amiche, i miei amici, l'impiegato
u + o   può, vuoi andare, i suoi fratelli.

Grammar

1 *L'orario dei treni* The train timetable

The 24-hour clock is normally used for all official purposes: **dodici e quindici** *12.15*; **quindici e quarantacinque** *15.45*; **diciotto e trenta** *18.30*; **venti e cinquanta** *20.50*.

2 Next

To ask when the first, second, next, or last train leaves:

A che ora parte	il primo treno? il secondo treno? il prossimo treno? l'ultimo treno?	At what time does	the first train the second train the next train the last train	leave?

3 To the, from the: *a, da* + definite article

When the above prepositions combine with the article they are called contracted prepositions. We have already seen **alle (a + le)** used with times (Unit 4, p. 43). Always place the definite article before the noun first, as in column 1 below. Then remember that **a + il** *at the* contracts to **al**. In all other cases you put **a** before the article and double the 'l' if there is one. Note that **il cinema** is masculine.

il cinema	a + il = al		al cinema		the cinema
lo sportello	a + lo = allo		allo sportello	*at*	the counter
l'entrata	a + l' = all'		all'entrata		the entrance
la biglietteria	a + la = alla	*(davanti)*	alla biglietteria	*(in front of)*	the ticket office
i bambini	a + i = ai		ai bambini		the children
gli studenti	a + gli = agli		agli studenti	*to*	the students
le ragazze	a + le = alle		alle ragazze		the girls

Like **davanti a: vicino a** *near*:

> **Ci vediamo vicino alla fontana!** *See you near the fountain!*
> **Il cinema è vicino all'albergo.** *The cinema is near the hotel.*

Da + definite article behaves in exactly the same way. Don't forget that **da + il** becomes **dal**:

> **Il ristorante è lontano dal centro.** *The restaurant is far from the centre.*
>
> **L'albergo è lontano dall'aeroporto.** *The hotel is far from the airport.*

4 Of the: *di* + definite article

When **di** combines with the definite article it becomes **de**. Once this change is made, and you remember that **di + il** becomes **del**, you will see that the same pattern as **a + definite article** holds good.

In the following examples notice where the English differs from the Italian rendering: whereas we say 'the station clock', Italians say 'the clock of the station'.

il mare	di + il = del	l'acqua **del** mare	*seawater*
lo sport	di + lo = dello	La Gazzetta **dello** Sport	*The Sports Gazette*
l'autobus	di + l' = dell'	la fermata **dell'**autobus	*the bus stop*
la stazione	di + la = della	l'orologio **della** stazione	*the station clock*
i negozi	di + i = dei	le vetrine **dei** negozi	*the shop windows*
gli affari	di + gli = degli	il mondo **degli** affari	*the business world*
le vacanze	di + le = delle	la fine **delle** vacanze	*the end of the holidays*

5 *Devo ...?* do I have to ...?

Devo comes from **dovere** *to have to*. It means *I have to* or *I must*. **Vuol(e)** and **vorrei** come from **volere** *to wish* or *to want*. Both **dovere** and **volere** are irregular (for **vuol** see p. 166).

Present tense **dovere** *to have to*			
(io)	devo	*I have to, I must*	(noi) **dobbiamo** *we have to, we must*
(tu)	devi	*you (inf.) have to,* *you must*	(voi) **dovete** *you (pl.) have to,* *you must*
(lei)	deve	*you (formal) have* *to, must*	
(lui, lei)	deve	*he, she has to, must*	(loro) **dẹvono** *they have to, they must*

Present tense **volere** *to want, to wish*			
(io)	voglio	*I want*	(noi) **vogliamo** *we want*
(tu)	vuoi	*you (informal) want*	(voi) **volete** *you (pl.) want*
(lei)	vuole	*you (formal) want*	
(lui, lei)	vuole	*he/she wants*	(loro) **vogliono** *they want*

From now on the second person singular **lei** (*you*) form will be omitted in verb tables as it is always the same as the third person singular.

ATTENZIONE! Verbs immediately after **volere** and **dovere** must be in the infinitive:

Voglio	⎫	**partire**	*I want*	⎫	*leave*
Vorrei	⎬	**telefonare**	*I would like*	⎬ *to*	*phone*
Devo	⎭	**mangiare**	*I have*	⎭	*eat*
		andare in banca			*go to the bank*

Perchè non vuoi andare alla discoteca con i tuoi amici?	*Why don't you want to go to the discotheque with your friends?*
Perchè devo studiare.	*Because I have to/must study.*

6 *C'è, ci sono* **There is, there are**

C'è = ci + è.

Use **c'è** to say *there is, is there?* Use **ci sono** to say *there are, are there?* For the negative, use **non c'è** *there isn't,* **non ci sono** *there aren't.*

(Non) c'è un espresso per Firenze?	*Is(n't) there an express to Florence?*

No, perchè c'è lo sciopero. *No, because there's a strike.*
(Non) ci sono treni la domenica? *Are(n't) there any trains on
Sundays?*

7 *Aspettare* to wait for, *ascoltare* to listen to, *guardare* to look at

Aspettare is followed by a direct object in Italian. The preposition *for* is not expressed:

Aspetta l'autobus? *Are you waiting for the bus?*
Aspetto un mio amico. *I'm waiting for a friend of mine.*

Guardare *to look at* and **ascoltare** *to listen to* behave similarly: *at (look at)* and *to (listen to)* are not expressed:

Guardo spesso la televisione. *I often look at (watch) television.*
Ascoltiamo la radio. *We listen to the radio.*

8 Before

Note how **prima di** is used with times. **Di** combines with **l'** and **le** to become **dell'** and **delle**:

prima dell'una, prima delle due, prima delle sei, ecc.
before 1 o'clock, before 2 o'clock, before 6 o'clock, etc.

but **prima di mezzogiorno, prima di mezzanotte** *before midday, before midnight*

9 Buying a ticket

Although **comprare** means *to buy,* the normal way of saying *to buy a ticket* is **fare il biglietto** (lit. *to make the ticket*).

10 In 10 minutes

Fra always refers to the future:

Fra dieci minuti *In 10 minutes.*
Fra mezz'ora. *In half an hour's time.*
Fra un paio di settimane. *In a couple of weeks' time.*

Il treno è in {	ritardo orario anticipo arrivo partenza	*The train is*	*late* *on time* *early* *arriving* *leaving*

▶ How do you say it?

1 How to buy... a second class ticket

... a single/return ticket

Vorrei... un biglietto di seconda classe

... un biglietto andata/ andata e ritorno.

2 How to ask the time of departure of the next train, etc.

A che ora parte il prossimo treno, ecc.?

3 How to ask from what platform it leaves

Da che binario parte?

4 How to ask whether you have to change...
... and where
How to ask if there's a through train

Devo cambiare?

Dove?
C'è un treno diretto?

5 How to ask to book a seat

Vorrei prenotare un posto.

Practice

1 ▶ Listen to the four dialogues below, which all take place at a booking-office. For each conversation in turn fill in the details on the grid below.

a **A** Un biglietto per Siena.
   B Andata?
   A Sì. Andata. Seconda classe.
   B Quindici euro e cinquanta.
   A A che ora parte il treno?
   B Alle sedici e venti dal binario tre.

b **A** Buongiorno. Vorrei due biglietti per Roma.
   B Seconda classe?
   A Prima classe. Quando parte il treno?

B Parte alle dieci e quaranta e arriva a Roma alle quindici e venti.
A Da che binario parte?
B Dal binario quindici.
c **A** A che ora parte l'ultimo treno per Genova?
B Alle ventitrè e cinquantacinque.
A Dal binario dodici?
B No. L'ultimo treno parte dal binario sette.
A Un biglietto, allora. Seconda classe.

d **A** Uno per Novara. Prima classe.
B Solo andata?
A Andata e ritorno. Quant'è?
B Trentaquattro euro e quarantacinque.
A A che ora parte il treno?
B Alle diciotto e trenta. Primo binario. Buon viaggio!

	Destinazione	Numero di biglietti	Classe	Ora di partenza	Binario
a					
b					
c					
d					

2 Using each contracted preposition from the box only once fill in the gaps.

a Non so il prezzo _____ orologio.
b Il professore parla _____ studenti.
c L'appartamento _____ ragazze italiane è molto bello.
d Vuoi comprare la macchina _____ zio di Giulia?
e Vuole accompagnare Mario _____ stadio domenica prossima?
f L'orario _____ autobus è lì.
g A che ora va _____ istituto?
h Il treno parte _____ diciotto e quindici.
i Il dirigente _____ fabbrica è occupato.
j Aspettiamo Massimo davanti _____ bar.

dell'	dello	della	degli	delle
al	allo	all'	agli	alle

3   Which line from the right-hand column fits with **i**? You can see that **e** makes most sense. Fit the others together in the same way.

i	Voglio comprare le scarpe	a	Perchè non ho il suo numero di telefono.
ii	Lucia deve andare alla biglietteria	b	perchè è disoccupato *(unemployed)*.
iii	Devo prendere l'autobus	c	perchè voglio andare a lavorare in Italia.
iv	Perchè non telefoni a Mario?	d	perchè ho un messaggio importante per lei *(for her)*.
v	Giorgio non ha soldi	e	perchè ci sono i saldi.
vi	Studio l'italiano	f	perchè è troppo caro.
vii	Devo vedere Francesca	g	perchè c'è lo sciopero dei treni.
viii	Non compro il vestito	h	Perchè non ho il suo indirizzo.
ix	Perchè non scrivi a Fabrizio?	i	perchè vuole fare il biglietto per Livorno.

4   Here is a list of buildings (**edifici**) and monuments (**monumenti**) in various places. Using **c'è** or **ci sono** as appropriate, make a statement about each, modelling it on the first example which is done for you:

Esempio: In Via Rossini ci sono due banche.

Via Rossini: La Banca Commerciale, La Banca Nazionale del Lavoro.
Via Terni: L'Albergo Alba, l'Albergo Luxor, l'Albergo Rialto.
Piazza Dante: Il Palazzo Visconti.
Piazza Cavour: Il Bar Parini, il Bar Stella, il Bar Verdi, il Bar Marotta.
Roma: (L'Aeroporto) Ciampino, (l'Aeroporto) Fiumicino.

5   From the two sentences provided, make a statement using **fra** as in the example:

Esempio: Sono le nove meno un quarto. Adriano va a scuola alle nove.

Adriano va a scuola *fra* un quarto d'ora.

a   Sono le dieci. Pina va in banca alle undici.
b   È mezzogiorno. Giorgio va al colloquio alle tre.
c   Sono le sei e mezza. Enrico ritorna a casa alle sette meno un quarto.

d Sono le undici e venti. Carlo va alla discoteca alle undici e mezza.

e Sono le sette e mezza. Il treno arriva alle sette e trentacinque.

6 ▶ **Ora tocca a te!** You would like to book three seats to Florence. Complete your side of the conversation.

Impiegato	Sì… Prego?
You	*I would like to book three seats for the day after tomorrow, Thursday.*
Impiegato	Destinazione?
You	*Florence.*
Impiegato	Vuole partire la mattina o la sera?
You	*Isn't there a through train at 11.00 o'clock?*
Impiegato	No, ma c'è un espresso che parte a mezzogiorno.
You	*All right. Three seats for Thursday, then. Second class.*

7 Look at the two flyers.

Viaggi meglio
e spendi
meno, con la
Carta
Amicotreno.

Nuova Carta Amicotreno.
Il viaggiare intelligente che diventa
conveniente.

Per informazioni: ☎ 167-431784

**FERROVIE
DELLO STATO**

*Si applica la tariffa "ragazzi". Lo sconto non è cumulabile con altre riduzioni e non è valido per viaggi interamente compresi nella provincia di Trento.

Ferrovie dello Stato S.p.A.
Informazioni viaggiatori
Civitavecchia   **(0766) 24975**
Tivoli   **(0774) 20268**

a What are the two advantages claimed for the **Amicotreno** railcard?

b **Ferrovie dello Stato:** are they state-owned or privately run?

c What number would you phone for information regarding **Amicotreno?**

d What two numbers would you phone for rail travel information?

ℹ️ Italian trains

Before boarding your train you must validate your ticket (**convalidare il biglietto**) in a machine which stamps the time and date on it.

There is a website for the Italian railway system:

http://www.trenitalia.com

Now turn to *Test Your Italian I* (p. 294).

07

al ristorante
at the restaurant

In this unit you will learn
- how to ask/say whether a place is open/closed
- how to order a meal
- how to ask for more bread/wine, etc.
- how to say that it's enough
- how to ask the waiter what he recommends
- how to say that it doesn't matter

▶1 Buon appetito! *Enjoy your meal!*

Listen to these snippets of conversation and circle the appropriate letter for the correct situation. Try making a guess before looking anything up!

A

Buon appetito!
Grazie altrettanto!

This is taking place:
a just before a meal.
b immediately after a meal.
c at the cash desk.
d just before the end of the meal.

B

Un altro po' di vino?
No. Basta così.

The second speaker:
a wants some more wine.
b doesn't like the wine.
c is refusing more wine.
d wants a glass of red wine.

C

Scusi, è occupato questo posto?
No. È libero. Prego, si accomodi!

The second speaker says that:
a the seat is clean.
b the seat is taken.
c the seat is dangerous.
d the seat is free.

D

Il menù a prezzo fisso?
No. Alla carta.

The second speaker wants:
a to pick and choose from the menu.
b the set meal.
c the wine list.
d the meal of the day.

▶2 Che facciamo? *What shall we do?*

A couple are deciding whether to eat in the hotel or to have a meal out.

a How does **il marito** say: 'Excellent idea'?

Marito Dunque. Che facciamo oggi? Mangiamo qui in albergo?

Moglie No. Usciamo! Andiamo a pranzo fuori! Magari, stasera torniamo qui per la cena.

Marito Ottima idea!

Usciamo!	Let's go out!
pranzo	lunch
magari	perhaps
tornare = ritornare	to return
cena	dinner
<u>o</u>ttima idea	excellent idea

▶3 'Da Peppino' è aperto   'Da Peppino' is open

Having decided to go out they make enquiries.

a   How does **il signore** say: 'But it's closed today'?
b   How does **il marito** ask: 'Is there a good restaurant nearby?'

Marito   Scusi, signore, c'è un buon ristorante qui vicino?
Signore   Sì. Il ristorante 'Da Peppino'. È buono e non è caro. Ma oggi è chiuso.
Signora   No. La trattoria è chiusa. 'Da Peppino' è aperto.
Marito   Allora, andiamo lì, no ...?
Moglie   Come vuoi!

trattor<u>i</u>a	modest restaurant (see p. 88)
Come vuoi!	As you wish!

▶4 Conosco un ristorante vicino al mare
I know a restaurant by the sea

Listen to another person giving information about a restaurant.

a   How does the first speaker say: 'Every day except Monday'?

A   Conosco un ristorante vicino al mare dove si mangia molto bene.
B   Quando è aperto?
A   Tutti i giorni, eccetto il lunedì.

▶5 Vogliono ordinare? *Do you wish to order?*

Before reading this dialogue look at the ⓘ section (pp. 87–8) where you will find out about meals in restaurants and see some of the vocabulary for food.

The waiter tells **Anna** and **Silvia** that if they prefer to lunch outside, **all'aperto**, they'll have to wait. They decide to remain where they are.

a How does the waiter say: 'There are a lot of people today'?
b How does **il cameriere** say: 'It's a speciality of the house'?

Cameriere	Ecco il menù. Vogliono ordinare subito? Se preferiscono pranzare all'aperto, devono aspettare un po'. C'è molta gente oggi.
Anna	No. Non fa niente. Pranziamo qui. Per antipasto io prendo melone con prosciutto.
Silvia	Io, coppa di gamberetti. E per primo, risotto alla milanese.
Anna	Risotto anche per me.
Cameriere	Mi dispiace, ma il risotto non c'è. È finito.
Silvia	Allora, spaghetti alle vongole.
Anna	E per me, lasagne al forno.
Cameriere	Benissimo. E per secondo piatto: carne o pesce?
Anna	Carne: bistecca ai ferri. E per contorno patatine fritte e fagiolini.
Cameriere	Bene. Bistecca anche per lei, signorina?
Silvia	No, no. Non mangio carne. Che cosa mi consiglia?
Cameriere	Il fritto misto di pesce. È una specialità della casa. E il pesce è freschissimo.
Silvia	Beh… no. Preferisco sogliola alla griglia con insalata verde.
Cameriere	D'accordo. E da bere? Vino rosso o vino bianco?
Anna	Rosso. Una bottiglia di Barolo. E ci porti un po' di ghiaccio per l'acqua, per piacere.
Silvia	E un po' di vino bianco… locale.

Non fa niente	*It doesn't matter*
Che cosa mi consiglia?	*What do you recommend (me)?*
E da bere?	*Anything to drink?*
ci porti	*bring us*
un po' di ghiaccio	*some ice*

▶ 6 Tutto bene? *Is everything all right?*

Il cameriere asks whether they want dessert.

a How does **il cameriere** ask: 'A little more wine?'
b How does **Silvia** say: 'Nothing for me'?

Cameriere	Tutto bene...? Un altro po' di vino?
Silvia	No. Va bene. Basta così. Grazie.
Cameriere	Dolce o frutta?
Anna	Formaggio, e una macedonia.
Silvia	Per me niente. Solo un caffè e un amaro.

Va bene.	*That's OK.*
Basta così.	*That's enough.*
Per me niente.	*Nothing for me.*
un amaro	*a bitter after-dinner liqueur*
un altro po'?	*a little more?*

▶ Pronunciation

Doppie consonanti **Double consonants**

Primo piatto, patatine fritte, spaghetti, un po' di ghiaccio, una bottiglia di latte, una birra, frutta, formaggio, bistecca, eccetto.

Grammar

1 Verbs

Present tense (irregular) of *fare* to do, make and **uscire** to go out.

Present tense	**fare** *to do, make*		
(io) faccio	*I do, am doing, make, etc.*	(noi) facciamo	*we do, are doing, make, etc.*
(tu) fai	*you do, are doing, make, etc.*	(voi) fate	*you (pl.) do, are doing, make, etc.*
(lui, lei)* fa	*he/she does is doing, makes, etc.*	(loro) fanno	*they do, are doing, make, etc.*

*As explained in Unit 6, p. 69, the lei form 2nd person singular (formal 'you') is omitted from now on because it is exactly the same as the 3rd person singular: (**lei fa** = *you do, make*, etc.)

Present tense		uscire *to go out*		
(io) esco	*I go out, am going out*	(noi) usciamo	*we go out, are going out*
(tu) esci	*you go out, are going out*	(voi) uscite	*you (pl.) go out, are going out*
(lui, lei) esce	*he/she goes out, is going out*	(loro) ẹscono	*they go out, are going out*

Attenzione! Note the difference between **uscire** *to go out* and **andare** *to go*.

Esci...?	*Are you going out?*
Dove vai?	*Where are you going?*

Uscire used with **da** means *to leave, to come out of, to go out of*:

Escono dall'ufficio alle due.	*They leave the office at two.*
Usciamo dalla banca a mezzogiorno.	*We leave the bank at midday.*

But

La mattina esco *di casa* alle otto.	*In the morning I leave home at eight.*

2 Present tense as immediate future

The present tense is also used in Italian to express an intention or a suggestion where we would use the future in English:

Mangiamo qui stasera?	*Shall we eat here this evening/ tonight?*
Oggi prendo l'autobus.	*Today I'll take the bus.*

The first person plural present ending **-iamo** also denotes the imperative: *let us ...*

Andiamo! *Let's go!*	**Usciamo!** *Let's go out!*

The context and the tone of voice will make the meaning clear.

3 How to use *buono/a*

Buono/a is nearly always shortened to **buon** before a masculine singular noun. It follows the pattern of the indefinite article **un/uno/una**. It is often heard in expressions where Italians wish each other something:

Buon divertimento!	Have a good time!
Buona giornata!	Have a good day!
Buon appetito!	Have a good meal!
Buon Natale!	Merry Christmas!
Buon Anno!	Happy New Year!
Buon viaggio!	Have a good journey!

4 *Tutto/a* All, everything

In the singular **tutto/a** means *whole, all, everything*:

Tutta la famiglia è in vacanza.	The whole family is on holiday.
Mangia tutto.	He eats everything.
È tutto per me.	It's all for me.

In the plural **tutti/e** means *all, every*:

| Tutti i negozi sono aperti. | All the shops are open. |
| Usciamo tutti i giorni. | We go out every day. |

5 On Mondays

When the definite article precedes the day it gives the idea of *every*:

| È chiuso il lunedì. | It's closed on Mondays/every Monday. |
| È aperto la domenica. | It's open on Sundays/every Sunday. |

6 People

La gente is singular in Italian:

| La gente parla. | People talk. |
| In piazza c'è poca gente. | There are few people in the square. |

7 Very, many, too

Molto may be used either as an adverb (*very*) or as an adjective (*a lot of, many*). When used as an adverb it is invariable.

| È *molto* brava. (adverb) | She's very good/clever. |
| Questi musei sono *molto* interessanti. (adverb) | These museums are very interesting. |

| Il negozio all'angolo ha *molta* roba. (adj.) | The corner shop has a lot of stuff. |
| In Italia ci sono *molti* mercati. | There are many markets in Italy. |

Troppo behaves in the same way:

| La camicetta è *troppo* cara. (adverb) | The blouse is too dear. |
| In classe ci sono *troppi* studenti. (adj.) | There are too many students in class. |

8 Do you wish to order?

The plural of **tu** and **lei** is **voi**. But in Dialogue 5 the waiter asks: '**Vogliono ordinare?**' This third person plural **loro** form is very much used instead of **voi** by waiters, hotel staff and shop assistants when addressing more than one person.

9 *Non fa niente* It doesn't matter

When Italian uses a negative word such as **niente** *nothing*, unlike English, **non** must still be used: **Non voglio niente** literally means *I don't want nothing*. The main negative expressions are: **non … niente** *nothing*; **non … mai** *never*; **non … nessuno** *no one*.

Lino non mangia niente.	Lino is not eating anything.
Non bevo mai a quest'ora.	I never drink at this time.
Non c'è nessuno a casa.	There isn't anyone at home.
Non capisce niente!	He doesn't understand anything!

10 *al, alla* meaning 'in the style of, with'

a + **definite article** is used to show that food or drink is cooked, served or prepared in a particular style. **Risotto alla milanese** is therefore a rice dish cooked in the Milanese style (see **Informazioni**, pp. 87–8). **Un tè al limone** is tea served with lemon, i.e. *lemon tea*.

11 *da* meaning 'to'

There are many expressions where **da** followed by an infinitive means *to*:

Cosa c'è da bere?	What is there to drink?
Ho molto da fare.	I've a lot to do.
Non c'è niente da mangiare.	There's nothing to eat.

You should note examples as you come across them throughout the book.

12 A bit of (some) ...

The easiest way to express 'some' when it means 'a little of something' is to use **un po' di** (lit. *a bit of*):

Vorrei: un po' di formaggio, un po' di pane, un po' di vino, un po' d'acqua.

I'd like: some cheese, some bread, some wine, some water.

13 *Basta così* That's enough

As with **costa, costano** (Unit 4, p. 44) it is important to distinguish between singular and plural when using **basta**:

Mezza bottiglia basta.	*Half a bottle is enough.*
Due sterline bastano.	*Two pounds is enough.*

▶ How do you say it?

1 How to ask/say whether a place is open/closed

È aperto/a(?) / È chiuso/a(?)

2 How to order a meal

Per antipasto, per primo, per secondo, per contorno, prendo ...

3 How to ask for some (more) bread/wine, etc.

Un (altro) po' di pane / di vino, ecc.

How to say that it's enough

Basta così.

4 How to ask the waiter what he recommends

Che cosa mi consiglia?

5 How to say that it doesn't matter

Non fa niente / Non importa

Practice

1 Below there are some examples of Italian food and drink, many of which are explained in the **ⓘ** section. Which section of the menu does each one belong in?

MENU
Antipasti
Primi Piatti
Secondi Piatti
Contorni
Frutta - Dolci
Da Bere

acqua minerale
antipasto misto
coppa di gamberetti
bistecca alla griglia
fagiolini
fritto misto di pesce
frutta fresca
gelati misti
insalata mista
lasagne al forno

macedonia di frutta
melone con prosciutto
patatine fritte
pollo arrosto
risotto alla milanese
sogliola alla griglia
spaghetti alle vongole
vino bianco
vino rosso

2 Which of the phrases on the right complete the sentences on the left? To do this exercise you need to look at the verb endings carefully.

i	E tu Mario,	a	non mangia carne.
ii	Anche noi	b	restare a casa stasera.
iii	Anche voi	c	vanno sempre al ristorante la domenica.
iv	Maria è vegetariana:	d	cosa vuoi?
v	Anch'io	e	mangiate fuori stasera?
vi	Tutta la famiglia Ferni	f	vado 'Da Peppino' oggi.
vii	Giovanni e Antonella	g	va in pizzeria.
viii	I miei amici vogliono	h	preferiamo la cucina italiana.

Trattoria Mezza Luna
di Averino baffo

Ubic. Eser. Via Ripa Serancia, 3 - Tel. 0763 341234
ORVIETO
Dom. Fisc. Via Ripa Serancia, 1

RICEVUTA N.   16

		EURO
PANE E COPERTO	2X1,05	2,10
PRIMO PIATTO	1X4,70	4,70
SECONDO PIATTO	1X5,16	5,16
CONTORNO	1X2,10	2,10
CAFFÈ	2X0,80	1,60
SERVIZIO	10%	1,57

TOT. EURO IVA INCLUSA   17,3

TOTALE DOCUMENTO   17,23
13-34 03/01/03   6865362

3 Here are four restaurant advertisements. Make sure you understand them, then answer the questions below.

a

LA TORINESE
Ristorante
Caratteristico
Vasto Parcheggio
Giochi per bambini

(*Chiuso il mercoledì*)

b

La Bella Napoli

Ristorante
e
Pizzeria

Aperto solo la sera

c

TEMPIO di DIANA

**Hotel Ristorante
con cucina francese
Vasto parco nel bosco**

MARTEDÌ CHIUSO

d

VILLA TOTÒ
Ristorante
specialità marinare
Si mangia bene e si
mantiene la linea

DOMENICA SERA E
LUNEDÌ RIPOSO

i It's Monday lunch time: are there any restaurants that you couldn't go to?

ii Where would you go if you liked seafood?

iii Which one of these restaurants is unlikely to be in the town centre? Why?

iv Which one would you consider if you were on a diet?

v Which two would probably offer better parking facilities?

4 ▶ Ora tocca a te! You are ordering a meal in a restaurant.

Cam.	Cosa prende?
You	*I'd like a selection of appetizers.*
Cam.	E per primo?
You	*Vegetable soup.*
Cam.	Vuole ordinare il secondo adesso?
You	*Why not? What do you recommend (me)?*
Cam.	Oggi il pesce è buonissimo.
You	*I don't eat fish. Grilled steak.*
Cam.	Certo. E per contorno, cosa desidera?
You	*I'll have a mixed salad and chips.*
Cam.	E da bere?

You	Half a bottle of local wine.
Cam.	Bianco o rosso?
You	Better the red wine with the steak.
Cam.	Subito!
	… . …
Cam.	Tutto bene?
You	Yes. Fine. A bit more bread, please.
Cam.	Ecco. Desidera altro?
You	No, thank you. That's enough.

5   Can you label each of these using the words from the box?
Look up the words you don't know in the vocabulary at the
back.

---

* aceto • bicchiere • coltello • cucchiaio • forchetta
   • olio • pepe • piatto • sale • tovagliolo

🛈 Eating out in Italy

Before starting your meal it is customary to say: **Buon appetito!** The
response is **Grazie, altrettanto!** (*Thank you*) *the same to you!*

La cucina italiana   *Italian cooking* is regional: names of dishes vary
from one part of the country to another.

Antipasti *starters or hors d'oeuvres*. Among other things, these
appetizers consist of a variety of cooked or cured meats such as
prosciutto crudo (this is often served with melon), **mortadella**,
salame; seafood such as **coppa di gamberetti** *prawn cocktail*, and
various vegetables, raw or preserved in oil such as **carciofi**
artichokes and **funghi** *mushrooms*. **Antipasto misto** is a selection of
appetizers: ham, salame, mortadella, olives (**olive**), etc.

I primi (il primo piatto *the first course*) would offer **minestra** *soup*,
minestrone *vegetable soup* or a choice of **pasta** dishes e.g:

spaghetti alle vongole *spaghetti with clams*, **lasagne al forno** *layers of pasta slices with meat sauce and mozzarella cheese baked in the oven*, **tagliatelle al pomodoro** *pasta strips in tomato sauce*, etc. **Risotto alla milanese** is *rice cooked in broth with onions*.

I secondi (**il secondo piatto** *the second course*) consist of **(la) carne** *meat* or **(il) pesce** *fish*. **Alla griglia** or **ai ferri** both mean *grilled*. **Bistecca** is *steak*, **pollo arrosto** is *roast chicken*, **sogliola** is *sole*, **fritto misto di pesce** *mixed fry* of smaller Mediterranean fish.

I contorni *side dishes* could be **insalata (mista)** *(mixed) salad* or a selection of vegetables such as **fagiolini** *green beans*, **patatine fritte** *chips*, **zucchini** *courgettes*.

Frutta *fruit*: this is often eaten at mealtimes instead of **dolci** *desserts*; **macedonia di frutta** *fruit salad*; **gelati** *ice cream*.

Barolo is a famous red wine from the Piedmont region in Northern Italy. Most regions produce their own local wine, **vino locale**, which is usually excellent value.

Your restaurant bill will probably include a cover charge: **pane e coperto**. Where the service charge is included in the price, you will see **servizio compreso** *service included*. You yourself may ask: '**È compreso il servizio?**' *'Is service included?'* However, even when it is, it is customary to leave a tip (**la mancia**) on top of this.

La trattoria is normally cheaper than a restaurant. But in some places it may have a sort of snob value and be quite expensive, i.e. **Trattoria del Vecchio Pozzo** *Restaurant of the Old Well* would be fully decorated to give an 'Olde Worlde' atmosphere.

08

in albergo

at the hotel

In this unit you will learn
- how to ask for a room
- how to give the dates you require it for
- how to ask for full or half-board
- how to ask for and give details of mealtimes
- how to respond to a request for means of identification

▶1 Ha una camera, per favore?

Have you got a room, please?

Roberto asks **il direttore** for a room with a shower (**doccia**).

a How does **il direttore** ask: 'Single or double?'
b How does **Roberto** ask: 'Is breakfast included in the price?

Direttore	Buonasera. Dica!
Roberto	Ha una camera, per favore?
Direttore	Come la vuole? Singola o doppia?
Roberto	Singola con doccia.
Direttore	Per quanto tempo?
Roberto	Per una notte.
Direttore	Sì. Ha un documento?
Roberto	Ho il passaporto. La colazione è compresa nel prezzo?
Direttore	No. È a parte.

Dica! (from **dire** *to say*)	*Yes?*
Come la vuole?	*How would you like it?*
notte (f)	*night*
mezza pensione	*half board*
a parte	*not included*

▶2 Abbiamo due camere all'ultimo piano

We have two rooms on the top floor

Il sig. Conti is booking in advance: he wants a room with a double bed and private bath.

a How does he say: 'From the 26th of July to the 9th of August'?
b What are the words for *breakfast, lunch* and *dinner* in Italian?

Direttore	Una camera a un letto o una camera a due letti?
Sig. Conti	Una camera matrimoniale con bagno: dal 26 luglio al 9 agosto.
Direttore	Vediamo un po'… Abbiamo due camere all'ultimo piano. Una piccola con balcone, e una grande.
Sig. Conti	La camera grande è tranquilla?
Direttore	Molto tranquilla e dà sul mare.

Sig. Conti	La camera grande, allora. A che ora è il pranzo?
Direttore	La colazione è dalle 7.00 alle 9.30. Il pranzo dalle 12.00 alle 2.00 e la cena dalle 7.30 alle 10.00.

…dà sul mare

camera a un letto	*single room*
camera a due letti	*twin-bedded room*
camera matrimoniale	*double bedroom*
dà (from **dare**)	*looks out over*
vedere	*to see*
vediamo un po'	*let's have a look*
tranquillo/a	*quiet*

▶ 3 Mezza pensione o pensione completa?
Full or half board?

a How long does **la signora Marini** want the room for?
b How does she say: 'We have a driving licence. Here it is'?

Direttore	Mezza pensione o pensione completa?
Sig.ra Marini	Mezza pensione per due persone per una settimana.
Direttore	Sì, va bene. Avete il passaporto?
Sig.ra Marini	No. Non l'abbiamo. Abbiamo la patente di guida.
Direttore	La patente va benissimo.
Sig.ra Marini	La vuole ora…? Un attimo… Ah…! Eccola!
Direttore	Ed ecco le chiavi, signora. Camera 408. Gli ascensori e i gabinetti sono là in fondo. Il parcheggio è dietro l'albergo.

pensione completa	full board
una settimana	a week
la patente di guida	driving licence
ora	now
la chiave	key
gabinetto	toilet
dietro	behind

▶ 4 C'è l'acqua calda e l'acqua fredda
There's hot and cold water

a How does **il signor Marini** say: 'The luggage is in the car'?
b How does **il direttore** say: 'I'll call him immediately'?

Sig. Marini	C'è l'acqua anche in camera?
Direttore	Certo, signore. In tutte le camere, c'è l'acqua calda e l'acqua fredda.
Sig. Marini	I bagagli sono nella macchina. Li porto sopra.
Direttore	Non si preoccupi! Li prende il ragazzo. Lo chiamo subito.
Sig. Marini	Grazie.
Direttore	Se qualche volta non volete fare il bagno nella piscina, c'è la nostra spiaggia privata con gli ombrelloni e le sedie a sdraio.

ATTENZIONE! Notice that **i bagagli** *luggage* is plural in Italian.

Li porto sopra.	*I'll take them upstairs.*
Non si preoccupi!	*Don't worry.*
qualche volta	*sometimes*
fare il bagno	*to bathe, go swimming*
la nostra spiaggia privata	*our private beach*
ombrellone (m)	*beach umbrella*
sedia a sdraio	*deck-chair*

▶ 5 Può svegliarmi? *Can you wake me up?*

a How does **la segretaria** say: 'At 6 o'clock on the dot'?
b How does **Pippa** say: 'The room that looks out over the terrace'?

Pippa	Può svegliarmi domani mattina alle sei?
Segretaria	Certamente, signorina. Camera 307, vero?
Pippa	Sì. La camera che dà sulla terrazza.
Segretaria	Va bene. Domani mattina alle sei in punto la chiamo io personalmente. Non si preoccupi!
Pippa	Grazie, molto gentile.

▶ 6 Lavoro solo d'estate
I only work in the summer

Il **cameriere** explains that tourists come in the month of August especially.

a How does **il cliente** say: 'So many tourists'?

b How does **il cameriere** say: 'I begin at six and finish at about one'?

Cliente	Impossibile parcheggiare! Vengono sempre tanti turisti qui?
Cameriere	Sempre. Specialmente nel mese di agosto.
Cliente	Lavora molto, allora!
Cameriere	D'estate, sì. Moltissimo! Ma si guadagna bene!
Cliente	A che ora incomincia a lavorare la mattina?
Cameriere	Presto. Comincio alle sei e finisco verso l'una, le due di notte.
Cliente	Però, d'inverno è tutto chiuso!
Cameriere	Esatto. Lavoro solo d'estate da maggio a ottobre.
Cliente	Già. D'inverno non viene nessuno da queste parti!

Vengono (from **venire**) ... **tanti turisti?**	*Do so many tourists come?*
guadagnare	*to earn*
(in)cominciare a	*to start, begin to*
presto	*early*
però	*however, but*
d'inverno, d'estate	*in winter, in summer*
esatto	*that's right, precisely*
da queste parti	*to these parts*

▶ Pronunciation

I mesi dell'anno: gennaio, febbraio, marzo, aprile, maggio, giugno, luglio, agosto, settembre, ottobre, novembre, dicembre

Le stagioni dell'anno: l'inverno, la primavera, l'estate, l'autunno

Grammar

1 I've got a passport

ATTENZIONE! Notice the use of **il/la**, the definite article, where in English we say *a/an*:

Ha il passaporto, la patente *Have you got a passport,*
di guida, la macchina? *a driving licence, a car?*

2 *Data e stagioni* Date and seasons

Like the days, the months start with lower-case letters: **ottobre, novembre, dicembre, ecc.**

Quanti ne abbiamo (oggi)? *What's the date (today)?*

(Ne abbiamo) 10. *(It's) the 10th.*

Ordinary numbers are used for the date:

il due marzo, il cinque luglio *2nd of March, 5th of July*

However, for the first of the month you must use **il primo** *(first)*:

Oggi è il primo giugno; *Today is the first of June;*
il primo maggio. *the first of May.*

Note that *on* is not expressed, as in the following example:

Ci vediamo il tre agosto. *See you on the 3rd of August.*
Lo vedo sabato. *I'll see him on Saturday.*

With months **in** or **a** is used:

in/a giugno, in/a settembre, ecc *in June, in September, etc.*

But with months beginning with a vowel, only **in** is used: **in aprile, in agosto.**

Note in the table below how *in spring*, *in summer*, etc. is expressed and how **di** often becomes **d'** before words beginning with a vowel: **d'estate, d'inverno.**

	d'inverno d'estate	*in*	*winter* *summer*
in	autunno primavera		*autumn* *spring*

In primavera andiamo in campagna.	In spring we go to the country.
D'estate va al mare o in montagna.	In summer he goes to the seaside or the mountains.
In autunno ricomincia a lavorare.	In autumn he starts working again.

3 *Dare* **to give,** *venire* **to come**

Both these verbs are irregular:

Present tense	dare *to give*			venire *to come*	
(io)	do	*I give, am giving*		vengo	*I come, am coming*
(tu)	dai	*you give, are giving*		vieni	*you come, are coming*
(lui, lei)	dà	*he/she gives, is giving*		viene	*he/she comes, is coming*
(noi)	diamo	*we give, are giving*		veniamo	*we come, are coming*
(voi)	date	*you (pl.) give, are giving*		venite	*you (pl.) come, are coming*
(loro)	danno	*they give, are giving*		vengono	*they come, are coming*

4 *Nel, nella,* **In the;** *sul, sulla* **on the**

In *in* also combines with the definite article (**il, la,** ecc.) to mean *in the.* When this happens **in** becomes **ne. Nel** is therefore the contracted form of **in + il,** and **nella** of **in + la.** The pattern is then exactly the same as **del, della,** ecc. (Unit 6, p. 68): **nel, nello, nella, nell', nei, negli, nelle.**

Le chiavi sono nella borsa.	The keys are in the bag.
La macchina è nel garage.	The car is in the garage.

Su *on* contracts in the same ways as **a** *at, to.* Just as **a + il** becomes **al, su + il** becomes **sul:**

La camera dà sul mare.	The room looks out over the sea.
I guanti sono sulla sedia.	The gloves are on the chair.

5 Object pronouns

lo	*him, it*	li	*them* (m pl)
la	*you, her, it*	le	*them* (f pl)

Lo, la, li, le, are called object pronouns and usually precede the verb:

> Compro il libro. *Lo* compro.   *I'll buy the book. I'll buy **it**.*
> Compro i libri. *Li* compro.   *I'll buy the books. I'll buy **them**.*
> Compro la rivista. *La* compro.   *I'll buy the magazine. I'll buy **it**.*
> Compro le riviste. *Le* compro.   *I'll buy the magazines. I'll buy **them**.*

Look at the first two examples above and see how the following question and answer are based on them:

> **Quando compra il libro?**   *Lo* compro domani.
> *When will you buy the book? I'll buy **it** tomorrow.*

Ora tocca a te! See if you can fill in the blanks for the rest on your own (the answers are in the *Key*):

a   Quando compra ____ libri? ____ compro stasera.
b   Quando compra ____ riviste? ____ compro subito.
c   Quando compra ____ rivista? ____ compro stamattina.
d   Quando paga ____ conto? ____ pago adesso.

In negative sentences put **non** before the pronoun.

> Conosci Gino? No. **Non lo**   *Do you know Gino? No, I*
>   conosco.   *don't (know **him**).*

Lo, la (singular only) become **l'** before a vowel or 'h':

> **Dove aspetti Anna?**   *Where are you waiting for Anna?*
> **L'aspetto a casa.**   *I'm waiting for **her** at home.*

But (plural) Apro le finestre. Le apro. *I'll open the windows. I'll open **them**.*

When addressing a man or woman formally the direct object pronoun for *you* is la:

> *La* ringrazio, dottor Bertini,   *I thank **you**, Dr Bertini,*
>   del suo gentile pensiero.   *for your kind thought.*
> *La* disturbo, signora?   *Am I disturbing **you**, Madam?*
> *Mi* conosce?   *Do you know **me**?*
> Sì. *La* conosco.   *Yes. I know **you**.*

6 *Eccola!* **Here it is!**

Ecco combines with object pronouns to mean *here he/she/it is, here they are.*

> **Dov'è Maria? Eccola!**   *Where is Mary? Here **she** is!*
> **Dov'è Pietro? Eccolo!**   *Where is Peter? Here **he** is!*
> **Dove sono le valigie? Eccole!**   *Where are the suitcases? Here **they** are!*

7 Some, sometimes, occasionally

Qualche means *a few* or *some* and is always followed by a singular noun, which must be countable (compare to **un po' di**, p. 84).

Vengo con qualche amico.	*I'll come along with some friends.*
Ho qualche libro sull'Italia.	*I've got some books on Italy.*
Guarda spesso la televisione?	*Do you often watch television?*
La guardo qualche volta.	*I watch it occasionally.*

8 To start to ...

When a verb follows **incominciare**, use **a** + infinitive.

Incominciare and **cominciare** both mean *to start* or *to begin*.

Incomincio *a capire.*	*I'm beginning to understand.*
Il bambino comincia *a parlare.*	*The baby is beginning to speak.*
Quando incominci *a fare i bagagli*?	*When do you start packing?*

▶ How do you say it?

1 How to ask for a room	**Ha una camera/singola/ doppia/matrimoniale?**
2 How to give the dates you require it for	**Dal primo ... al dieci, ecc. Da lunedì a giovedì, ecc.**
3 How to ask for full or half-board	**Pensione completa/ mezza pensione.**
4 How to ask for and give details about mealtimes	**A che ora è la colazione/ il pranzo/la cena? Dalle ... alle ...**
5 How to respond to a request for means of identification	**Ha un documento? Ho il passaporto/la patente di guida.**

Practice

1 ▶ What sort of hotel accommodation are the three people below asking for? Tick the appropriate places on the grid, and fill in the days or dates in English.

a **Direttore** Prego?
  Signore Ha una camera singola?
  Direttore Con bagno?
  Signore La preferisco con doccia.
  Direttore Per quanto tempo?
  Signore Da giovedì a lunedì. Pensione completa.

b **Direttore** Sì?
  Signora Vorrei una camera dal venticinque giugno al quattro luglio.
  Direttore Singola o doppia?
  Signora Una camera matrimoniale con bagno. Pensione completa.

c **Direttore** Dica!
  Signorina Ha una camera a due letti dal nove maggio?
  Direttore Per quante notti?
  Signorina Per dieci notti. Mezza pensione.
  Direttore Fino al diciannove?
  Signorina Sì. Esatto.
  Direttore Con bagno?
  Signorina No, con doccia.

	🧦	🧦	🛏	🚿	🛁	✗	⅟✗	from	to
a									
b									
c									

🧦 camera singola 🧦 camera doppia

🛏 camera matrimoniale

🚿 doccia 🛁 bagno ✗ pensione completa

⅟✗ mezza pensione

2 In a frenzy of last-minute packing, your friend asks you where one or two items are. Find them for him and answer with the appropriate pronoun as in the example:

Esempio: Dov'è la patente di guida? Dove sono i libri?
    You **Eccola!**   **Eccoli!**

a   Dov'è il passaporto?   e   Dove sono le chiavi?
b   Dov'è la borsa?   f   Dov'è la pianta (*map*)?
c   Dov'è l'indirizzo dell'albergo? g   Dov'è il giornale?
d   Dove sono i biglietti?   h   Dov'è l'orologio?

3 Answer these questions, using pronouns and translating the English as in the example.

Esempio: Conosce Pietro? Sì. ____*well*.
Sì. *Lo conosco bene*.

a   Conosce Luisa? Sì. _____ *very well*.
b   Conosce le mie cugine? Sì _____ *fairly well*.
c   Quando vede Anna? _____ *at about 8 o'clock*.
d   Quando invita Luigi? _____ *today*.
e   Invita qualche volta i suoi amici? _____ *often*.
f   Quando guarda la televisione? _____ *after dinner*.
g   Conosce l'Albergo Cesare? Sì. _____ *well*.
h   Vede Carlo domani? No. _____ *this evening*.

4 Select each contracted preposition from the box below once only and fill in the gaps.

a   I passaporti sono ____ studio.   e   Il vino è ____ bicchiere.
b   Il ghiaccio è ____ acqua.   f   Le chiavi sono ____ borsa.
c   I pigiami sono ____ letto.   g   I vestiti sono ____ valigie.
d   Gli ombrelloni sono ____   h   Non c'è sale ____
    spiaggia.   spaghetti.

| nel | nello | nella | nell' |
| nelle | negli | sul | sulla |

5 Answer the questions using the first person of **venire**. If the question is addressed to more than one person, as in the 2nd example, answer with the 1st person plural.

Esempio: Viene in macchina? ... autobus.
No. Vengo in autobus.
Venite in autobus? ... piedi.
No. Veniamo a piedi.

a   Viene in aereo? ... **macchina**.
b   Viene in metropolitana? ... **piedi**.
c   Viene in macchina? ... **aereo**.
d   Venite in autobus? ... **metropolitana**.
e   Venite a piedi? ... **bicicletta**.

6 Read the following passage in which **Anna** is talking about herself and note how all the information can be extracted from the table below:

Abito a Milano. Lavoro in una banca commerciale. La mattina esco alle otto meno un quarto. Incomincio a lavorare alle otto e mezza. Finisco di lavorare alle cinque. Torno a casa alle sei meno un quarto. Il sabato non lavoro. Vado al mare con mia sorella.

Dove abita?	Dove lavora?	A che ora esce la mattina?	A che ora incomincia a lavorare?	A che ora finisce?	A che ora torna a casa?	Dove va il sabato? Con chi?
Anna: Milano	banca commerciale	7.45	8.30	5.00	5.45	al mare sorella
Maria: Terni	agenzia di viaggi	8.15	9.00	6.00	6.45	in montagna marito
I sig.ri Spada: Napoli	istituto di lingue	7.20	8.00	1.00	1.40	in campagna genitori*

* i nostri genitori *our parents*; i loro genitori *their parents*

a Write similar passages, first saying what **Maria** would say about herself, and then what **i signori Spada** would say about themselves (**Abitiamo, ecc. ...**)

b Write contrasting statements about **Anna** on the one hand and **i signori Spada** on the other. Start like this: **Anna abita a Milano, ma i signori Spada abitano a Napoli.**

7 ▶ Ora tocca a te! You are booking rooms in a hotel.

Direttore	Buongiorno.
You	*Good morning. Have you got two rooms for 10 days?*
Direttore	Per quante persone?
You	*For four people.*
Direttore	Abbiamo due camere al terzo piano.
You	*With private bath?*
Direttore	Una con bagno, l'altra con doccia.
You	*Yes. That's fine. Is there a restaurant in this hotel?*
Direttore	No. C'è solo il bar.
You	*Is there a restaurant nearby?*
Direttore	C'è la 'Trattoria Monti' in piazza.

8 Look at this table from a hotel guide and find out how to say in Italian:

   a Credit cards are accepted.
   b Pets are accepted.
   c tennis court

♦♣ Parco giardino dell'esercizio

🐕 Si accettano piccoli animali domestici

▦ Sala congressi

👥 Accettazione gruppi

👫 Baby sitting

C Accettazione carta di credito

P Parcheggio custodito

🚗 Autorimessa dell'esercizio

🚐 Trasporto clienti

🎾 Campo da tennis

What do these signs mean?

d

e

ℹ️ Hotels and guest houses

Although **pensioni** have the reputation of being more modest establishments than **alberghi**, there is no clearcut dividing line. Many **pensioni** offer excellent value and are often family run. In regional brochures both **alberghi** and **pensioni** are now listed together, according to price and the facilities they offer.

ℹ️ Other accommodation

Ostelli per la gioventù *Youth Hostels*, **Campeggi** or **Camping** *Camp sites*, **Villaggi turistici** *Holiday Villages* and **Agriturismo** *Farm holidays* offer a variety of accommodation to suit all pockets. There are also **Case religiose di ospitalità**, hospitality offered by religious bodies, though you may find that in these you probably have to be in earlier at night.

The Italian State Tourist Office (**ENIT**) provides information about travel and accommodation in Italy. Regional brochures are available there. Address: 1 Princes St, London W1R 8AY (Tel: 020 7408 1254).

Tourism–related websites:

http://www.enit.it
http://www.alitalia/co.uk

09

al telefono
on the phone

In this unit you will learn
- how to ask to speak to someone on the phone
- how to ask someone to repeat themselves/speak louder
- how to ask whether you have the wrong number
- how to ask whether someone is in and answer accordingly
- how to ask whether you can leave a message or call back later
- how to ask and grant permission to enter a room

▶1 Pronto? Chi parla? *Hello, who's speaking?*

The secretary is on the phone with **l'avvocato** (lawyer) **Ferri,** who wishes to speak to **il dottor Fini.**

a How does **la segretaria** ask: 'Have you got an appointment?'
b How does **la segretaria** say: 'I'll pass you to Dr Fini'?

Segretaria   Pronto? Chi parla?
Avvocato   Sono l'avvocato Ferri. Vorrei parlare con il dottor Fini.
Segretaria   Io sono la segretaria. Il dottore è occupato: è in riunione. Ha un appuntamento?
Avvocato   No, signorina. Ma è urgente. Urgentissimo.
Segretaria   Un momento, avvocato... Le passo il dottor Fini.
Avvocato   Grazie.
Segretaria   Prego.

---

in riunione   *in a meeting*

▶2 In un ufficio *In an office*

Mr Cioffi asks to speak to the firm's Director, but on being told by the Secretary that he is at the Head Office (**la sede centrale**), he decides to wait until the director comes back.

a How does **la segretaria** say: 'Come in'?
b How does **la segretaria** say: 'Can I offer you a coffee?'

Sig. Cioffi   Permesso?
Segretaria   Avanti!
Sig. Cioffi   (*not hearing her*) Permesso... Posso entrare?
Segretaria   Avanti! Avanti! Prego, si accomodi!
Sig. Cioffi   Vorrei parlare con il direttore.
Segretaria   Mi dispiace, il direttore non c'è. È alla sede centrale. Se vuole, può parlare con me.
Sig. Cioffi   No. Devo parlare con lui personalmente.
Segretaria   Allora, deve tornare più tardi.
Sig. Cioffi   Più tardi non posso. Devo andare a Milano per affari. A che ora ritorna il direttore?
Segretaria   Fra venti minuti. Vuole aspettare qui? Prego, si accomodi! Posso offrirle un caffè?
Sig. Cioffi   Grazie. Molto gentile.
Segretaria   Prego. Si figuri!

Permesso? Posso entrare?	*May I come in?*
il direttore non c'è	*the director is out*
Prego, si accomodi!	*Please, sit down!*
per affari	*on business*
Prego. Si figuri!	*No trouble at all!*

▶ 3 C'è Luisa? *Is Luisa in?*

a How does **Roberto** say: 'I'm afraid she's out'?
b How does **Roberto** say: 'Just a minute. I'll call her'?
c How does **Ida** say: 'It's me'?

Ida	Pronto? C'è Luisa?
Roberto	No. Mi dispiace, non c'è.
Ida	C'è Carla?
Roberto	Sì. C'è. Un attimo. La chiamo.
Carla	Pronto...!
Ida	Ciao, Carla! Sono io, Ida.
Carla	Ciao, Ida!

▶ 4 La segreteria telefonica *The answer-phone*

Il nostro ufficio è chiuso. Dopo il segnale acustico, si prega di lasciare il nome, il numero di telefono e un breve messaggio. Sarete contattati al più presto. Grazie.

il segnale acustico	*the beep, tone*
si prega di lasciare il nome	*please leave your name*
sarete contattati	*you will be contacted*
si prega di ...	*please ...*
al più presto	*as soon as possible*

▶ Pronunciation

Listen to the sound of 'puoi', 'può' and 'vuol'.

Puoi venire più tardi? Non può partire? Vuol ripetere il suo nome?

Grammar

1 The irregular verb *potere* to be able

Present tense		potere *to be able*			
(io)	posso	*I am able, I can*	(noi)	possiamo	*we are able, we can*
(tu)	puoi	*you are able, you can*	(voi)	potete	*you (pl.) are able, you can*
(lui, lei)	può	*he/she is able, he/she can*	(loro)	possono	*they are able, they can*

Verbs that follow **potere** must be in the infinitive.

Use **potere** to:

i   ask for or give permission (this could take the form of a polite request):

Posso fumare?	*Can/may I smoke?*
Le posso fare una domanda?	*Can/may I ask you a question?*
Può assaggiare il vino se vuole.	*You can taste the wine if you like.*

ii   say whether you are able or unable to do something:

(Non) possiamo venire domenica.	*We are (un)able to come on Sunday.*
(Non) posso arrivare prima delle undici.	*I'm (un)able to arrive before eleven.*

2 Object pronouns

'I'll pass you Dr Fini' means *I'll pass Dr Fini to you*. **To you** in this case is the indirect object and is expressed by **le** in Italian. Both object pronouns (see Unit 8, p. 95) and indirect object pronouns (see Unit 18, p. 206) usually precede the verb. However, with **potere, dovere, volere** and **sapere** you have a choice. You may put the pronouns before these verbs, or attach them to the infinitive that follows, from which you take off the final **-e: Posso offrirle = posso offrir(e) + le**. Some other common verbs that take an indirect object are: **dare** *to give*, **parlare** *to speak*, **scrivere** *to write*, **presentare** *to introduce* and **telefonare** *to phone*.

Le telefono dopo.	I'll phone you later.
Un momento! Le do il numero di telefono di Anna.	One moment! I'll give you Anna's phone number.
Le posso offrire qualcosa da bere? Posso offrirle qualcosa da bere?	Can I offer you something to drink?

Notice how in the last example **le** can either precede **posso** or follow the infinitive.

3 *Permesso ...?* **May I ...?** *Avanti!* **Come in!**

In the second dialogue **il signor Cioffi** says **Permesso?** to ask whether he may come in. **Avanti!** *Come in!* is the normal response. **Permesso** is also used when you wish someone to move aside to let you pass – in crowded places, buses, etc.: **Permesso!** *Excuse me, please.* In this case the response is **Prego!**

4 *C'è/non c'è* **He/she's in, he/she's out**

A frequent use of **c'è, non c'è** is to indicate whether someone is in or not. Notice how it is used in the negative and in questions:

| C'è il dottor Bassani? | Is Dr Bassani in? |
| Mi dispiace. Non c'è. | No. I'm afraid he's out. |

5 **With me, with him**

Notice the use of **me** and **te** with prepositions. The other subject pronouns remain unchanged:

Paolo viene con te o con me?	Is Paul coming with you or me?
Perchè non vieni con noi?	Why don't you come with us?
Andiamo con loro!	Let's go with them!

6 *Più* **+ adjectives/adverbs**

To say *later, earlier, dearer, bigger*, use **più** with adjectives or adverbs:

più presto *earlier,* **più tardi** *later* (adverbs)
più caro/a *dearer,* **più grande** *bigger* (adjectives).

7 Forming adverbs: *personalmente* **personally**

To form an adverb add -**mente** to the end of an adjective:

evidente *evident* → **evidentemente**
evidently

adjectives ending in -**o** add -**mente** to the **feminine** form:

vero, ver**a** *true* → **veramente** *truly, really*
chiaro, chiar**a** *clear* → **chiaramente** *clearly*
pr**a**tico, pr**a**tica *practical* → **praticamente** *practically*

adjectives ending in -**le** or -**re** drop their final -**e**:

f**a**ci**le** *easy* → **facilmente** *easily*
genera**le** *general* → **generalmente** *generally*
regola**re** *regular* → **regolarmente** *regularly*

8 *Arrivederla* **Goodbye**

Arriveder*la* is a more formal way of saying **arrivederci**, but it can only be used when addressing one person. *La* is the object pronoun for *you* that we met in Unit 8, p. 95.

▶ How do you say it?

1	How to ask to speak to someone on the phone	**Vorrei/Posso parlare con ...**
2	How to ask someone to repeat themselves/speak louder	**Può ripetere/parlare più forte?**
3	How to ask whether you have the wrong number	**Ho sbagliato numero?**
4	How to ask whether someone is in	**C'è...?**
	How to answer accordingly	**Sì. C'è./No. Non c'è.**
5	How to ask whether you can leave a message	**Posso lasciare un messaggio?**
	How to call back later	**Posso richiamare più tardi?**
6	How to ask and grant permission to enter a room	**Permesso?** **Avanti!**

Practice

1 ▶ Listen to these two conversations and answer the questions on them.

Ho sbagliato numero? *Have I got the wrong number?*

Gianna	Pronto! Ho sbagliato numero...? No?... Puoi parlare più forte, Sandro? Non sento niente. Vorrei parlare con Vincenzo.
Sandro	Vincenzo non c'è. Puoi richiamare più tardi?
Gianna	D'accordo. Richiamo fra mezz'ora. Ciao!
Sandro	Ciao!

a   Is **Vincenzo** in or out?
b   What does the man (**Sandro**) ask the woman (**Gianna**)?
c   What does she say she will do?

Tutto a posto *Everything is in order*

Dott. Cervi	Non c'è? ... Posso lasciare un messaggio?
Segretaria	Sì, certo. Dica!
Dott. Cervi	Tutto a posto. La conferenza è il dieci giugno.
Segretaria	Vuole ripetere il suo nome, per cortesia?
Dott. Cervi	Cervi. Il dottor Cervi. C come Capri, E come Empoli, R come Roma, V come Verona, I come Imola.
Segretaria	La ringrazio, dottor Cervi. Arrivederla.
Dott. Cervi	Buongiorno.

d   When is the conference?
e   What does the woman ask the man to repeat?

2 Fill in the blanks in the following dialogue, using **lo, la, le.**

Signore	Posso parlare con il dottor Dolci?
Segretaria	Mi dispiace, il dottore non c'è. Oggi non è in ufficio.
Signore	Dove ____ posso contattare?
Segretaria	____ chiamo io domani mattina quando il dottore è qui.
Signore	Grazie, ma non posso aspettare fino a domani. È urgente.
Segretaria	In questo caso ____ do il suo numero telefonico privato.

Signore	Grazie. Molto gentile.
Segretaria	E se il dottore telefona qui oggi, ____ richiamo io. Va bene?
Signore	D'accordo. ____ ringrazio molto, signorina.

3 Match the phrases on the right with those on the left.

i	Posso lasciare	a	Può telefonare verso le dieci?
ii	Non possiamo venire adesso,	b	un messaggio?
		c	il suo nome, per favore?
iii	Non vogliamo disturbare Luisa	d	perchè è molto occupata.
		e	perchè non ho la chiave.
iv	Non posso uscire stasera	f	perchè devo lavorare fino a tardi.
v	Vuol ripetere		
vi	Scusi, le posso	g	ma possiamo venire più tardi.
vii	Le lascio il mio numero telefonico.	h	fare una domanda?
viii	Non posso aprire la porta		

4 In the table below ✓ = what **Elena** wants to do.

! = what **Elena** has to do.

X = what **Elena** can't do.

Write nine complete statements about her. Start: **Vuole ...**

(volere) ✓	(dovere) !	(potere) X
a telefonare ad Anna	d lavorare fino a tardi	g fumare
b vedere un film	e uscire con i suoi genitori	h comprare un altro vestito
c uscire con Carla	f scrivere una lettera a suo zio	i venire a pranzo con noi

5 Imagine you are making the following requests to your friend: how would you make them in Italian? (Use the **tu** form.)

a Can you wait here?
b Can you phone for (**per**) me?
c Can you pass the salt and pepper?
d Can you book another room?
e Can you open the door please?

6 ▶ **Ora tocca a te!** Add your side of this phone conversation (you are Pat Iles):

Segretaria	Pronto!
You	*Hello! May I speak to Lisa please?*
Segretaria	Lisa è in riunione.
You	*Can I leave a message?*
Segretaria	Certo. Chi parla?
You	*Pat Iles.*
Segretaria	Come si scrive?
You	*Spell out your whole name.*
Segretaria	E qual è il messaggio?
You	*Pat Iles cannot go to the meeting tomorrow.*

7 Label the items in the picture with the words from the box. Look up those you don't know.

---

l'agenda – il calendario – la carta – il cassetto – il computer –
la matita – l'orologio – la penna – il quadro – la scrivania –
la sedia – la segreteria telefonica – il telefono – il telefonino/
il cellulare

8 Quanto costa questa segreteria telefonica, e per quanto tempo è garantita?

Facile

■ colore bianco
■ testo di annuncio su memoria digitale
■ registrazione su microcassetta delle chiamate entranti
■ funzione "memo" per lasciare messaggi anche da un altro telefono
■ accensione e controllo a distanza

in vendita a € 55,78 IVA inclusa (garanzia 6 mesi)

9 Per chi è il telefono azzurro e quanto costa per telefonare?

**Telefono Azzurro
Linea gratuita
per i bambini** **19696**

ℹ Phonecards

In a few places it is still possible to use money when making outside calls, but in most cases you need **la scheda telefonica**, which you can buy **all'edicola** *at the news-stand* or **dal tabaccaio**.

Asti *della*
250 **nascita** *di*
Anniversario Vittorio **Alfieri**

SCHEDA TELEFONICA

€ 5,00

429123209 TELECOM_{ITALIA}

10

lavoro e tempo libero

work and spare time

In this unit you will learn
- how to say in what part of town you live
- how to talk about the type of work you do
- how to say what you do in your spare time
- how to talk about your family
- how to invite someone out

▶1 Leggo, scrivo, ascolto la radio
I read, write and listen to the radio

Marisa interviews **Carmela** in the town square. **Carmela** explains that she comes from Palermo but that she lives and works in Naples. Then **Marisa** asks her in what part of Naples she lives, what her work is and what she does in her spare time.

a   How does Carmela say: 'I live and work in Naples'?
b   How does **Carmela** say: 'I play tennis.'?

Carmela	Sono di Palermo, vivo e lavoro a Napoli.
Marisa	In che parte di Napoli abita?
Carmela	Al centro. Vicino all'università.
Marisa	Che lavoro fa?
Carmela	Insegno matematica in un istituto tecnico.
Marisa	Cosa fa nel pomeriggio?
Carmela	Se ho una riunione rimango a scuola, altrimenti torno a casa. Quando ho un po' di tempo libero, gioco a tennis o esco con qualche amica.
Marisa	E la sera?
Carmela	Dipende... Leggo, scrivo, ascolto la radio, guardo la televisione, oppure se c'è un bel film, vado al cinema.

insegnare	*to teach*
rimango (from **rimanere** irreg.)	*I remain, stay*
altrimenti	*otherwise*
dipendere	*to depend*
leggo (from **leggere**)	*I read*

▶2 Io e la mia famiglia *My family and I*

Marisa looks at a family photo of **Pietro**, **Carmela**'s colleague.

a   How does **Marisa** ask: 'Are they your parents?'
b   How does **Pietro** say: 'And these are my grandparents (here)'?

Marisa	Che bella fotografia! Chi è quel signore lì vicino alla sedia?
Pietro	Sono io.
Marisa	E quei signori davanti a lei, sono i suoi genitori?
Pietro	Sì. Questi sono i miei genitori: mio padre, mia madre, e questi qui sono i miei nonni.

Marisa È sua sorella la signora dietro ai nonni?
Pietro No. È mia moglie, e il bambino seduto per terra è nostro figlio Alessandro.

quel	*that*	**i nonni**	*grandparents*
sedia	*chair*	**moglie** (f.)	*wife*
quei	*those*	**seduto/a**	*sitting*
i genitori	*parents*	**per terra**	*on the floor*

Pietro e la sua famiglia

▶ Pronunciation

The order of the present tense of **conoscere** and **leggere** has been changed to focus on the 'k' sound in **conosco, conoscono** and the hard 'g' sound in **leggo, leggono** (see pp. 17 and 142).

Conoscere: conosco, conoscono; conosci, conosce, conosciamo, conoscete

Leggere: leggo, leggono; leggi, legge, leggiamo, leggete

Grammar

1 *Rimanere* to remain, to stay

Both **rimanere** and **restare** mean *to stay* or *to remain*. **Rimanere,** however, is irregular:

Present tense	rimanere *to stay or remain*		
(io) **rimango**	*I stay, I am staying*	(noi) **rimaniamo**	*we stay, we are staying*
(tu) **rimani**	*you stay, you are staying*	(voi) **rimanete**	*you (pl.) stay, you are staying*
(lui, lei) **rimane**	*he/she stays, is staying*	(loro) **rimangono**	*they stay, they are staying*

2 *Al centro* In the centre

You may either say **al centro** or **in centro**. We have already met expressions where **in** is used without the definite article. A few more examples are grouped here:

in $\left\{\begin{array}{l}\textbf{città}\\\textbf{periferia}\\\textbf{piazza}\\\textbf{campagna}\\\textbf{montagna}\end{array}\right.$ in $\left\{\begin{array}{l}\textit{town}\\\textit{the suburbs}\\\textit{the square}\\\textit{the country}\\\textit{the mountains}\end{array}\right.$

But remember to say **al mare** *by the sea, at/to the seaside*

3 *Giocare a* to play

To play a game is **giocare a**:

giocare a $\left\{\begin{array}{l}\textbf{tennis}\\\textbf{c\underline{a}lcio/pallone*}\\\textbf{rugby}\\\textbf{carte}\end{array}\right.$ to play $\left\{\begin{array}{l}\textit{tennis}\\\textit{football}\\\textit{rugby}\\\textit{cards}\end{array}\right.$

* Lit.: **un calcio** *a kick* **un pallone** *a football*

4 *Che ...!* What a ...!

Che in exclamations can be used with nouns or adjectives:

Che	bello/a!	*How lovely! How nice!*
	belli/e!	

Che bella macchina!   *What a lovely car!*

Che peccato!   *What a pity!*

Che guaio!   *What a nuisance!*

5 *Bello/a* and *quello/a* preceding the noun

When **bello** *beautiful, lovely* and **quello** *that* precede the noun they qualify, they behave similarly to **nel, nello, nella, nell', nei, negli, nelle** (Unit 8, p. 95):

È un bel bambino.   *He's a lovely child.*

Che bello scaffale!   *What a nice book-case/shelf!*

Quei libri sono interessanti.   *Those books are interesting.*

Quell'uomo è povero.   *That man is poor.*

Quegli appartamenti sono belli.   *Those flats are nice.*

6 Relatives

Here are some members of the family you may have already met or may have forgotten:

(i)	genitori	*parents*	(la)	madre	*mother*
(i)	nonni	*grandparents*	(la)	moglie	*wife*
(il)	padre	*father*	(la)	nonna	*grandmother*
(il)	marito	*husband*	(la)	zia	*aunt*
(il)	nonno	*grandfather*	(la)	cugina	*cousin (female)*
(lo)	zio	*uncle*	(la)	nipote	*niece or grand-*
(il)	cugino	*cousin (male)*			*daughter*
(il)	nipote	*nephew or*			
		grandson			

7 Possessive adjectives

The following table sets out all the remaining forms of the possessive adjectives *our, your, their*. They must always be preceded by the definite article, unless you are talking about *one* member of the family only (see examples, p. 58): **nostro padre** *our father*, BUT **i nostri genitori** *our parents*; **vostra figlia** *your daughter*, BUT **le vostre figlie** *your daughters*.

Note that **loro** *their* never changes and that it is **always** preceded by the definite article, whether the noun is singular or plural: **il loro cugino**   *their cousin,* **i loro cugini** *their cousins* (see table below).

noi	il nostro	la nostra	i nostri	le nostre	*our*	
voi	il vostro	la vostra	i vostri	le vostre	*your (pl.)*	
loro	il la i le	loro {	albergo camera bagagli chiavi		*their*	*hotel* *room* *luggage* *keys*

La loro cugina ha una villa in montagna.	*Their cousin has a villa in the mountains.*
I vostri colleghi sono in ufficio.	*Your colleagues are in the office.*
I loro amici vengono da Roma.	*Their friends come from Rome.*

▶ How do you say it?

1 How to say you live and work in a particular town — **Vivo e lavoro a ...**

2 How to ask in what part of a town someone lives — **In che parte di ... abita?**

   How to say in what part of a town you live — **Abito al/in centro/in periferia.**

3 How to say what you do in your spare time — **Leggo, scrivo, ascolto la radio... Gioco a tennis/a pallone/a carte...**

4 How to identify members of your family (from a photo)... — **Questo qui è mio marito ... Questi sono i miei genitori**

5 How to invite someone out — **Vuoi venire con me?**

Practice

1 Insert the correct form of **quel, quello, quella, quell', quei, quegli, quelle** in the following sentences:

a   Chi è ____ signore?

b   ____ orologio è giapponese.

c   ____ camicia costa poco.

d   ____ istituto è grande.

e   ____ studente è australiano.

f   ____ appartamenti sono moderni.

g   ____ libri sono belli.

h   Non sono buoni ____ pomodori?

i   ____ cartoline sono di Roma?

j   Sono di cristallo ____ bicchieri?

2   Insert the correct form of **bel, bello, ecc.** in the following sentences:

a   Che ____ macchina!

b   Che ____ studio!

c   Che ____ posto!

d   Che ____ bambini!

e   Che ____ albero!

f   Che ____ spiaggia!

g   Che ____ camere!

h   Che ____ uccelli!

3   This is Lucia's account of what she does every day of the week. Fill in the blanks, using each of the words in the box below once only.

> ballare - esco - guardo - giocare - gioco - mangio - rimango - vado

a   Lunedì ____ a casa e ____ la televisione.

b   Martedì vado a ____ in discoteca.

c   Mercoledì ____ al cinema con Cesare.

d   Giovedì resto a casa a ____ a bridge.

e   Venerdì ____ a tennis con Enrico.

f   Sabato sera ____ di casa alle otto e vado in piazza.

g   Domenica ____ al ristorante con i miei genitori.

4   Match the phrases on the right with the sentences on the left:

i   Non posso giocare a bridge

ii   Non posso giocare a calcio

iii   Non posso giocare a tennis

iv   Non posso fare il bagno

a   perchè non ho la racchetta.

b   perchè non ho le carte.

c   perchè non ho il costume.

d   perchè non ho il pallone.

5   **Cosa *facciamo* quando non *lavoriamo*?**

What would the people below say if asked what they do in their spare time? Answer for **Adamo e Ida**, and **Enzo e Rina** together. **Guido**, for instance, would start: **Vado al cinema, ...**

	📽	📺	🎾	📖	🎵	🎭	📢
Guido	✓			✓			✓
Carla		✓	✓	✓			
Adamo e Ida	✓			✓		✓	✓
Enzo e Rina		✓	✓	✓	✓		

📽 = andare al cinema 🎵 = andare a ballare
📺 = guardare la televisione 🎭 = andare a teatro
🎾 = giocare a tennis 📢 = ascoltare la radio
📖 = leggere

6 Marco is explaining who is who in his family

I Continue for him, using the details from his family tree below.

a **Io sono Marco.** f ____
b **Anna è mia moglie.** g ____
c **Enzo è** ____ h ____
d ____ i ____
e ____

i

Guido = Elena

a Marco = b Anna e Teresa f Filippo

c Enzo d Isabella g Rina h Pietro

II Now imagine that **Enzo** and **Isabella** are explaining the same family tree to someone else. They would start:

a **Marco è nostro padre.** f ——
b **Anna è** ____ g ——
c, d **Noi siamo i** ____ h ____
e **Teresa è** ____ i ____

7 **Laura** would like to go on an exchange (**fare uno scambio di ospitalità**) with Gloria, who lives in England. In this letter she gives Gloria details about herself and her family. Look up any words you don't know, then imagine you are Gloria and write an answer along the guidelines provided on p. 122.

Cara Gloria,

mi chiamo Laura Valli. Ho sedici anni e
vorrei studiare l'arte culinaria all'Istituto Carlo
Porta di Milano. Vorrei poi continuare i miei studi
negli Stati Uniti. Le lingue straniere sono molto
importanti per la mia carriera, ma non conosco
bene l'inglese. Leggo discretamente e capisco tutto,
però non so parlare.

Ho un fratello e due sorelle. Mio fratello Mario
studia medicina a Bologna. Fa il terzo anno. Le mie
sorelle sono sposate. Io vivo a casa con mio padre
che lavora per la ferrovia, e mia madre che è
parrucchiera. Anche mia nonna vive con noi. È
simpaticissima e passa molto tempo a parlare con
il nostro pappagallo messicano Pancita. Abbiamo
anche un bel cane Rex, e un piccolo gatto Fifì.

Vorrei fare uno scambio di ospitalità con te, se è
possibile, per qualche mese. So che vuoi venire in
Italia per imparare l'italiano. Il nostro villaggio
non è lontano da Firenze. In Italia ci sono molte
scuole e università per stranieri.

Puoi venire quando vuoi. Aspetto una tua
risposta.

Un caro saluto,

Laura

Before answering Laura's letter to Gloria, look at the suggested reply, then go back to her letter and underline any words or expressions that you could use or adapt. Use the **tu** form.

Start: **Cara Laura,**

grazie della tua lettera.

Say that you are 17 and that one day you would like to work in Italy. This year you are studying Italian and French. They are two very interesting languages.

You live in a village (**villaggio**) near Brighton which is not too far from London.

Your father is an electrician (**elettricista**) and your mother works at home for an advertising agency (**agenzia pubblicitaria**).

You have a brother who works in London and a little sister who is 7 years old. Her name is Sandra and she spends a lot of time playing with your dog Rover.

You would like to go (use **venire**) to Italy in July.

End your letter: **A presto** (*see you soon*). **Un caro saluto** (*love*),

Gloria

---

8 ▶ **Ora tocca a te!** You are **Isa,** and <u>Angelo</u> is asking you to go out dancing. Add your side of the conversation.

Angelo	Ciao, Isa!
You	*Hello!*
Angelo	Vuoi venire con me?
You	*Where?*
Angelo	A ballare.
You	*When? Now?*
Angelo	Stasera alle nove.
You	*No. This evening I can't. I have to go to the cinema with a friend.*
Angelo	Puoi venire domani? O devi uscire anche domani?
You	*Tomorrow evening I have to go to the theatre with my parents.*

Angelo	Peccato! Domenica alle otto?
You	*Sunday is fine. But I can't come before nine.*
Angelo	Alle nove va bene. Ciao, allora!
You	*Goodbye.*

i 1 Schools

In Italy the normal school timetable starts at about 8.00/8.30 a.m. and ends at around 2.00 p.m.

i 2 The family

La famiglia *the family* is still a very important unit in Italy. As food also has a significant role in Italian life, mealtimes form an integral part of Italian culture, where everyone is free to join in and discuss decisions that may affect any of the individual family members. It is still the custom for children to remain in the family home until they get married, unless work takes them to another town: only 15 per cent of under 25s live away from home.

It is not unusual for Italians you have just met, especially on long train journeys, to show you their family snapshots and ask personal questions. They don't mean to be indiscreet: they are generally interested in you, your family and your children.

i 3 For soccer enthusiasts here is the **Lazio** website:

http://www.sslazio.it

1

necessità
quotidiane e
preferenze

daily necessities and preferences

In this unit you will learn

- how to say you are hungry or thirsty
- how to say what provisions you want to buy and ask for specific quantities
- how to talk about your likes and dislikes
- how to identify what something is made of
- how to ask and state preferences

▶1 Ho sete *I'm thirsty*

Marcello and Pippa have been out all morning. As one of them is thirsty and the other hungry, they decide to go shopping (**fare la spesa**) and return home for lunch.

a   How does **Pippa** say: 'I'm hungry'?
b   How does **Pippa** say: 'I'd like to eat something'?

Marcello	Senti, ho sete. Vorrei bere.
Pippa	Io, invece, ho fame. Vorrei mangiare qualcosa.
Marcello	Sai se c'è una salumeria da queste parti?
Pippa	C'è un negozio di generi alimentari a due passi da qui.
Marcello	Allora facciamo la spesa e poi torniamo subito a casa per il pranzo. Che ne dici?

senti	*listen*
qualcosa = qualche cosa	*something*
sai se ...?	*do you know whether ...?*
salumeria	*delicatessen*
da queste parti	*round here*
negozio di generi alimentari	*grocer's*
a due passi da qui	*very near here*
Che ne dici? (from **dire** irreg.)	*How about it?* (lit: *what do you say about it?*)

▶2 Al negozio di generi alimentari
At the grocer's

Marcello and Pippa are buying provisions from the **salumiere** *grocer*.

a   How does **Pippa** ask for some rolls?
b   How does **Pippa** ask for half a kilo of spaghetti?

Salumiere	Cosa desidera, signora?
Pippa	Vorrei dei panini, del formaggio, del burro e della mortadella.
Salumiere	Quanto formaggio, e quanta mortadella, signora?
Pippa	Un etto di formaggio, due etti di burro, sei fette di mortadella, e sei panini.
Salumiere	Ecco, signora.
Pippa	Vorrei anche degli spaghetti e dello zucchero.
Salumiere	Quanto zucchero?

Pippa	Mezzo chilo di spaghetti e un chilo di zucchero. Poi vorrei delle uova fresche e dell'olio.
Marcello	Anche un chilo di mele e mezzo chilo di uva.
Salumiere	Subito, signore. Ecco. Desidera altro?
Marcello	No. Basta così.

dei panini	some rolls
del burro	some butter
un etto di	100 grams of
fetta	slice
un chilo di	a kilo of
delle uova fresche	some fresh eggs
mele, uva	apples, grapes

▶ 3 Pelletteria: le piace?
Leather goods shop: do you like it?

Ada and **Simona** are choosing some leather goods. First **Simona** buys a leather handbag, **una borsa di pelle**.

a How does **Ada** exclaim: 'How nice this handbag is!'?
b How does **Simona** say: 'I don't like it'?

Ada	Com'è bella questa borsa! Le piace?
Simona	No. Non mi piace. È troppo grande.
Ada	Questa qui è più piccola. Va bene con i guanti.
Simona	Sì, però è troppo chiara. Non ce n'è una più scura?
Ada	Lì ce n'è una. È meno cara, ma è di plastica. Preferisce quella?
Simona	No. Preferisco questa di pelle. Quanto costa?
Ada	Costa molto.
Simona	Non importa. La compro lo stesso.

i guanti	gloves
Non ce n'è una più scura?	Isn't there a darker one?
Lì ce n'è una.	There's one there.
quello/a	that one
La compro lo stesso.	I'll buy it all the same.

▶ 4 Le piacciono? *Do you like them?*

Next, **Ada** would like to buy **un portafoglio** *a wallet*.

a How does **Ada** say: 'I like them very much'?
b How does **Ada** say: 'Then I'll buy both of them'?

c How does she say: 'I haven't any more money!'?

Ada	Io vorrei prendere anche il portafoglio per Marco.
Simona	Di che colore lo vuole? Qui ce ne sono due molto belli. Sono più scuri della borsa. Le piacciono?
Ada	Sì. Mi piacciono moltissimo. Quanto costano?
Simona	Costano poco.
Ada	Costano poco? Allora li compro tutti e due.
Simona	Come sono eleganti quelle scarpe in vetrina! Perchè non le compra?
Ada	Perchè non ho più soldi!

ce ne sono due	*there are two (of them)*
Sono più scuri della borsa.	*They are darker than the bag.*
in vetrina	*in the (shop) window*

Grammar

1 *Sapere* to know; *dire* to say, to tell

From now on, irregular verbs will be presented without the Italian pronouns by the side and without the English translation: as they are always set out in the same order you should not experience any difficulty with the meaning.

Present tense **sapere** *to know*	**dire** *to say, to tell*
so	dico
sai	dici
sa	dice
sappiamo	diciamo
sapete	dite
sanno	dicono

2 I'm thirsty, hungry, etc.

Common expressions with **avere**, where English uses *to be*:

aver	sete fame paura sonno ragione torto	to be	thirsty hungry afraid sleepy right wrong	(or *to feel sleepy*)

Ha un bicchiere d'acqua, per favore? Ho sete.	*Have you got a glass of water please? I'm thirsty.*
Perchè non mangi? Non ho fame.	*Why don't you eat? I'm not hungry.*
Ho sonno. Vado a letto.	*I feel sleepy. I'm going to bed.*
No! Lui non ha torto. Ha ragione.	*No. He's not wrong. He's right.*

3 Expressing distance

Notice the use of **a** for distance here: it renders the idea of *away*:

a due passi da qui	*a couple of paces from here = very near here*
a dieci chilometri da Roma	*ten kilometres away from Rome*
a due chilometri dall'autostrada	*two kilometres (away) from the motorway*

4 *Some, any*

Di + the definite article (see Unit 6, p. 68) is also used to express the idea of *some* or *any*: **del burro** *some butter*; **della marmellata** *some jam*; **dei panini** *some rolls*; **dell'uva** *some grapes* (notice that **uva** is always singular).

5 *Un uovo, delle uova* **an egg, some eggs**

Un uovo *an egg* is masculine, but the plural **uova** is feminine: **delle uova fresche**. It behaves in the same way as **un paio, due paia** (see Unit 4, p. 44). The plural of **l'uovo** is therefore **le uova**.

6 Com'è ...! *how ...!*

Like **che** (pp. 116–17), **come, com'è, come sono** can be used in exclamations, but **come** must be followed by a verb:

Com'è grande!	*It's big, isn't it?* (lit. *How big it is!*)
Come sono eleganti!	*They're elegant, aren't they?*
Com'è bella questa borsa!	*How nice this handbag is!*

Come can also be used to introduce questions asking what someone or something is like:

Com'è la sua casa?	*What's your/his/her house like?*
Com'è l'amico di Pietro?	*What is Peter's friend like?*

7 *Le piace? Le piacciono?*
Do you like it? Do you like them?

Piacere (lit.: *to be pleasing to*) is used to express the idea of liking in Italian; it requires an indirect object pronoun (p. 206):

Mi piace.	*I like ... or I like it.* (lit: *It is pleasing to me.*)
Le (form.)/ti (inf.) piace.	*You/she likes (it).* (lit: *It is pleasing to you/to her.*)
Gli piace.	*He likes (it).* (lit: *It is pleasing to him.*)

Mi piace tanto questo cd! ⎫
Questo cd *mi piace* tanto! ⎬ *I like this CD very much.*

Use the third person plural of **piacere** when more than one thing or person is liked:

Le piacciono *queste pesche?* ⎫ *Do you like these peaches?*
Queste pesche **le piacciono?** ⎬ (lit. *Are these peaches pleasing to you?*)

To express dislikes use **non** before **mi piace, le piace,** etc:

Le ulive non mi piacciono.   *I don't like olives.*

To emphasize **non** you can use **non ... mica** or **non ... affatto** *not ... at all*:

Questa borsa non mi piace   *I don't like this bag at all.*
mica/affatto.

ATTENZIONE! Dispiacere means *to be sorry* or *to mind*. It is *not* the opposite of **piacere**:

Ha delle cipolle?	*Have you got any onions?*
Mi dispiace. No ne ho.	*I'm sorry, I haven't (any).*
Le dispiace tornare domani?	*Do you mind coming back tomorrow?*

Note that **a** is required

a   when a name is used:

A Carlo non piace l'arte moderna.   *Charles doesn't like modern art.*

b   with pronouns when emphasis or contrast occurs:

Piace *a* **me, ma non piace** *a* **te.**   *I like it, but you don't.*

8 Some (of it)

Ne meaning *some, any, of it, (some) of it, (some) of them* replaces a noun or phrase where numbers or quantities are involved; like the pronouns lo, la, li, le it usually precedes the verb:

Quanto burro compra?	*How much butter are you buying?*
Ne compro un etto.	*I'm buying 100 grams (of it).*
Ha degli spiccioli?	*Have you got any small change?*
Non ne ho.	*I haven't (got any).*

Although **ne** is not expressed in English it is essential in Italian.

9 *di* meaning made of

To show what something is made of, use **di**:

un portafoglio *di cuoio/pelle*	*a leather wallet*
dei calzini *di cotone*	*(some) cotton socks*
una camicia *di pura seta*	*a pure silk shirt*
un golf *di pura lana*	*a pure woollen cardigan/jumper*
un anello *d'oro*	*a gold ring*
un bracciale *d'argento*	*a silver bracelet*

10 *più ... della ...* more... than ...

Di (or **di** + article) can also mean *than*. In Italian, you don't say *larger* or *smaller* but *more large, more small*, etc. Use **più ... di** (with names of people or towns, cities, etc.) or **di** + article to say *more ... than*, **meno ... di** (or **di** + article) to say *less ... than*:

Londra è *più grande di* **Roma.**	*London is larger than Rome.*
Maria è *meno alta di* **Rita.**	*Mary is not as tall as Rita.*
L'aereo è *più veloce del* **treno.**	*The plane is faster than the train.*

Il/la più means *the most*:

Il più **bel giorno della mia vita.**	*The most beautiful day of my life.*

11 Both (of them)

We have seen that **tutti/e** means *all, every*:

Tutti noi.	*All of us.*
Tutti i giorni.	*Every day.*

Note also **tutti/e e** when used with numbers:

Sono tutti e due italiani.	*They are both Italian.*
Tutte e tre (le ragazze) vanno a Roma.	*All three (girls) are going to Rome.*

12 Negative plural expressions

The partitive article (**del, della, dei, ecc.**) is not used in negative plural expressions (see Unit 4, p. 45).

Non ha mai soldi.	*He never has any money.*
Non bevo liquori.	*I don't drink liqueurs.*
Non ho più soldi.	*I haven't any more money.*

▶ How do you say it?

1 How to say you are hungry or thirsty	**Ho fame. Ho sete.**
2 How to say what provisions you want to buy	**Vorrei del burro, dell'olio, ecc.**
How to ask for specific quantities	**Vorrei un etto di burro, un litro di olio, ecc.**
3 How to talk about your likes and dislikes	**Le/ti piace? Mi piace.** **Non mi piace.** **Le/ti piacciono? Mi piacciono.** **Non mi piacciono.**
4 How to ask about/say what something is made of	**È di pelle? No. È di plastica.**
5 How to ask someone what they prefer	**Preferisce questo/a o quello/a?**
How to say what you prefer	**Preferisco questo/a; quello/a.**

Practice

1 Look at Maria's shopping list and, without mentioning the quantities, write down what she wants to buy. Look up any words you don't know. Start: **Maria vuol comprare *del* burro...**

un etto di burro
due etti di formaggio
due bottiglie di birra
un litro di olio
tre chili di spaghetti
un chilo di zucchero
una scatola di fiammiferi
una bottiglia di acqua minerale

2 **Lisa's** likes are marked in the table by one tick, her preferences by two ticks. Make statements about her likes and preferences.

Esempio: a La birra le piace, ma preferisce il vino.

Be careful with **e** and **f**.

	✓	✓✓
a	birra	vino
b	vino bianco	vino rosso
c	cinema	teatro
d	Milano	Firenze
e	melanzane	peperoni
f	libri	riviste

3 Now imagine that you are **Lisa** and that somebody else is asking you the questions. Form both questions and answers.

Esempio: Le piace la birra o il vino?   La birra mi piace, ma preferisco il vino.

4 When addressing a man or a woman formally use **le piace**, when addressing someone informally use **ti piace**:

Signora, le piace l'arte moderna?	*Do you like modern art, (Madam)?*
Sì. Mi piace./No. Non mi piace.	*Yes I do./No I don't.*
Signor Vitti, le piace il cricket?	*Do you like cricket, Mr Vitti?*
Sì. Mi piace molto.	*Yes, I do, very much.*
Adriano, ti piacciono le lingue straniere?	*Adrian, do you like foreign languages?*
Sì. Mi piacciono./No. Non mi piacciono.	*Yes, I do./No, I don't.*

Ora tocca a te! Here you have a choice between **Mi piace/Mi piacciono (moltissimo)** and **Non mi piace/Non mi piacciono (molto)**. Form the complete question, and then answer it yourself.

a (formal) _____ la cucina italiana?
b (formal) _____ la musica classica?
c (informal) _____ lo sport?
d (informal) _____ il tuo lavoro?
e (informal) _____ il calcio?
f (formal) _____ gli animali?
g (informal) _____ i film americani?

5 **Le piace + infinitive:** *Do you like …?* This time simply form the questions:

Ti piace guidare?	*Do you like driving?*
Sì. Mi piace molto.	*Yes, I do, very much.*

a (informal) _____ viaggiare?
b (informal) _____ leggere?
c (informal) _____ studiare?
d (formal) _____ cucinare?
e (formal) _____ uscire la sera?
f (informal) _____ andare al cinema?
g (informal) _____ ascoltare la radio?

6 Answer these questions using **ne** in your answers, as in the example:

Esempio: **Quanti biglietti deve fare?**   (1)
              Ne devo fare uno.

a Quante sterline deve pagare?   (100)
b Quante lettere deve scrivere?   (2)
c Quanti amici vuoi invitare?   (12)

d Quanti francobolli devi comprare? (9)
e Quante valigie hai? (1)
f Quanti cugini ha? (4)
g Quanti libri leggi? (molti)

7 Ask the shop assistant whether she has something bigger, longer, darker, etc. using **ne** in your answer:

Esempi: **Questo impermeabile è troppo corto. ____lungo.**
Ne ha uno più lungo?
Questa scatola è troppo piccola. Non ____ grande.
Non ne ha una più grande?

a Questo vestito è troppo lungo. ____ corto?
b Questa camera è troppo piccola. Non ____ grande?
c Questo cappello è troppo chiaro. Non ____ scuro?
d Questa cravatta è troppo scura. ____ chiara?
e Questo libro è troppo difficile. Non ____ facile?

8 Read the following passage and make comparisons between the three brothers using **più grande di ...** or **più piccolo di ...**

Pietro, Paolo e Lino sono tre fratelli. Pietro ha venti anni, Paolo ne ha dieci e Lino ne ha tre.

Esempio: **Paolo __ Lino.**
Paolo è più grande di Lino.

a Pietro __ Paolo.   **d** Pietro __ Lino.
b Lino __ Paolo.   **e** Paolo __ Pietro.
c Lino __ Pietro.

Pietro

Paolo

Lino

9 Using **più/meno veloce di** + article ..., make comparisons between the speeds of the following pairs.

a L'aereo __ il treno.
b Il treno __ l'autobus.
c La macchina __ la bicicletta.
d La bicicletta __ l'autobus.
e L'autobus __ la metropolitana.

10 ▶ **Alfredo** is explaining to **Gianni** what he would like to buy and why.

Listen to the dialogue and answer the questions on it.

Alfredo	Vorrei comprare una nuova macchina.
Gianni	Perchè? La sua non va?
Alfredo	Va benissimo. Ma consuma troppa benzina.
Gianni	Ah, ne vuole una più economica!
Alfredo	Sì. Vorrei una macchina più economica e più veloce.
Gianni	Una macchina più piccola allora?
Alfredo	No. Le macchine piccole non mi piacciono.
Gianni	Ma quelle veloci non sono troppo care?
Alfredo	Sì, però non vorrei pagare tanto.

a What would Alfredo like to buy?
b Does Alfredo's car work?
c Why does he mention petrol?
d Does he want something faster?
e Does he want something smaller?
f Why? Why not?
g Does Gianni think that fast cars are too cheap?
h What does Alfredo not want to do?

11 Here are some of the foodstuffs sold in **la salumeria, la macelleria** and **la pescheria**. See if you can group them under the appropriate shop:

vitello, salame, olio, trota, merluzzo, vino, maiale, olive, prosciutto, agnello, salmone, pasta, manzo, mortadella.

12 Look at the pictures on p. 136, then answer the questions.

a Quanto tempo ci vuole per cuocere le pennette rigate, e quanto tempo ci vuole per cuocere gli spaghetti? (See p. 56.)
b Quanti grammi sono le pennette rigate?

ℹ Markets and shops

Mercati *markets* are still the most popular place for buying provisions in Italy because the food there has the reputation of being fresh and cheap. Many towns have a daily market where a wide range of foodstuffs can be bought.

Below are the names of some of the **negozi** *shops* you will see and what their vendors are called. Very often Italians use the name of the vendor rather than the name of the shop:

Vado dal farmacista or	*I'm going to the chemist* or
Vado in farmacia.	*I'm going to the chemist's (shop).*

The words in small letters are the vendors, the ones in capitals are the shops:

panettiere PANETTERIA	salumiere SALUMERIA	macellaio MACELLERIA	pasticciere PASTICCERIA	pescivendolo PESCHERIA

For ice cream use the name of the shop: **gelateria**.
For fruit and vegetables use the name of the vendor: **il fruttivendolo**.

12

cerco casa

I'm looking for accommodation

In this unit you will learn
- how to say what type of accommodation you require
- how to say what location you prefer
- how to express appreciation of the interior
- how to ask about the rent

▶1 All'agenzia immobiliare
At the estate agent's

Roberto is looking for a flat and is speaking to the estate agent (**l'agente immobiliare**).

From this point onwards the questions will be in Italian; in **Vero o falso** you should correct any statements that are wrong.

a   **Vero o falso?** Roberto cerca un appartamento in periferia.
b   Quante camere vuole Roberto?

Ag.imm.	Buongiorno! Desidera?
Roberto	Buongiorno! Cerco un appartamento di quattro camere.
Ag.imm.	Al centro o in periferia?
Roberto	Al centro. Possibilmente da queste parti.
Ag.imm.	Dunque, vediamo un po'... Ah sì! Ce n'è uno proprio vicino al Duomo. È signorile, ammobiliato, ha quattro camere, cucina, ingresso, bagno, balcone.
Roberto	Sì. Va benissimo. Qual è l'indirizzo?
Ag.imm.	Via Mirafiori 12, interno 7.
Roberto	E il numero di telefono?
Ag.imm.	86 84 52.

Ce n'è uno proprio ...	*There's one just ...*
signorile	*luxurious*
ammobiliato/a	*furnished*
cucina	*kitchen*
ingresso	*entrance hall*
bagno	*bathroom*

▶2 A chi pago l'affitto?
To whom do I pay the rent?

The estate agent shows **Roberto** round the flat and explains that he should pay the rent to **la padrona di casa** *the landlady*, who lives on the ground floor.

a   **Vero o falso?**   La padrona di casa abita al secondo piano.
b   Che cosa si paga alla padrona di casa?

Ag.imm.	Ecco l'appartamento. Questo è l'ingresso. Di qua, prego. Da questa parte c'è il salotto.
Roberto	Che bei mobili!
Ag.imm.	Sono tutti moderni. Questa è la camera da letto. Nell'armadio c'è posto anche per le lenzuola e le coperte.
Roberto	Il balcone dà sulla strada?
Ag.imm.	No. Dà sul cortile. Qui c'è la sala da pranzo, e qui il salotto.
Roberto	E questa porta?
Ag.imm.	È la porta della cucina. Avanti, prego!
Roberto	Dopo di lei!
Ag.imm.	Grazie. Come vede, nell'appartamento ci sono tutte le comodità.
Roberto	A chi pago l'affitto?
Ag.imm.	Alla padrona di casa che abita al pianterreno.

salotto	*living/drawing room*
i mobili	*furniture*
armadio	*wardrobe*
le lenzuola	*sheets*
coperta	*blanket*
cortile (m)	*courtyard*
sala da pranzo	*dining-room*
pianterreno	*ground floor*

▶3 Un appartamentino *A small flat*

The landlord (**il padrone di casa**) shows a woman tenant (**inquilina**) round a small flat. L'**inquilina** first wants to know where to turn the light on.

a **Vero o falso?** La luce si accende vicino al citofono.

b Dove (esattamente) sono la televisione e la lavatrice?

Inquilina	Dove si accende la luce?
Padr.	Qui, vicino al citofono.
Inquilina	È questo il soggiorno?
Padr.	Sì. Un attimo. Spengo. Guardi, c'è tutto: il divano, le sedie, le poltrone, lo scaffale per i libri, la televisione, il video…
Inquilina	Oh, che bella cucina! Anche il frigorifero è grande! La lavastoviglie…
Padr.	E questo è il bagno. Qui c'è la presa per il rasoio, qui la doccia e lì la lavatrice.

accendere la luce	*to turn on the light*
citofono	*entry-phone*
soggiorno	*living-room*
spegnere (la luce)	*to turn off the light* (see below)
divano	*settee*
poltrona	*armchair*
lo scaffale per i libri	*bookshelf*
frigorifero	*fridge*
lavastoviglie (f)	*dishwasher*
presa per il rasoio	*razor socket*
la doccia	*shower*
lavatrice (f)	*washing machine*

Grammar

1 *Accendere* **to turn on;** *spegnere* **to turn off**

These two verbs are also used for turning on/off the radio, television and gas. **Spegnere** is irregular. Here is the present tense:

Present tense	**spegnere** *to turn off, extinguish*
spengo	**spegniamo**
spegni	**spegnete**
spegne	**spengono**

2 *Ce n'è, ce ne sono* **There is/there are +** *ne*

N'è = ne + è. When **ci** precedes **ne** it becomes **ce: ce n'è, ce ne sono.** In the following examples notice how **uno, una, molti, ecc.** agree with the noun to which they refer: **ne** substitutes the noun (see pp. 69 and 130):

Quanti piani ci sono?	*How many floors are there?*
Ce n'è **uno.** (**C'è un piano.**)	*There is one (of them).*
Quante camere ci sono?	*How many rooms are there?*
Ce n'è **una.** (**C'è una camera.**)	*There is one (of them).*
Quanti negozi ci sono?	*How many shops are there?*
Ce ne **sono molti.**	*There are lots (of them).*
(**Ci sono molti negozi**).	

Notice also the negative construction:

C'è del latte?	*Is there any milk?*
No. *Non ce n'è.*	*No. There isn't any.*
Ci sono degli sbagli?	*Are there any mistakes?*
No. *Non ce ne sono.*	*No. There aren't any.*

3 *Il lenzuolo, le lenzuola* **the sheet, sheets**

This is an irregular plural like **le uova, le paia** (see Unit 11, p. 128).

4 How to use *dopo*

Although **dopo** is used by itself before a noun, it is used with **di** before a pronoun:

Il cinema è *dopo* l'agenzia.	*The cinema is after the agency.*
Dopo di lei!	*After you!*
Ci vediamo dopo.	*See you later.*

5 Uses of *da*

Da is also used to describe the purpose of an object:

una sala da pranzo	*a dining-room*
una camera da letto	*a bedroom*
un vestito da sera	*an evening dress*
un bicchiere da vino	*a wine glass*

6 Suffixes

It is possible to add suffixes (special endings) to Italian nouns and adjectives in order to emphasize a particular quality or characteristic. Compare English: *statue, statuette; figure, figurine*. Learn these forms as you come across them.

-etto/a and **-ino/a** suggest smallness:

villetta	*small villa*	tazzina	*small cup, espresso cup*
casetta	*little house*	cucchiaino	*coffee/tea-spoon*
			(lit: *a little* cucchiaio)

carino/a
bellino/a } *pretty*

7 *Cercare* to look for

Notice that **cercare** does not require a preposition to follow it as in English:

Che cosa cerca?	*What are you looking for?*
Non cerco niente.	*I'm not looking for anything.*
Cerco il dizionario.	*I'm looking for the dictionary.*

8 Verbs ending in *-care*, *-gare*, and *-gere*

Verbs ending in **-care** and **-gare** keep their hard 'c' and 'g' sounds as in 'cat' and 'got' throughout their conjugation. They must therefore add an '**h**' before 'i'. Verbs in **-gere**, such as **leggere**, do not keep the same hard 'g' sound throughout, i.e. in **leggo** and **leggono** the 'g' sound is pronounced as in 'got', but in other persons (**leggi, legge, ecc.**) as in 'ledge' (see *Pronunciation*. Unit 10, p. 115).

Now look at the present tense of **giocare** *to play* (*a game*) and **pagare** *to pay* and notice where an '**h**' has been inserted:

Present tense **giocare** *to play*	**pagare** *to pay*
gioco	pago
giochi	paghi
gioca	paga
giochiamo	paghiamo
giocate	pagate
giocano	pagano

▶ How do you say it?

1 How to say that you are looking for a flat and how many rooms you require	**Cerco un appartamento di due/di tre ecc. camere.**
2 How to say what location you prefer	**Al centro/in periferia/da queste parti.**
3 How to express appreciation of the interior	**Che bei mobili!** **Che bella cucina!**

4 How to ask who to pay the rent to **A chi pago l'affitto?**
 and answer: to the landlady **Alla padrona di casa.**

Practice

1 Look at the picture(s) of the rooms below and their contents.

Now look at the following list of fixtures, fittings and furniture, and decide which items belong in which room.

l'acquaio	le poltrone
il bidè	il quadro
la cucina	lo scaffale
il comodino	la scrivania
il divano	le sedie
la doccia	lo specchio
il frigorifero	il tappeto
il lavandino	la tavola
la lavastoviglie	il tavolino
la lavatrice	le tende
il letto	il telefono
la libreria	la televisione
l'orologio	la vasca da bagno
la pianta	il water

Group them accordingly under these rooms: **il bagno** - **la cucina** - **la camera da letto** - **la sala da pranzo** - **il salotto** - **l'ingresso**

2   Look at how many rooms, etc. there are in the homes of **Anna, Maria,** and **i signori Spada.**

	stanze*	camere da letto	piani
Anna	4	2	1
Maria	3	1	1
i signori Spada	7	4	2

* In general, you can use either **camera** or **stanza** for room, but when you want to distinguish between a bedroom and other rooms use **camera da letto** for bedroom.

Answer the questions using **Ce n'è** or **Ce ne sono** and the number.

a   Quanti piani ci sono nella villa dei signori Spada?
b   Quante camere da letto ci sono nella villa dei signori Spada?
c   Quante camere da letto ci sono nell'appartamento di Maria?
d   Quante stanze ci sono nell'appartamento di Anna?
e   Quante stanze ci sono nella villa dei signori Spada?

3   **Nel, nella,** etc. Link the five objects in the left-hand column with the five most appropriate places for them on the right.

Esempio: Le sedie sono nel soggiorno.

a	presa per il rasoio	salotto
b	citofono	camera da letto
c	frigorifero	ingresso
d	letto	cucina
e	divano	bagno
f	coperte	armadio

4   Do as in Ex. 3, this time using **sul, sulla,** etc.

a	sedie a sdraio	scaffale
b	lenzuola	tavolino
c	televisione	balcone
d	libri	letto

5   Read the following and notice how the information can be extracted from the table below:

Marco cerca un appartamento di due camere, al centro, vicino al Duomo.

a   Write a sentence to say what **Davide** is looking for.
b   Write a similar sentence for **Bianca.**
c   Write a similar sentence for **Lola e Rita.**
d   Supposing the estate agent were to ask **Lola e Rita** what they were looking for, what would they answer?

	Camere	Centro o periferia?	Dove?
Marco	2	centro	Duomo
Davide	4	periferia	strada principale
Bianca	3	periferia	stazione
Lola e Rita	5	centro	ufficio

6   In the following questions answer with **Ce n'è** (singular) or **Ce ne sono** (plural), and a number:

**Esempio: Quanti giorni ci sono nel mese di marzo?
            Ce ne sono trentuno.**

a   Quanti mesi ci sono in un anno?
b   Quanti giorni ci sono in una settimana?

c Quanti giorni ci sono in un anno?
d Quanti minuti ci sono in un'ora?
e Quanti anni ci sono in un secolo?
f Quanti etti ci sono in un chilo?
g Quante lettere ci sono nell'alfabeto italiano?
h Quanti mesi ci sono con ventotto giorni?

7 ▶ **Marisa** is asking an inhabitant of Rome something about her flat.

Marisa	Abita a Roma, signora?
Signora	Sì. Abito vicino al Colosseo.
Marisa	In una casa moderna?
Signora	Beh... non molto moderna.
Marisa	A che piano abita?
Signora	Al quarto.
Marisa	C'è l'ascensore?
Signora	No. L'ascensore non c'è.
Marisa	Quante stanze ha?
Signora	Cinque: tre camere da letto, la sala da pranzo e il salotto. Il bagno è piccolo ma la cucina è bella grande.

a Near what building does she live?
b What is said about the age of the flat?
c On what floor does she live?
d Is there a lift in the building?
e How many rooms does she say she has?
f How many bedrooms does she say she has?
g Which rooms are not included in her total?
h What can you say about these last two rooms?

8 The extracts below are from **piccola pubblicità** *small ads* in an Italian newspaper. First look at the 🛈 section, then look carefully at the questions. See if you can understand the advertisements and give the appropriate answers. They are written in 'telegraphic style' – only the essential words are there.

a **Porto Cervo (Sardegna):** affittasi appartamento signorile in zona turistica.	b **MILANO: APPARTAMENTI IN VENDITA DA 2 A 5 LOCALI.**	c Arona in zona residenziale con parco: vendesi appartamento.

d	e	f
Milanocase garantisce vendita immediata.	**Como: unica posizione villa panoramica 9 appartamenti indipendenti.**	**La villa che sognate: stupenda costruzione, fronte mare Riviera dei Fiori.**

g	h
CERCO IN GIUGNO APPARTAMENTO LIBERO SIGNORILE IN COSTRUZIONE RECENTE.	Studente inglese cerca alloggio ammobiliato con scambio conversazione.

un locale	*room* (commercial meaning)
sognare	*to dream (about)*
alloggio	*lodgings*

a What is being let in Sardinia?
b What are being sold in Milan?
c What is being advertised in Arona?
d What service is the firm Milanocase offering to prospective sellers?
e Describe the villa in Como.
f What makes the villa at Riviera dei Fiori so desirable?
g What is the advertiser looking for exactly? When for?
h Who is looking for what and what does he want to exchange?

i Houses and flats

Although strictly speaking **appartamento** means *flat* and **casa** means *house* or *home*, since most Italians live in flats anyway, they do not make any clear distinction between the two, and usually refer to the house or flat they live in as their **casa**. The building itself is called **palazzo** or **condominio**. There is often a caretaker in charge, **il portiere**, but as costs rise, caretakers are becoming rarer, and **il citofono** is used.

In Italian newspaper advertisements you will see the words **vendesi** (from **vendere** *to sell*) and **affittasi** (from **affittare** *to let or to rent* – hence **l'affitto** *the rent*). They are a commercial way of saying **si vende** and **si affitta**. *To rent* may also be expressed as **prendere in affitto**. You will also see the expression **doppi servizi** frequently used. This means that the flat has two bathrooms: the second one might have a simpler layout with a toilet, shower and washbasin but not necessarily another bath. Often the washing machine is put in here. If you see **il box** this means a garage.

As in English, Italian names for reception rooms are subject to regional variations and changes in fashion. Generally speaking, **il salotto** would be a rather formal sitting-room (a larger one would be called **il salone**) and **il soggiorno** would combine the functions of sitting/dining room.

Most flats have balconies. In increasing order of size they are called: **il balcone**, **il terrazzo**, **la terrazza**. All three mean a lot to Italians.

Many Italians have **la seconda casa** either in the country or by the sea.

For property on the Internet:
http://www.tecnocasa.it

Now turn to *Test your Italian II* (p. 296).

13

vita di tutti i giorni
everyday life

In this unit you will learn how to talk about
- what sports you do
- how often you do something
- the weather
- daily routine
- putting a relationship on a more informal footing

▶1 Che sport fa? *What sports do you do?*

Giulio is talking to a journalist about his sporting activities: tennis, swimming, skiing and jogging.

a **Vero o falso?** Lo sport preferito di Giulio è il nuoto.
b   Ogni mattina si alza, si lava e si veste.
c Dove va a nuotare d'inverno, e dove va a nuotare d'estate?

Giorn.	Che sport fa durante le vacanze?
Giulio	Il tennis, il nuoto e lo sci.
Giorn.	Dove va a nuotare? In piscina?
Giulio	D'inverno in piscina, d'estate al lago.
Giorn.	Va a nuotare tutti i giorni?
Giulio	No. Due volte alla settimana.
Giorn.	Ma il suo sport preferito è il jogging, vero?
Giulio	Eh sì. Ogni mattina appena mi alzo, mi lavo, mi vesto e via per un'ora.

durante	*during*
le vacanze	*holidays*
nuotare	*to swim*
piscina	*swimming pool*
lago	*lake*
appena	*as soon as*
mi alzo	*I get up*
mi lavo	*I wash*
mi vesto	*I get dressed*
via	*away, off I go*

▶2 Pioggia, neve, vento, sole
Rain, snow, wind, sun

Giulio continues by saying that he goes jogging irrespective of the weather.

a **Vero o falso?** Quando corre, la pioggia fa una grande differenza per lui.
b Giulio corre solo quando fa bel tempo?
c Si sente molto stanco dopo il jogging?

Giorn.	Corre anche quando fa brutto tempo?
Giulio	Pioggia, neve, vento, o sole, non fa nessuna differenza per me.
Giorn.	Si sente stanco dopo un'ora di corsa, immagino!

Giulio   No. Non mi sento affatto stanco. Anzi, per me il jogging è anche un modo per rilassarmi.

c**o**rrere	to run
fa brutto tempo	the weather's bad
si sente stanco?	do you feel tired?
corsa	running
non affatto	not at all, not in the least
anzi	on the contrary
rilassarsi	to relax

▶ 3 Un giorno qualunque Just an ordinary day

Aldo and **Rita**, a husband and wife who work in their own bookshop, are in the middle of an interview about a typical day of theirs. Rita interrupts to offer the journalist a drink.

a   Vero o falso? Rita offre un caffè al giornalista.
b   La mattina lei e suo marito si alzano tardi.
c   Rita e Aldo si alzano alle dieci?

Rita   Un bicchier di vino?
Giorn. No, grazie. Non bevo. Dunque... a che ora vi alzate la mattina?
Aldo   Di solito ci alziamo presto: alle sei.
Giorn. Come mai alle sei? Cosa fate in piedi così presto?
Rita   Prima di tutto facciamo il caffè.
Aldo   Senza un buon caffè non ci svegliamo.
Rita   Mentre facciamo colazione, mettiamo un po' in ordine la casa e ci prepariamo, è già ora di uscire.

far(e) colazione	to have breakfast
Come mai?	How is that?
in piedi così presto	up so early
prima di tutto	first of all
svegliarsi	to wake up
m**e**ttere in **o**rdine	to tidy
prepararsi	to get ready
già	already

▶ 4 Lavoriamo insieme We work together

Aldo explains that he deals with the sales and his wife deals with the book-keeping (**la contabilità**).

a **Vero o falso?** A mezzogiorno Aldo e sua moglie mangiano a casa.
b La sera, cenano presto?

Giorn.	Lavorate tutti e due?
Rita	Sì. Lavoriamo insieme nella nostra libreria.
Aldo	Io mi occupo della vendita dei libri e mia moglie si occupa della contabilità.
Giorn.	A mezzogiorno mangiate fuori?
Rita	No. Torniamo a casa per il pranzo. Pranziamo verso le due.
Aldo	Dopo pranzo ci riposiamo un po' e poi torniamo insieme al negozio.
Giorn.	E la sera, cenate tardi?
Rita	Sì. Piuttosto tardi. Non ceniamo mai prima delle nove.

libreria	*book-shop*
occuparsi	*to look after*
riposarsi	*to rest*
piuttosto	*rather*

▶5 Diamoci del tu! *Let's use tu*

Remo, who is much older than **Rina,** gets acquainted with her and puts the relationship on a more informal footing by suggesting the use of the familiar form **tu** (*you*) instead of the more formal **lei.**

a **Vero o falso?** Rina studia matematica.
b   Si laurea a maggio.
c Che anno fa all'università Rina?

Remo	Quindi, è qui per motivi di studio. Che cosa studia?
Rina	Medicina.
Remo	Che anno fa?
Rina	L'ultimo anno. Mi laureo a giugno.
Remo	Ah, c'è tempo per gli esami! Cosa fa di bello stasera?
Rina	Nulla. Resto a casa a studiare.
Remo	Non è stufa di studiare?
Rina	Un po'. E lei, cosa fa?
Remo	Ma, Rina, diamoci del tu!
Rina	E tu, cosa fai?
Remo	Niente d'interessante. Perchè non vieni da me? Possiamo fare quattro chiacchiere, mangiare un piatto di spaghetti, e poi magari andare ad un concerto. Che ne dici?

mi l**a**ureo	I'm graduating
Cosa fa di bello?	Are you doing anything interesting?
stufo/a di	fed up with
fare quattro chi**a**cchiere	to have a chat

Grammar

1 Reflexive verbs

In English we say 'he washes' whether a person is washing himself or something else. In Italian you must make a distinction: **si lava** (from **lavarsi** reflexive verb) *he washes (himself)*; **lava** (from **lavare**) **la maglietta** *he washes the T shirt*. In the dictionary, reflexive verbs are recognizable by **-si** (*oneself*) at the end of the infinitive. The final 'e' of the infinitive (**lavare**) is dropped and **lavare** *to wash* becomes **lavarsi** *to wash (oneself)*; (**vestire**) **vestirsi** *to dress oneself, to get dressed*.

The pronouns **mi, ti, si, ci, vi, si,** precede the verb and correspond to *myself, yourself,* etc.

Present tense		**lavarsi** *to wash (oneself)*			
(io)	*mi* lavo	*I wash (myself)*	(noi)	*ci* laviamo	*we wash (ourselves)*
(tu)	*ti* lavi	*you wash (yourself)*	(voi)	*vi* lavate	*you wash (yourselves)*
(lei)	*si* lava	*you* (formal) *wash (yourself)*			
(lui, lei)	*si* lava	*he/she washes (himself/herself)*	(loro)	*si* l**a**vano	*they wash (themselves)*

The other reflexive verbs that have appeared in this unit are: **alzarsi** *to get up*; **laurearsi** *to graduate*; **occuparsi** *to deal with*; **prepararsi** *to prepare*; **rilassarsi** *to relax*; **riposarsi** *to rest*; **sentirsi** *to feel*; **svegliarsi** *to wake up*.

2 *Andare* + infinitive (to go ...-ing)

Andare a + infinitive express the idea of *to go and do something*:

D'estate *va a* nuot**a**re.   In summer he goes and swims (i.e. *he goes swimming*).

D'inverno *andiamo a* sci**a**re.   In winter we go skiing.

Vado a fare il biglietto.		*I'll go and buy the ticket./*
		I'm going to buy the ticket.
Vado a mangi*are*.		*I'm going to eat.*

3 *Due volte al mese* Twice a month

The idea of frequency is expressed by **a** + definite article:

Quante volte	*al* giorno *alla* settimana *al* mese		**mangia (lì)?** **prende l'autobus?** **lavora?** **viene qui?**
How many times a	*day* *week* *month*	*do you*	*eat (there)?* *take a bus?* *work?* *come here?*

4 *Ogni* every

Ogni, like **tutti** (p. 131), means *every*, but is followed by the *singular* except when followed by a number:

Ogni giorno; ogni sera.	*Every day; every evening/every night.*
Ogni cinque minuti; ogni due giorni.	*Every five minutes; every two days.*

5 *Nessuno/a* Not ... any .../no one, not ... anyone

Nessuno is always singular, and before a noun is used like **un, uno, una, un'**:

nessu**n** libro; nessu**no** sbaglio	*no book; no mistake*
Non esercita nessu**na** professione.	*He doesn't practise any profession.*
Non c'è nessu**no** (m or f)	*There's no one.*

6 *Sentirsi* to feel

This verb is used (reflexively) to describe how one feels:

Come si sente? Mi sento meglio/bene/male.	*How do you feel? I feel better/well/ill.*

7 The weather

To ask what the weather is like, the verb **fare** is used in the following expressions:

Che tempo fa?				
		freddo	*What's the weather like?*	*cold*
	Fa	**caldo**		*hot*
		bel tempo	*It's*	*fine*
		brutto/cattivo tempo		*bad weather*

But notice:

Che tempo fa?	**C'è il sole.**		*sunny*
	Tira/c'è vento	*It's*	*windy*
	Piove		*raining*
	Nevica		*snowing*

8 Contractions and expansions

Un **bicchiere** *a glass* can be shortened to **un bicchier** before **di**. You can either say **un bicchiere di vino** or **un bicchier di vino**.

Vorrei **un bicchier(e) d'acqua.**   *I would like a glass of water.*

E *and*, **a** *at, to* can add 'd' before words beginning with a vowel:

Giorgio **e(d)** Anna vanno **a(d)** Amalfi.   *Giorgio and Anna are going to Amalfi.*

9 Anything/nothing + *di* + adjective

A friendly way of asking what people are doing is:

Cosa fa di bello stasera?   *Are you doing anything interesting tonight?*

Note **di** + adjective in parallel positive and negative expressions:

C'è qualcosa *di* nuovo?   *Is there anything new?*

(Non c'è) niente	**d'interessante**	*(There's) nothing*	*interesting*
	di bello		*nice*
	di speciale		*special*
	di rilevante		*important*
	di strano		*strange*
	di male		*wrong*

10 *Diamoci del tu* **Let's use** *tu*

This expression (lit. *let's give each other tu*) is said when passing from the **lei** form to the more familiar **tu** form. Remember also to use the possessive **tuo/a, ecc.** for *your* and not **suo/a, ecc.**

Devi uscire con i tuoi amici? *Have you got to go out with your friends?*

11 *Bere* **to drink**

Here is the present tense of the irregular verb **bere** *to drink*. The only irregularity is the stem: **bev-**. Otherwise it is conjugated like any other -**ere** verb:

---

bevo, bevi, beve, beviamo, bevete, bevono

---

12 *Rilassarmi* **to relax (myself)**

As we have seen on p. 154, reflexive verbs add -**si** at the end of the infinitive after taking away the final vowel: **divertirsi** *to enjoy oneself* = **divertire** + **si**. Similarly, -**mi**, -**ti**, -**ci**, -**vi** can be added to the end of the infinitive: **divertirmi, divertirti, divertirci, divertirvi.** This is often seen with **potere, volere, dovere,** where there is a choice:

Devo lavarmi or **Mi devo lavare.** *I must/have to wash (myself).*

Dobbiamo divertirci or **Ci dobbiamo divertire.** *We must enjoy ourselves.*

▶ How do you say it?

1 How to ask about and say what sports you do
    Che sport fa? Il nuoto, lo sci, il tennis, il jogging.

2 How to ask about and say how many times a day, a week, a month, etc.
    Quante volte al giorno, alla settimana, al mese … ? Una volta, due volte al/alla …

3 How to ask about and describe the weather
    Che tempo fa? Fa bel tempo, fa brutto tempo, c'è il sole, piove, ecc.

4 How to talk about your daily routine

La mattina mi sveglio, mi alzo ... mi vesto ... faccio colazione ...

5 How to put a relationship on a more informal footing

Diamoci del tu!

Practice

1 **La giornata di Pietro. Che cosa fa?** Describe what **Pietro** does in each of the pictures below, using each verb in this list once: **andare a letto, alzarsi, cenare, far(e) colazione, guardare la televisione, lavarsi, leggere il giornale, svegliarsi, tornare a casa, uscire di casa** and give the times.

2 Continue these sentences, using the same verb as in the first part, but in the first person, as in the example:

Esempio: Il mio amico si chiama Roberto, ma io _____ Gianni.

Il mio amico si chiama Roberto, ma io *mi chiamo* Gianni.

a Cesare si riposa la domenica, ma io _____ il sabato.
b Lui si diverte a sciare, ma io _____ a nuotare.
c Giovanni si sveglia alle otto meno un quarto, ma io _____ alle sette.
d Cesare si alza alle otto, ma io _____ alle nove.
e Ugo si lava nel bagno, ma io _____ in cucina.
f Francesca si veste nella camera da letto, ma io _____ nel bagno.
g Gl'italiani si riposano dopo pranzo, ma noi non _____ di pomeriggio.

3 **Gino**, who is described here, has Bohemian habits:

Gino non *si sveglia* mai prima delle otto. Non *si alza* mai presto. Non *si lava* mai con l'acqua fredda. Non *si veste* mai prima di mezzogiorno.

Imagine you are **Gino** and describe yourself: **Non mi sveglio mai, ecc.**

4 Here is a list of reflexive verbs in the infinitive: **alzarsi** *to get up*; **cambiarsi** *to get changed;* **divertirsi** *to enjoy oneself*; **lagnarsi** *to complain;* **riposarsi** *to rest;* **ubriacarsi** *to get drunk*. Select each of them once to complete the following sentences. Make sure that you use the same person of the verb as in the first part of the sentence.

a Se siamo stanchi, _____
b Se non vogliamo andare a teatro con lo stesso vestito, _____
c Se sono a letto e devo uscire, _____
d Se bevo troppo vino, _____
e Se vado a una festa, _____
f Quando il servizio non è buono, (io) _____

5 Read the following passage about **Olga**, looking up any words you don't know. Then answer the questions on it using **lo, la, li, le** or **l'** (object pronouns – see p. 95).

Ogni mattina Olga prende un cappuccino al bar. Poi passa per la salumeria e prende un po' di mortadella e di salame per il pranzo. Al ritorno va prima in panetteria e compra sei panini e infine passa per l'edicola per prendere il giornale e aspettare la sua amica.

a Dove prende Olga il cappuccino?
b Dove prende la mortadella?
c Dove compra i panini?
d Dove compra il giornale?
e Dove aspetta la sua amica?

6 What's the weather like?

a Che tempo fa sulle Alpi?
b Che tempo fa a Milano e a Torino?
c Che tempo fa a Roma?
d Che tempo fa a Napoli?

7 ▶ Ora tocca a te! Here, you are a journalist interviewing Pina, owner of a restaurant.

You   *But don't you ever rest, Madam?*
Pina   Beh, con un ristorante è difficile riposarsi. La sera andiamo a letto molto tardi, e la mattina ci alziamo molto presto.
You   *How many hours a day do you work?*
Pina   Dieci, dodici, qualche volta anche quattordici ore.
You   *You work hard!*
Pina   Ma mi riposo durante le vacanze.
You   *How many times a year do you go on holiday?*
Pina   Due volte.
You   *When? In summer?*
Pina   No. D'estate è impossibile. Abbiamo troppi clienti. Andiamo in primavera e in autunno.
You   *Where do you go?*

Pina Vado in Svizzera con mia figlia. Andiamo a sciare.
You *Do you like skiing?*
Pina Sì, molto. Lo sci è il mio sport preferito.

8 **Lo sport: Cosa fanno?** What are they doing? Give your answers in the singular.

a   b   c

d   e   f

🛈 University life

Most Italian students live at home: they go to the nearest university. **Laurearsi** is to get one's degree **la laurea** and **un laureato/una laureata** are, respectively, a *male graduate* and a *female graduate*. Italian universities are open to all who have passed their final secondary school exams. Each student receives **il libretto**, a document which combines a student identity card with a record of all exams taken. It entitles the student to use the university library (**biblioteca**) and refectory (**mensa**). Normal degree courses last four years, but one or two, such as Engineering and Medicine, take longer. Although graduates may take more than the stipulated time to complete their courses, they have to pay **la tassa di fuoricorso** (a special supplement) to do so.

All graduates are entitled to be called **dottore: dottore in legge** *Doctor of Law*, **dottore in medicina, ecc.** *Doctor of Medicine*, etc.

Visit the websites of L'Università Popolare di Roma and of L'Università della Svizzera Italiana: http://www.upter.it; http://www.unisi.ch

14

vorrei un'informazione

I'd like some information

In this unit you will learn
- how to understand and follow instructions
- how to ask how frequent the buses are
- how to obtain what you need in a post office

▶1 Come si fa per andare a ...?
How do you get to ...?

Il signor Pozzi is enquiring about the way to the central post office. He asks to go to Via Garibaldi and is told to go straight ahead. However...

a **Vero o falso?** La Posta Centrale è in Via Garibaldi.
b Il signor Pozzi parla con un amico?

Sig. Pozzi	Scusi, sa dov'è Via Garibaldi?
Passante	Certo, signore. Vada sempre dritto. In fondo a questa strada giri a destra. Che numero cerca?
Sig. Pozzi	Il 122.
Passante	Ah, no. Il numero 122 non esiste. Dove deve andare?
Sig. Pozzi	Alla Posta Centrale.
Passante	Ma la Posta Centrale è in Piazza Garibaldi. Prenda l'autobus fino a Via Roma e poi cambi.

in fondo a	*at the end of*
girare	*to turn*
fino a	*up to*
esistere	*to exist*

▶2 Ogni quanto tempo passano gli autobus?
How often do the buses pass?

The passer-by now tells him how to reach the 48 bus stop.

a **Vero o falso?** La fermata del 48 è dopo la stazione.
b Cosa deve fare il signor Pozzi al capolinea?

Sig. Pozzi	Ogni quanto tempo passano gli autobus?
Passante	Per Via Roma ogni dieci minuti circa.
Sig. Pozzi	E che numero devo prendere?
Passante	Il 48. Vada fino all'incrocio. Per attraversare la strada passi per il sottopassaggio. La fermata è dopo il ponte.
Sig. Pozzi	Ho capito. E poi come si fa per andare a Piazza Garibaldi?
Passante	È semplice. A Via Roma prenda il 56 e scenda al capolinea. La posta è a pochi passi dall'ultima fermata.
Sig. Pozzi	Molto gentile, grazie.
Passante	Prego, per carità!

Ogni quanto tempo ...?	*How often ...?*
incrocio	*crossroads*
attraversare	*to cross*
sottopassaggio	*underpass*
semplice	*simple*
il capolinea	*terminus*
per carità	*not at all*

▶3 Alla posta *At the post office*

At the post office **il Sig. Pozzi** first asks for a telegram form.

a **Vero o falso?** Il sig. Pozzi deve andare allo sportello N° 3 per fare il telegramma.

b Che cosa deve scrivere il sig. Pozzi dietro la busta della raccomandata?

Sig. Pozzi	Un modulo per telegramma, per favore.
Impiegata	Per i telegrammi deve andare allo sportello N° 3. Desidera altro?
Sig. Pozzi	Devo fare una raccomandata e un vaglia.
Impiegata	Sì. Scriva nome, cognome e indirizzo del mittente dietro la busta. Vuole la penna?
Sig. Pozzi	No, grazie. Ce l'ho.

modulo	*form*
lo sportello	*counter/window*
raccomandata	*registered letter*
vaglia (m)	*postal order*
mittente (m)	*sender*
busta	*envelope*
penna	*pen*

▶4 Faccia presto! *Be quick!*

a **Vero o falso?** Lo sportello N°9 apre alle sei.

b Qual è l'ultima cosa che il sig. Pozzi vuol sapere dall'impiegata?

Sig. Pozzi	Ecco fatto! Va bene così?
Impiegata	Sì. Così va bene. Ecco il resto, signore ... e questa è la ricevuta.

Sig. Pozzi	E per il pacco?
Impiegata	Sportello N⁰ 9. Vuole spedirlo oggi? Faccia presto, perchè chiude alle 18.00.
Sig. Pozzi	Dov'è la buca delle lettere, per cortesia?
Impiegata	Eccola! Là in fondo. È per le sue cartoline? Non è necessario imbucarle. Può lasciarle a me.
Sig. Pozzi	Grazie mille.
Impiegata	Prego.

Ecco fatto!	*There you are!*
ricevuta	*receipt*
pacco	*parcel*
spedire	*to send, dispatch*
buca delle lettere	*letter-box*
imbucare	*to post (in a box)*

Grammar

1 Imperative *lei* form

Scusi, vada, prenda and **giri** are the imperative (**lei** forms) of **scusare, andare, prendere** and **girare**, and are used when telling someone to do something.

Regular *-are*, *-ere* and *-ire* verbs

To form the imperative (**lei** form) take off the **-are**, **-ere** and **-ire** endings of the infinitive and add the following endings:

-are add -i		
Infinitive	Imperative (**lei**)	
aspett -are	aspetti!	*wait!*
guard -are	guardi!	*look!*
attravers -are	attraversi!	*cross!*

For verbs ending in **-iare** (as with the **tu** form p. 31) do not double the final **-i: Cambi! Mangi! Cominci!**

-ere and -ire add -a		
prend -ere	prenda!	*take!*
scriv -ere	scriva!	*write!*
scend -ere	scenda!	*get off!*
apr -ire	apra!	*open!*
sent -ire	senta!	*listen!*

Aspetti alla fermata dell'autobus! *Wait at the bus stop.*
Scriva il suo nome e cognome! *Write your first name and surname.*

Apra la porta e chiuda la *Open the door and close*
finestra, per favore! *the window, please.*

To form the negative put **non** before the verb:

Non passi di qua! È pericoloso! *Don't go this way. It's dangerous.*

Non attraversi qui! *Don't cross here.*

2 Object pronouns with the imperative *lei* form

Object pronouns precede the verb in the imperative (**lei** form):

La casa è bella: *la* compri! *The house is nice: buy it!*
Il vino è ottimo: *l'*assaggi! *The wine is excellent: taste it!*

3 Imperative *lei* irregular forms

The stem for the imperative **lei** irregular form is obtained from the first person singular of the present tense. Change the **-o** ending (from the first person singular) into **-a**.

Infinitive		1st person singular present	Imperative
dire	*to say*	**dico**	**dica!**
andare	*to go*	**vado**	**vada!**
spegnere	*to turn/switch off*	**spengo**	**spenga!**
finire	*to finish*	**finisco**	**finisca!**
leggere	*to read*	**leggo**	**legga!**
salire	*to get on, to go upstairs*	**salgo**	**salga!**

Ora tocca a te! Write down the imperative (lei) form of these irregular verbs (you have met the present tense of all of them in previous units): pulire *to clean* (like capire p. 55), bere, fare, uscire, venire (see *Grammar index*, p. 358).

4 Imperative of *noi* and *voi* forms

The first person plural of the imperative (*let us*) is exactly the same as the first person plural (noi) of the present tense (Unit 7, p. 81):

Usciamo stasera?	*Are we going out tonight?*
Sì. *Usciamo!*	*Yes. Let's (go out).*
Vediamo un po'!	*Let's have a look.*

The voi (*you* plural) form is also the same as the present tense:

Aspettate alla fermata del pullman!	*Wait at the coach stop.*
Prendete un gelato!	*Have an ice cream.*
Venite con me!	*Come with me.*

5 *Telegramma, telegrammi* (telegram/s)

Like il cinema in Unit 6, p. 67 il telegramma is masculine. In fact, all nouns ending in -ma are masculine except for (la) mamma (le mamme) *mummy*. Their plurals end in -i:

Vuol* fare due telegrammi?　*Do you want to send (lit. make) two telegrams?*

Likewise: il programma *programme* beomes i programmi; il tema *theme* becomes i temi; il sistema *system* becomes i sistemi; il problema *the problem* becomes i problemi.

Ci sono molti problemi sociali e politici.	*There are many social and political problems.*

Il cinema, however, does not change in the plural: i cinema.

*Vuole becomes vuol before an infinitive beginning with a consonant, especially in the spoken language:

Cosa vuol bere?　*What would you like to drink?*

In Italy telegrams are still very popular for sending greetings on special occcasions.

a   Why was this telegram sent?

b   Where does the sender live?

TELEGRAMMA

Si prega di scrivere a macchina o a stampatello

- -

Destinatario	SPOSI ANTONIO E MIRELLA FERRI VIA CAVOUR 14 TERNI CARISSIMI AUGURI E TANTA FELICITÀ GLORIA
Mittente	PRISCO GLORIA VIA MAZZINI 3 GROSSETO

6 *Ce l'ho* I've got it

When someone asks you whether you have something or not, the question is **Ce l'ha?** *Have you got it?* When you want to answer *I have/haven't got it*, you use (**Non**) **ce l'ho**. Ce has no meaning.

Ha il mio indirizzo?	*Have you got my address?*
Sì. *Ce l'ho.*	*Yes, I have (got it).*
Paolo ha il dizionario?	*Has Paul got the dictionary?*
No. *Non ce l'ha.*	*No, he hasn't (got it).*

7 More irregular verbs

Present tense	salire *to go up, get on*	togliere *to take off*
	salgo	tolgo
	sali	togli
	sale	toglie
	saliamo	togliamo
	salite	togliete
	salgono	tolgono

▶ How do you say it?

1 How to ask directions	**Sa dov'è ...?/Come si fa per andare ...?**
How to give directions	**Vada/giri/prenda/continui ...**
2 How to ask and say how frequent the buses are	**Ogni quanto tempo passano gli autobus? Passano ogni ...**
3 How to obtain what you need in a post office	**Sportello N⁰ 9 ... Un modulo ...**
4 How to understand and follow instructions.	**Scriva nome, cognome, indirizzo...**

Practice

In these exercises use the **lei** form of the imperative.

1 Form questions about how to get to the places in the plan below and answer them, using the example as a model.

Esempio: a Come si fa per andare alla piscina? Prenda la prima traversa a sinistra.

2 What are the instructions on these road signs?

a girare   **b andare**   **c girare**

a   b   c

3 Read this text, then give the directions. Start: **Per andare al Duomo prenda ...**

Per andare al Duomo si deve prendere la prima strada a destra e andare sempre dritto fino a Via Firenze. In fondo a Via Firenze si deve girare a sinistra, scendere giù per Via Nazionale, e attraversare il ponte San Giovanni. Dopo il

ponte si deve prendere la seconda traversa che è Via Veneto.
In fondo a Via Veneto c'è una piazza: il Duomo è lì.

4 Tell someone to do what is being asked. (You are given the place.)

Esempio: Dove devo parcheggiare?   (in piazza)
Parcheggi in piazza!

a   Dove devo aspettare?   (alla stazione)
b   Dove devo prenotare?   (all'agenzia)
c   Dove devo leggere?   (qui)
d   Dove devo pulire?   (dappertutto)
e   Dove devo venire?   (a casa)
f   Dove devo pagare?   (alla cassa)

5 Someone is asking permission to do something. You urge them to do it, using the object pronoun + imperative.

Esempio: Posso mangiare questi spaghetti?
Sì, sì. Li mangi!

a Posso mangiare queste lasagne?
b Posso bere questo vino?
c Posso aprire la finestra?
d Posso fare i biglietti?
e Posso prendere la sua macchina?
f Posso prenotare l'albergo?

6 ▶ Below is a plan of part of the centre of **Trento**, a town in the mountainous **Dolomiti** region of Northern Italy. You are going to hear three sets of instructions given to three different people. Each one is starting from **Piazza Duomo**, where the cross is, facing **Fontana del Nettuno** ① *the Fountain of Neptune,* and is asking how to get to a different place. As you hear the directions given to each person, follow them on the map and find out where each one wants to go.

a Vada verso Palazzo Cazuffi che è a sinistra e Torre Civica che è a destra. Subito dopo la torre giri a destra. Prenda la prima traversa a sinistra. Dopo pochi passi, a destra, trova la piazza che cerca.

b Vada in Via Cavour. Prenda la prima strada a sinistra e continui fino all'incrocio di Via Prepositura e Via Antonio Rosmini. Il monumento che vuole è davanti a lei.

c Attraversi la piazza. Dopo Torre Civica giri a destra e vada fino in fondo a Via San Vigilio. Poi giri a sinistra e continui lungo Via Santissima Trinità. In fondo alla strada c'è la chiesa che cerca.

ℹ **I beni culturali** *the cultural heritage* is the responsibility of a special ministry: **Il Ministero dei Beni Ambientali e Culturali.** Italians take very great pride in their monuments and it is rare to find a town which does not have some work of art or architecture to display. **Trento** is an excellent example of a historically important town.

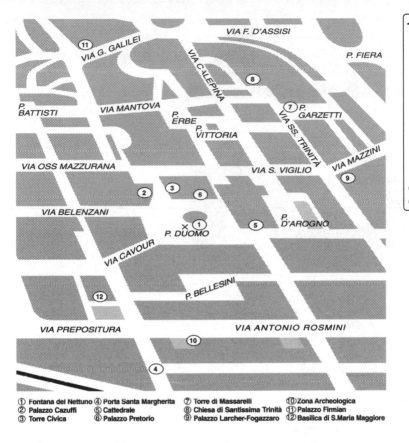

① Fontana del Nettuno ④ Porta Santa Margherita ⑦ Torre di Massarelli ⑩ Zona Archeologica
② Palazzo Cazuffi ⑤ Cattedrale ⑧ Chiesa di Santissima Trinità ⑪ Palazzo Firmian
③ Torre Civica ⑥ Palazzo Pretorio ⑨ Palazzo Larcher-Fogazzaro ⑫ Basilica di S.Maria Maggiore

15

cos'hai fatto oggi?

what did you do today?

In this unit you will learn
- how to ask what someone has done or did
- how to ask someone to report information
- how to ask what (has) happened
- how to answer similar questions

▶ 1 Cos' hai fatto di bello?
Have you done anything interesting?

a Vero o falso? Elena ha mangiato a casa.
b Elena ha bevuto il vino, il liquore o l'acqua minerale?

Elena	Hai dormito fino a tardi oggi?
Fabrizio	Eh, sì, perchè stanotte ho dormito male.
Elena	Oh, mi dispiace!
Fabrizio	Ma tu, cos'hai fatto di bello?
Elena	Nel pomeriggio ho fatto una bella passeggiata e stasera ho mangiato in una rosticceria con il mio ragazzo.
Fabrizio	Avete mangiato bene?
Elena	Benissimo! Ed abbiamo bevuto una bottiglia di Barbera.

hai dormito? (from **dormire**)	*did you sleep?*
stanotte	*last night*
male	*badly*
fare una passeggiata	*to go for a walk*
ho mangiato (from **mangiare**)	*I ate*
abbiamo bevuto (from **bere**)	*we drank*

▶ 2 Cos'hai fatto oggi? *What did you do today?*

A husband returns home late to find his sick wife worried but feeling better.

a Vero o falso? Il marito ha perso il treno.
b Come sta la moglie adesso?

Moglie	Come mai così tardi? Cos'è successo?
Marito	Non è successo niente. Scusa, cara. Ho perso l'autobus. Ho dovuto aspettare venti minuti alla fermata. Tu, piuttosto, come ti senti?
Moglie	Adesso sto meglio, grazie.
Marito	Cos'hai fatto oggi?
Moglie	Ho dormito quasi tutto il giorno.

come mai...?	*why, how is that?*
così tardi	*so late*
Cos'è successo?	*What's happened?*
(from succedere)	
ho perso (from **perdere**)	*I missed*
Come ti senti?	*How do you feel?*
sto meglio	*I'm better*
quasi	*almost*

▶3 Che cosa ti ha detto? *What did he tell you?*

She tells her husband what the doctor said: she needs a rest.

a Vero o falso? La moglie ha chiamato il medico.
b Il medico ha visitato il marito?

Marito	Hai visto il medico?
Moglie	Sì. L'ho chiamato stamattina.
Marito	E che cosa ti ha detto?
Moglie	Ha detto che ho bisogno soltanto di un po' di riposo. Nulla di grave.
Marito	Meno male! Ti ha dato delle medicine?
Moglie	No. Non mi ha dato niente.

Hai visto (from **vedere**) **il medico?**	*Did you see the doctor?*
l'ho chiamato (from **chiamare**)	*I called him*
stamattina	*this morning*
ho bisogno ... di	*I need*
soltanto	*only*
nulla di grave	*nothing serious*
Ti ha dato ...?	*Did he give you ...?*
meno male!	*thank goodness!*

Grammar

1 Perfect tense

In Italian the perfect tense is used to express something that happened or has happened in the past. It is formed by using the present tense of **essere** or **avere** + past participle. In this unit we shall deal with those verbs which form their perfect tense with **avere**. These constitute most verbs in Italian.

Formation of past participle

To form the past participle of regular verbs, change the infinitive endings as follows:

Infinitive			Infinitive	Past participle	
-are	into	-ato:	parlare	parlato	*spoken*
-ere	into	-uto:	vendere	venduto	*sold*
-ire	into	-ito:	finire	finito	*finished*

	I spoke			I sold			I finished
Ho parlato			Ho venduto			Ho finito	
	I have spoken			I have sold			I have finished

Note in the table below that the last vowel of the past participle does not change: **ho parlato** *I spoke/I have spoken,* **ho dormito** *I slept/I have slept,* **abbiamo parlato** *we spoke/we have spoken,* **abbiamo dormito** *we slept/we have slept.*

Perfect tense	**parl-are**	*to speak*	
(io)	ho	parl**ato**	*I spoke, I have spoken*
(tu)	hai	parl**ato**	*you spoke, you have spoken*
(lei)	ha	parl**ato**	*you (formal), spoke, you have spoken*
(lui, lei)	ha	parl**ato**	*he/she spoke, he/she has spoken*
(noi)	abbiamo	parl**ato**	*we spoke, we have spoken*
(voi)	avete	parl**ato**	*you spoke, you have spoken*
(loro)	hanno	parl**ato**	*they spoke, they have spoken*

Perfect tense	**vend-ere**	*to sell*	
(io)	ho	vend**uto**	*I sold, I have sold*
(tu)	hai	vend**uto**	*you sold, you have sold*
(lei)	ha	vend**uto**	*you (formal) sold, you have sold*
(lui, lei)	ha	vend**uto**	*he/she sold he/she has sold*
(noi)	abbiamo	vend**uto**	*we sold, we have sold*
(voi)	avete	vend**uto**	*you sold, you have sold*
(loro)	hanno	vend**uto**	*they sold, they have sold*

Perfect tense	**fin-ire**	*to finish*	
(io)	ho	fin**ito**	*I finished, I have finished*
(tu)	hai	fin**ito**	*you finished, you have finished*
(lei)	ha	fin**ito**	*you (formal) finished, you have finished*
(lui, lei)	ha	fin**ito**	*he/she finished, he/she has finished*
(noi)	abbiamo	fin**ito**	*we finished, we have finished*
(voi)	avete	fin**ito**	*you finished, you have finished*
(loro)	hanno	fin**ito**	*they finished, they have finished*

ATTENZIONE! Whereas in English we can say *I spoke, I have spoken, I did speak,* in Italian you **must** use the present tense of **avere** and say **ho parlato, hai parlato, ecc.** – that is, you **must** say *I have spoken, I have eaten* and *not I spoke, I ate, etc.*

Hai venduto la macchina?	*Did you sell/have you sold your car?*
Non ho potuto venire.	*I couldn't/I haven't been able to come.*
Ho dovuto lavorare.	*I had to/I've had to work.*
Ho venduto la casa.	*I sold/I have sold the house.*

Irregular past participles

Here is a list of some of those most frequently used:

Infinitive		Past participle		Infinitive		Past participle	
accendere	to light	acceso	lit	mettere	to put	messo	put
aprire	to open	aperto	opened	perdere	to lose, miss	perso	lost
bere	to drink	bevuto	drunk	prendere	to take	preso	taken
chiedere	to ask	chiesto	asked	rispondere	to reply	risposto	replied
chiudere	to close	chiuso	closed	rompere	to break	rotto	broken
dire	to say, tell	detto	said, told	scrivere	to write	scritto	written
fare	to do, make	fatto	made, done	togliere	to take off	tolto	taken off
leggere	to read	letto	read	vedere	to see	visto	seen

Cos'ha detto?	*What did you say?*
Ho visto Mirella.	*I saw Mirella.*

Initially, your most important task is to be able to recognise some of these past participles. When you need to use any of them, consult the table above.

2 *Con il mio ragazzo* **with my boyfriend**

Notice that **ragazzo,** apart from meaning *boy,* means *boyfriend.* Similarly, **la mia ragazza** is *my girlfriend.*

3 *Aver bisogno di* **to need**

Need or necessity is expressed by **aver bisogno di** (lit. *to have need of*):

Ho bisogno soltanto di un po' di riposo.	*I only need a bit of rest.*
Siamo contenti così. Non abbiamo bisogno di niente.	*We are happy as we are. We don't need anything.*

4 The perfect tense with some expressions of time

You will find the expressions below useful when you are talking about the past:

L'ho visto	ieri l'altro ieri*	mattina pomeriggio sera		I saw him	yesterday the day before yesterday	morning afternoon evening
	la settimana scorsa il mese scorso l'anno scorso				last week last month last year	
	molto tempo poco tempo pochi giorni alcune settimane cinque minuti	fa			a long time a short while a few days some weeks five minutes	ago

* It is possible to say **l'altro ieri mattina/pomeriggio/sera** for *the day before yesterday in the/morning/afternoon/evening.*

5 *Stanotte* last night/tonight

This word means *last night* or *tonight*, depending on the context. If the verb is in the past **stanotte** must be *last night*:

Stanotte non ho chiuso occhio. *Last night I didn't sleep a wink.*

6 Object pronouns

Mi, ti, ci, vi are also object pronouns. Besides meaning *myself, yourself,* etc. (see Reflexive verbs, Unit 13, p. 153), they mean *me, you, us,* and usually precede the verb:

Ida non	mi ti ci vi	capisce	Ida doesn't understand	me. you (informal). us. you (pl).

When object pronouns precede the verb they are called unstressed pronouns:

non *mi* ha dato niente   *he hasn't given me anything*

When pronouns are used with prepositions (*con* me, *da* te, ecc.) they are called stressed pronouns.

7 Expressions with *stare*

Expressions with **stare** describing one's state of health:

Come sta? (Sto) bene/   *How are you? I'm well/*
male/meglio/peggio   *ill/better/worse*

The present tense of **stare** is exactly like that of **dare** (p. 95):

sto	stai	sta	stiamo	state	stanno

ATTENZIONE! **stare** *in* **piedi** *to stand* but **andare** *a* **piedi** (see p. 58).

8 *Che* that, which, who, whom

In English *that/which/who/whom* can sometimes be omitted. In Italian **che** must always be expressed:

Questo è il libro *che* devo   *This is the book (that) I have to*
comprare.   *buy.*
So *che* non è vero.   *I know (that) it isn't true.*
La ragazza *che* inviti   *The girl (whom) you're inviting*
è fidanzata.   *is engaged.*
Mi ha detto *che* è   *He told me (that) he is*
disoccupato.   *unemployed.*

▶ How do you say it?

1   How to ask someone what   **Cos'hai fatto?**
    they have done or did   **Ho dormito, ho mangiato,**
    How to say what you have   **ho bevuto, ho fatto una**
    done or did   **passeggiata, ecc.**

2   How to ask someone to report   **Cosa ti ha detto?**
    information (inf.)
    How to give the information   **(Mi) ha detto che...**

3 How to ask about what some-   **Cosa ti ha dato?**
   one gave or has given you
   How to say what they gave you   **Mi ha dato ...**

4 How to ask what (has) happened   **Cos'è successo?**

Practice

1 ▶ A, B, C and D are saying how they spent their evening. Can
   you fill in the gaps by listening to their accounts? (If you do
   not have the recording, you will find the verbs you need,
   jumbled up in the box below.)

   A Ho _____ alla lettera di mio fratello che vive in America ed
      _____ in ordine la mia camera.

   B _____ degli amici a casa. _____ insieme, poi abbiamo _____ tutta
      la notte.

   C Io e il mio ragazzo _____ un programma molto
      interessante in televisione.

   D Mio cugino mi _____ da Milano. _____ un'ora al telefono a
      parlare con lui e con mio nipote.

**abbiamo visto - ho passato - ha chiamato - abbiamo bevuto -
risposto - ho messo - ho invitato - giocato a bridge**

---

2 Match the words on the right with those on the left:

   i   Hai letto   a   la telefonata?
   ii   Ho dormito   b   un sacco di soldi.
   iii Hai risposto   c   il gas?
   iv   Hai fatto   d   molto bene.
   v   Ho rotto   e   alle sue domande?
   vi   Hai spento   f   il giornale?
   vii Ho speso (*I spent*) g   il bicchiere.

3 In the following sentences fill the blanks, choosing between
   mi and **ti** according to the sense. Be careful to distinguish
   between verbs in the first person, and those in the second
   person (informal).

   a Dove sei? Non _____ vedo.
   b Cosa dici? Non _____ sento.
   c Scusa, chi sei? Non _____ conosco.

d   Sono qui. Non ____ vedi?
e   Come? Non ____ capisco.
f   Quando ____ inviti a cena?
g   Allora, ____ accompagni?
h   Va bene. ____ aspetto davanti al teatro.

4   ▶ Below are extracts from postcards you have received from friends in Italy. Tell someone you know what each of them has been doing. For instance, (a) would start: **Vittoria ha ...**

a
.... Ieri ho visto il Papa in Piazza San Pietro ....
Saluti da Roma
Vittoria

b
Firenze
... Ho comprato una villa fra Siena e Firenze ...
Un caro saluto
Gino

c
Viareggio
...Finalmente ho aperto un'agenzia immobiliare! ...
Quando vieni in Italia?
Roberto

d Diano Marina
......Abbiamo fatto molti bagni...
Un abbraccio
Renzo e Mara

e Sanremo
......Abbiamo giocato alla roulette e abbiamo perso......
A presto!
Ada e Lino

f Verona
......Ieri sera abbiamo visto l'Aida. Stupenda!......
Molti baci
Federico e Anna

5   **Ora tocca a te!** Write your own card from **Bari**:

'I've seen so many interesting things. Greetings from Bari.'

6   Below you will see what **Mara** decided to do last Monday.
However, she only managed to do the things that are ticked.
A cross means that she never got round to doing them. Say
in Italian what she did and didn't do.

a   pranzare dai suoi genitori   ✓
b   chiamare l'elettricista   ✗
c   guardare il programma 'TV 7 Speciale'   ✓
d   pulire la casa   ✗
e   pagare l'affitto   ✗

f   giocare a tennis con Marco   ✓
g   portare la macchina dal meccanico   ✓
h   scrivere una cartolina a sua zia Maria   ✓

7 ▶ Ora tocca a te!

You	*Did you do anything interesting today?*
Olga	Ho lavorato tutto il giorno.
You	*Didn't you see your boyfriend?*
Olga	Sì. All'ora di pranzo.
You	*Did you eat together?*
Olga	Sì. In una elegante trattoria in Via Manzoni.
You	*So why aren't you happy?*
Olga	Perchè ho dovuto pagare io per il pranzo.

❖ Postcards

When Italians send postcards they usually write two or three words only, or simply a greeting, some examples of which are given here: **Affettuosi saluti - Un caro pensiero - Un forte abbraccio - Un bacione.** They are most unlikely to mention the weather.

❖ Wines

Barbera is a dry red wine from the Piedmont and Lombardy regions in Northern Italy. Other reds include **Bardolino** and **Valpolicella** from the Veneto region, and **Chianti** from Tuscany. **Frascati** from Rome, **Soave** from V̲e̲neto and **Orvieto** from U̲mbria are among the better-known white wines. It should be borne in mind that wine, which is relatively cheap and plentiful in Italy, and bread, are essential components of any family meal.

16 le piace viaggiare?

do you like travelling?

In this unit you will learn
- how to ask someone whether they have (ever) been to …
- how to say where you have lived, worked and were born
- how to say how long ago
- how to say how long you have been doing something

▶1 Quando è venuto in Inghilterra?
When did you come to England?

An interview with an Italian immigrant who came to England 20 years ago.

a **Vero o falso?** L'immigrato ha lavorato prima a Londra.
b Dov'è andato ad abitare dopo tre anni?

Giornalista	Quando è venuto in Inghilterra?
Immigrato	Venti anni fa.
Giornalista	È vissuto sempre a Londra?
Immigrato	No. Quando sono arrivato, sono andato a lavorare a Bedford.
Giornalista	Si trova bene in Inghilterra?
Immigrato	Abbastanza bene. Ma ogni tanto sento la nostalgia dell'Italia.
Giornalista	Quanto tempo è rimasto a Bedford?
Immigrato	Tre anni. Dopo sono venuto ad abitare a Londra.

È vissuto...? (from **vivere**)	*Have you lived ...?*
trovarsi bene	*to be happy*
abbastanza	*fairly*
ogni tanto	*every now and then*
sento la nostalgia	*I feel homesick*
è rimasto ...? (from **rimanere** irreg.)	*did you stay ...?*

▶2 Le è piaciuta l'Italia? *Did she like Italy?*

The immigrant is asked whether he has ever returned to his birthplace.

a **Vero o falso?** L'immigrato è tornato in Italia molte volte.
b Dove spera di ritornare con sua moglie?

Giornalista	È mai tornato nel suo paese nativo?
Immigrato	Sì. Ci sono tornato con mia moglie molte volte.
Giornalista	Sua moglie è italiana?
Immigrato	È di origine italiana, ma è nata a Liverpool.
Giornalista	Le è piaciuta l'Italia?
Immigrato	Sì. Le è piaciuta molto. Infatti speriamo di ritornarci quest'anno.

| paese nativo | birthplace |
| sperare di | to hope to |

▶ 3 Incontro in Sicilia *Meeting in Sicily*

Sandro is surprised to meet his friend **Marcello** in Sicily.

a **Vero o falso?** Sandro è in Sicilia da una settimana.
b Con quale treno è partito Marcello?

Sandro	Chi si vede! Che sorpresa!
Marcello	Ciao, Sandro! Da quanto tempo sei qui?
Sandro	Da una settimana. E tu?
Marcello	Sono appena arrivato. Sono partito stamattina col treno delle 10.40 (dieci e quaranta) e sono arrivato un'ora fa.
Sandro	È la prima volta che vieni in Sicilia?
Marcello	No. Ci sono venuto nel '97.
Sandro	Ti piace di più Agrigento o Siracusa?
Marcello	Non sono mai stato nè ad Agrigento, nè a Siracusa.

Chi si vede!	*Look who's here!*
Da quanto tempo sei qui?	*How long have you been here?*
non sono mai stato nè … nè …	*I've never been either to … or …*

▶ 4 Sei mai stato in Sardegna?
Have you ever been to Sardinia?

Sandro wants to offer **Marcello** a coffee but his friend has to dash off.

a **Vero o falso?** Marcello non è mai stato in Sardegna.
b Perchè Marcello non accetta il caffè?

Sandro	… E la Sardegna? Sei mai stato in Sardegna?
Marcello	Purtroppo no. Lo so che c'è tanto da vedere anche lì.
Sandro	Posso offrirti un caffè?
Marcello	No, grazie. Devo scappare.
Sandro	Così presto?
Marcello	Purtroppo sì. Mi dispiace.
Sandro	Allora ti accompagno.

purtroppo	*unfortunately*
tanto da vedere	*so much to see*
così presto	*so soon*
accompagnare	*to accompany*

Grammar

1 Perfect tense *(continued)*

In this unit we shall deal with verbs that form their perfect tense with **essere** – that is, most intransitive verbs, and the verb **essere** itself. To form the perfect tense use the present tense of **essere** (**sono, sei, è, siamo, siete, sono**) and the past participle (Unit 15, pp. 174–5), which must be treated as an adjective: it must agree with the subject.

Sono tornato.	*I have returned (ms)*
Sono tornata.	*I have returned (fs)*
Siamo tornati.	*We have returned (mpl)*
Siamo tornate.	*We have returned (fpl)*
Roberto è andato in Italia.	*Robert went/has gone to Italy.*
Lucia è andata negli Stati Uniti.	*Lucia went/has gone to the United States.*
I signori Cortese sono andati all'estero.	*Mr and Mrs Cortese went/have gone abroad.*
Le ragazze sono andate a scuola.	*The girls went/have gone to school.*
Ida non è andata in Germania.	*Ida did not go/has not gone to Germany.*

The past participle of **essere** *to be* is **stato**.

Perfect tense	essere *to be*	
(io)	sono stato/stata	*I have been*
(tu)	sei stato/stata	*you have been*
(lui, lei)	è stato/stata	*he/she has, you have been*
(noi)	siamo stati/state	*we have been*
(voi)	siete stati/state	*you have been*
(loro)	sono stati/state	*they have been*

Note that the past participles of **stare** and **essere** are the same: **stato**.

The most common verbs which form their perfect tense with **essere** are listed below:

Regular			
andare	*to go*	sono **andato/a**	*I went, I have been*
arrivare	*to arrive*	sono **arrivato/a**	*I arrived, I have arrived*
entrare	*to enter*	sono **entrato/a**	*I entered, I have entered.*
partire	*to leave*	sono **partito/a**	*I left, I have left*
tornare	*to return*	sono **tornato/a**	*I returned, I have returned*
uscire	*to go out*	sono **uscito/a**	*I went out, I have gone out*
Irregular			
essere	*to be*	sono **stato/a**	*I have been*
nascere	*to be born*	sono **nato/a**	*I was born*
rimanere	*to stay/ remain*	sono **rimasto/a**	*I (have) stayed/remained*
venire	*to come*	sono **venuto/a**	*I came, I have come*
vivere*	*to live*	sono **vissuto/a**	*I live, I have lived*

* **Vivere** also forms the perfect tense with **avere: ho vissuto.**

In future units, other verbs forming the perfect tense with **essere** will be shown with an asterisk as follows: **salire*** *to go up, to get on* (*a bus, train, etc.*)

Remember that when you have a masculine and feminine noun together (**Ugo e Maria**) the past participle must be **masculine plural**:

Ugo e Maria *sono* **andati al cinema.**	*Hugh and Mary have gone to the cinema.*

2 ... *fa* ... ago

Fa expresses the idea of *ago* in English.

Il treno è partito cinque minuti *fa.*	*The train left five minutes ago.*
Siamo arrivati un'ora *fa.*	*We arrived an hour ago.*

3 *Ci* here/there/us

Ci can mean *here, there, us*. The context will make it clear. It behaves like an unstressed pronoun: it comes before the verb or is attached to an infinitive. Ci + è is normally contracted to c'è (see Unit 6, p. 69).

È mai stato a Firenze?	*Have you ever been to Florence?*
Sì. Ci sono stato diverse volte.	*Yes, I've been there several times.*
C'è stato il mese scorso.	*He was there last month.*
Spero di andarci l'anno prossimo.	*I hope to go there next year.*

4 *È nata a...* She was born in...

When someone asks you where you were born, remember to answer with the present tense of essere: Sono nato/a *I was born* (see Unit 5, p. 59).

5 *Le è piaciuta l'Italia?* Did she like Italy?

Note that piacere, when used impersonally (third person only), also forms its perfect with essere and behaves like an adjective:

Le *è piaciuto lo* spettacolo?	*Did you like the show?*
Le *è piaciuta la* mostra?	*Did you like the exhibition?*
Le *sono* piaciuti *i* quadri?	*Did you like the pictures (i.e. paintings)?*
No. Non mi *sono* piaciuti.	*No, I didn't like them.*

6 *Sperare di + inf.* to hope to

To hope to is expressed by sperare di + infinitive in Italian:

Spero di rivederla al più presto.	*I hope to see you again as soon as possible.*

7 Use of *da quanto tempo*

Da quanto tempo requires the present tense when the activity continues into the present; da is also required in the answer:

Da quanto tempo *conosci* Marco?	*How long have you known Mark?*

Lo *conosco da* un anno.	*I have known him for a year.*
Da quanto tempo *studia* l'italiano?	*How long have you been studying Italian?*
Studio l'italiano da tre mesi.	*I've been studying Italian for three months.*

8 Expressing the year: *nel '98* in 1998

In + definite article is used because **anno** *year* is understood. The '19' is often omitted in speech. But notice **nel 2003 (duemilatrè).**

9 *Ti piace di più ...?* Do you prefer ...?

Piacere di più can be used instead of **preferire. Di più** (*more or most*) is at the end of a phrase instead of **più:**

| La musica classica *mi piace di più.* | *I like classical music more.* |
| È quello che lavora *di più.* | *He is the one who works most.* |

10 *Nè ... nè* (n)either ... (n)or

Note that this expression, like the ones in Unit 7, p. 83, requires the double negative, unless **nè** comes at the beginning of the sentence:

Non vado *nè* a Firenze *nè* a Roma.	*I'm not going either to Florence or Rome.*
Non conosco *nè* lui *nè* lei.	*I know neither him nor her.*
Nè Carlo *nè* Pietro vanno all'università.	*Neither Charles nor Peter goes to university.*

In the last example note that Italian requires a verb in the plural.

11 *Lo so ...* I know ...

Lo is used with **sapere** even when there is no definite object:

Dov'è Carlo? Non *lo so.*	*Where's Carlo? I don't know.*
Sai il mio indirizzo? Sì. *Lo so.*	*Do you know my address? Yes. I do (know it).*
Come *lo sai?*	*How do you know?*

12 *Con* + article

Col = con + il. Coi = con + i. These contractions are optional:

Vado a Firenze *col/con il*   *I'm going to Florence with*
   direttore.   *the director.*
Parlano *coi/con i* ragazzi.   *They are speaking to the boys.*

Con + article may be used with means of transport instead of **in** (p. 58):

Ci vado *col/con il* treno/*con la*   *I'm going there by train/by*
   metropolitana.   *tube.*

▶ How do you say it?

1	How to ask someone whether they have (ever) been to ... and say where you have been	È (mai) stato/a ... in Sardegna? ... a Roma? Sono stato/a in .../a ...
2	How to say where you (have) lived ...	Ho vissuto/Sono vissuto/a ...
3	How to say where you were born	Sono nato/a ...
4	How to say how long ago something happened	due/dieci/venti anni fa
5	How to say how long you have been (here) How to say how long you have been waiting	Sono (qui) da cinque minuti/da un'ora, ecc. Aspetto da mezz'ora, ecc.
6	How to say you liked something very much	Mi è piaciuto/a moltissimo.

Practice

1   In the left-hand column on the next page you will see what **Alberto** generally does every day of the week. Say what he did on that particular day last week, using the words in the right-hand column.

Esempio: (Generalmente) **il lunedì va al cinema.**
(Ma) **lunedì scorso è andato a teatro.**

Generalmente		La settimana scorsa
a	Il lunedì va al cinema.	a teatro
b	Il martedì cena presto.	tardi
c	Il mercoledì studia molto.	affatto
d	Il giovedì lavora fino alle sei.	dieci
e	Il venerdì mangia a casa.	fuori
f	Il sabato gioca a carte.	scacchi (*chess*)
g	La domenica dorme fino alle dieci.	mezzogiorno

2 Imagine you are **Alberto** and say what you did last week on Monday, Thursday and Sunday.

3 Write about the people in columns **b**, **c**, **d** and **e**, using **Pietro Rossi** in column (a) as your model.

a	b	c	d	e

Pietro Rossi	Paolo Nuzzo	Mirella Perrone	I signori Caraffi	Anna e Silvia
È nato nel '70.	'69	'57	'58	'71
È stato in America per dieci anni.	Austria 2	Francia 1	Spagna 12	Grecia 6
È andato a Boston.	Vienna	Parigi	Barcellona	Atene
Poi è tornato in Italia.	Italia	Sicilia	Sardegna	Roma

4 Read this passage carefully and answer the questions on it as though you were **Anna**, using **ci** in every reply. Use the same verbs as in the questions.

Esempio: a **È mai stata all'estero?**
Sì. Ci sono stata molte volte.

Anna è stata all'estero molte volte. In aprile è andata in Italia con Marcello. È ritornata a Pisa nel mese di agosto. Poi è andata a Firenze in macchina con la sua amica Francesca.

a È mai stata all'estero?
b Quando è andata in Italia con Marcello?
c Quando è ritornata a Pisa?
d Com'è andata a Firenze?
e C'è andata con sua sorella?

5   Answer the following questions, using the appropriate pronouns and the period of time in brackets, as in the example.

Esempio: **Da quanto tempo Lucia aspetta l'autobus? (5 minuti)**
            L'aspetta da cinque minuti.

a Da quanto tempo Sandro non vede sua sorella? (2 anni)
b Da quanto tempo Marcello conosce Sandra?   (molti anni)
c Da quanto tempo suona il violino Francesca? (9 anni)
d Da quanto tempo Mirella studia l'italiano?   (6 mesi)
e Da quanto tempo non vedono Roberto?   (molto tempo)
f Da quanto tempo Anna e Roberto aspettano
   il treno?   (poco tempo)

6   Make a statement from the two sentences given, using **fa**, as in the example.

Esempio: **Sono le dieci. Sandro è andato in banca all nove e un quarto.**
            Sandro è andato in banca tre quarti d'ora fa.

a   Sono le undici. Mara è andata a fare la spesa alle nove.
b   È l'una. Sergio è venuto a pranzo a mezzogiorno.
c   Sono le sette e mezza. Mario è tornato dal lavoro alle sei.
d   Sono le undici e mezza. Carlo è andato a letto alle undici.
e   Sono le cinque e mezza. Filippo è uscito alle cinque e venticinque.

7   ▶ **Ora tocca a te!** You are being interviewed by a journalist who is asking you where you have been and what you have done in Italy.

Giornalista	Va mai in Italia?
You	*Yes, I go there almost every year.*
Giornalista	Dov'è stato l'anno scorso?
You	*I went to Venice and Verona.*
Giornalista	È rimasto molto tempo a Verona?
You	*Two evenings. For the opera.*
Giornalista	È andato con amici?
You	*No. I prefer to travel alone.*
Giornalista	Ma parla benissimo! Sono italiani i suoi genitori?
You	*Yes. And … I studied Italian at university.*
Giornalista	Dove? In Italia?
You	*First in Italy, then at the University of London.*
Giornalista	Quanto tempo fa?
You	*Two years ago.*

8 In che parte d'Italia si trovano Agrigento, Palermo, Taormina e Siracusa?

i Italians refer to the place they came from as **il mio paese**. Generally speaking, **paese** means *village* or *small town* and has no exact equivalent in English. **Il mio paese nativo** or **natale** would be my *native village* or *my birthplace*. Paese may also mean country, but in this case it is often written with a capital **'P'**: **L'Italia è un bel Paese.** *Italy is a beautiful country.*

The following web page gives you a list of local webservers on a sensitive map of Italy.

http://www.cilea.it/www-map/nir-map.html

7

tante cose da fare!

so many things to do!

In this unit you will learn
- how to say that you have already done something
- how to say that you have not yet done it
- how to ask someone how much they paid for something
- how to say how much you paid for something

▶ 1 Quando vai a fare la spesa?

When are you going to do the shopping?

A mother asks her daughter whether she has bought everything.

a **Vero o falso?** Marisa è andata al supermercato con la mamma.
b Dove ha messo il pesce Marisa?

Mamma	Quando vai a fare la spesa, Marisa?
Marisa	L'ho già fatta, mamma! Sono andata al supermercato con Valeria.
Mamma	Hai preso tutto?
Marisa	Sì. Pane, burro, latte, uova, biscotti…
Mamma	Ma, hai comprato il pesce per stasera?
Marisa	Sì. L'ho comprato. Ne ho preso mezzo chilo.
Mamma	E dove l'hai messo? Non lo vedo.
Marisa	L'ho messo in frigorifero con l'altra roba.
Mamma	Ah brava, Marisa! Grazie.

l'ho già fatta (from **fare**)	*I've already done it*
l'ho messo (from **mettere**)	*I put it*
hai preso …? (from **prendere**)	*did you get …?*

▶ 2 Il regalo per Sandro, l'avete preso?

Have you got Sandro's present?

Franco asks **Sonia** and **Daniele** whether they have done everything that needed doing.

a **Vero o falso?** Daniele e Sonia hanno comprato un portafoglio per Sandro.
b Perchè non hanno prenotato i posti per il concerto?

Franco	Avete comprato le cartoline?
Sonia	Sì. Le abbiamo pure scritte.
Franco	Quante ne avete comprate?
Daniele	Dodici. Ne abbiamo mandata una anche alla vicina di casa.
Franco	Il regalo per Sandro, l'avete preso?
Sonia	Sì. Gli abbiamo comprato una cravatta di seta pura. Eccola qua! Ti piace?
Franco	È veramente elegante! Quanto l'avete pagata?
Daniele	Parecchio.

| Franco | I posti per il concerto di domani sera, li avete prenotati? |
| Sonia | No. Non li abbiamo ancora prenotati. Non abbiamo avuto tempo. |

pure	also, as well
mandare	to send
vicina di casa	neighbour
gli abbiamo comprato	we have bought (for) him
parecchio	quite a lot
prenotare	to book
non ... ancora	not yet

▶3 L'ho spento *I've turned it off*

Adriano discovers that **Cesare** has pulled the plug out…

a **Vero o falso?** Cesare ha spento il videoregistratore.
b Che cos'ha fatto Cesare per spegnere il videoregistratore?

| Adriano | Oddio! Che hai fatto, hai rotto il videoregistratore? |
| Cesare | No. L'ho spento. Ho tolto la spina perchè devo usare l'aspirapolvere. |

oddio!	oh dear!
Hai rotto (from rompere) il videoregistratore?	Have you broken the video recorder?
togliere la spina	to pull the plug out
aspirapolvere (m.)	vacuum cleaner
L'ho spento (from spegnere irreg.)	I've turned it off

Grammar

1 Agreement of the past participle

When the perfect tense is formed with **avere,** and is preceded by **lo, la, li, le, l'** (direct object pronouns) or **ne,** the past participle must change its final vowel to agree with them.

Avete comprato *le* cartolin*e*? *Have you bought the postcards?*
Sì. *Le* abbiamo pure scritt*e*. *Yes, we have written them as well.*

... e *ne* abbiamo mandat*a*   *... and we've sent one ...*
un*a* ...

As we have seen, **lo** and **la** (i.e. singular only) normally become **l'** before a vowel or '**h**' (Unit 8, p. 96). **L'** can therefore be masculine or feminine and in the perfect tense you can tell which it is by the ending of the past participle:

Lo + ho becomes **l'ho. Lo ho letto** therefore becomes **L'ho letto** *I have read it.*

La ho letta therefore becomes **L'ho letta** *I have read it.*

Ha letto il libro?	*Have you read the book?/* *Did you read the book?*
Sì. *L'ho* letto.	*Yes, I've read it/Yes, I read it.*
Ha letto *la* rivist*a*?	*Have you read the magazine/* *Did you read the magazine?*
Sì. *L'ho* lett*a*.	*Yes, I've read it./Yes, I read it.*
Gino ha letto *la* letter*a*.	*Gino (has) read the letter.*
L'ha lett*a*.	*He (has) read it.*
Sara ha letto il biglietto.	*Sarah (has) read the note.*
L'ha letto.	*She (has) read it.*

The sentences below will make these agreements clearer:

Hai visto	Pietro? Maria? *i* ragazzi? *le* ragazze?	Sì.	L'ho visto. L'ho vist*a*. *Li* ho visti. *Le* ho vis*te*.	*Have you seen*	Pietro? Maria? the boys? the girls?	Yes, I've seen	him. her. them. them.

Hai chiuso	*il* cassetto? *la* valigi*a*? *i* cassetti? *le* valigie?	Sì.	L'ho chiuso. L'ho chius*a*. *Li* ho chiusi. *Le* ho chiuse.	*Have you closed*	the drawer? the suitcase? the drawers? the suitcases?	Yes, I've closed	it. it. them. them.

When there is no object pronoun, the past participle does not have to agree if the object precedes the verb. In Italian you can say either:

La rivista che ho { **comprato** / **comprata** } *The magazine that I (have) bought.*

2 Lists

When you have a list of nouns in Italian you don't need to use the article **pane, burro, latte ....**

3 *Il regalo ... l'avete preso?* **Have you got the present?**

Often, especially in spoken Italian, for the sake of emphasis, both the noun and the pronoun are used as in the example above. Other examples:

I posti ... **li** avete prenotati?   *Have you booked the seats?*
L'hai letto *il giornale* di oggi?   *Did you read today's paper?*
La carne *l'*ho mess**a** nel   *I've put the meat in the freezer.*
   congelatore.

4 **Perfect of** *dovere, potere, sapere, volere*

The perfect of the above verbs may always be formed with **avere:**

   ho dovuto, avete voluto, hanno potuto, abbiamo saputo

However, when the verb that follows them has its perfect tense formed with **essere** there is a choice:

$$\left.\begin{array}{l}\textbf{ho}\\ \text{Non}\\ \textbf{sono}\end{array}\right\} \textbf{potuto venire.} \qquad I\ couldn't\ come.$$

$$\left.\begin{array}{l}\textbf{Abbiamo dovuto}\\ \\ \textbf{Siamo dovuti}\end{array}\right\} \textbf{partire.} \quad We\ had\ to\ leave.$$

With **dovere, potere, sapere, volere** there is also a choice of position for unstressed pronouns (see Unit 9, pp. 106–7):

$$\left.\begin{array}{l}\textbf{Non ho potuto farlo.}\\ \textbf{Non l'ho potuto fare.}\end{array}\right\} \quad I\ couldn't\ do\ it.$$

$$\left.\begin{array}{l}\textbf{Devo alzarmi presto.}\\ \textbf{Mi devo alzare presto.}\end{array}\right\} \quad I\ have\ to\ get\ up\ early.$$

5 *Già* **already,** *non ... ancora* **not ... yet**

Notice the position of **già** and **ancora** in the following examples:

Quando fai la spesa?	*When are you doing the shopping?*
L'ho *già* fatta.	*I've already done it.*
Hai fatto la spesa?	*Have you done the shopping?*
Non l'ho *ancora* fatta.	*I haven't done it yet.*

6 *Eccola qua/qui* **it's right here**

Qua/qui *here*, or là/lì *there*, may be added to eccolo, eccola, ecc. to give more precision: **Eccolo qui/là.**

7 *Tanto/a, tanti/e* **so much, so many**

Notice how the above adjectives are used in the singular and plural:

Al mercato c'è tanta frutta!	*There's so much fruit in the market!*
Ho tante cose da fare!	*I've got so many things to do.*

▶ How do you say it?

1 How to say you have already done something	L'ho già fatto./L'ho già fatta.
2 How to say that you have not yet done it	Non l'ho ancora fatto./ Non l'ho ancora fatta.
3 How to ask someone how much they paid for something	Quanto l'ha pagato?/ Quanto l'ha pagata?
4 How to say how much you paid for it	L'ho pagato/L'ho pagata ...

Practice

1   Imagine the questions below are addressed to you and answer using **ne**, making the past participle agree.

Esempio: Quante birre ha preso? (due)
         Ne ho pres*e* due.

a   Quanti pacchi ha mandato? (uno)
b   Quanti film ha visto? (molti)
c   Quante lettere ha spedito? (sei)
d   Quante cartoline ha scritto? (quattro)
e   Quante gallerie ha visitato? (una)
f   Quanti soldi ha speso? (molti)
g   Quante sterline ha cambiato? (poche)
h   Quanti caffè ha bevuto oggi? (tre)

2   You are being asked by your boss when you are going to complete a number of office tasks. With your customary efficiency you have already done everything.

Esempio: Quando paga il conto?
         L'ho già pagato.

a   Quando scrive le lettere?
b   Quando compra i francobolli?
c   Quando vede i signori Marelli?
d   Quando fa le due telefonate a Parigi?
e   Quando sbriga la corrispondenza?
f   Quando finisce il rapporto?
g   Quando prepara i documenti?
h   Quando consulta l'agenda?

3   You have been working so hard at the office that domestically you have let things slide, and when your flat-mate asks you about a series of chores, you have to admit that you haven't done them yet.

Esempio: Hai preparato la cena?
         No. Non l'ho ancora preparata.

a   Hai fatto il letto?
b   Hai pulito l'appartamento?
c   Hai pagato l'affitto?
d   Hai fatto la spesa?
e   Hai comprato i giornali?
f   Hai riparato la luce?

4 Complete the following sentences with a suitable verb in the perfect tense.

Esempio: **Mario ha comprato il gelato e l'____.**
Mario ha comprato il gelato e l'ha mangiato.

a Ho preso una penna e ____ una lettera a Marco.
b Ho comprato il giornale e l'____.
c Ho acceso la radio e l'____.
d Giorgio ha comprato la birra e l'____.
e Anna ha preso il vestito dall'armadio e l'____.
f Sono andati alla stazione ma purtroppo ____ il treno.

5 ▶ **Ora tocca a te!** You are taking on the role of a husband who can't find his passport.

Moglie	Allora, caro, partiamo?
You	*I'm not ready yet.*
Moglie	Che cosa cerchi?
You	*My passport. Where did I put it? Did you take it?*
Moglie	No. Hai guardato in macchina?
You	*Yes. I've looked. It's not there.*
Moglie	Non l'hai lasciato in banca stamattina quando hai cambiato i soldi?
You	*No. Ah... One moment... Perhaps I put it in the bedroom.*
Moglie	No. Di là non c'è. Ho pulito in tutte le camere e non ho visto niente.
You	*Didn't you by any chance put it with the other documents?*
Moglie	No, no. In borsa ho soltanto i biglietti del treno.
You	*What a nuisance! What do we do now without a passport?*
Moglie	Hai guardato nello studio?
You	*Yes. I've looked everywhere.*
Moglie	Oddio! Ed il treno parte fra mezz'ora!

i Italy produces more than 600 types of **pasta. Fusilli, rigatoni** and **fettuccine** are three of the many varieties to be found. A pasta dish is the typical first course of the average Italian family at lunch which usually takes place at about 1 o'clock. All sorts of **salse** *sauces*, especially those based on tomatoes, are used to go with the *pasta.* **Cirio** is one of the well-known tomato purée brands also used for making **salsa**.

18

che cosa regalare?

what present to give?

In this unit you will learn
- how to ask what present to give someone
- how to suggest what to get for him/her
- how to arrange to meet up later

▶1 Il compleanno di Renzo *Renzo's birthday*

Beatrice is discussing **Renzo's** birthday present with **Alfredo.**

When you listen to this dialogue notice where **gli** comes before the verb, and when it comes after.

a **Vero o falso?** Renzo usa spesso il profumo.
b Perchè Beatrice vuol fare un regalo a Renzo?

Beatrice Sabato è il compleanno di Renzo e non so ancora cosa regalargli.
Alfredo Perchè non gli compri un romanzo?
Beatrice I romanzi non gli piacciono.
Alfredo Puoi prendergli un profumo. Un bel profumo francese.
Beatrice Però il profumo non lo usa mai.
Alfredo Quanto vuoi spendere?
Beatrice Non troppo. E non posso neanche regalargli delle sigarette perchè non fuma.

Non so ancora cosa regalargli	*I don't know what to give him (as a present) yet*
gli	*(to) him*
romanzo	*novel*
non posso neanche ...	*I can't even ...*
fumare	*to smoke*

▶2 Il problema è risolto *The problem is solved*

a **Vero o falso?** Beatrice prende un nuovo stereo per Renzo.
b Cosa vuol fare Alfredo sabato mattina?

Alfredo Gli place la musica?
Beatrice Mi sembra di sì. So che ha un nuovo stereo.
Alfredo Allora il problema è risolto. Gli puoi portare una cassetta o un cd.
Beatrice Buona idea! Gli prendo un cd di musica classica.
Alfredo Io non gli regalo nulla. Gli mando solamente una cartolina di auguri. Però sabato mattina gli telefono.

mi sembra di sì	*I think so*
disco, cd	*record, CD*
cassetta	*cassette*
non ... nulla	*nothing*
solamente	*only*
auguri	*greetings*

▶ **3 L'onomastico di Carla** *Carla's name-day*

Sandra decides to get some chocolates from the patisserie, and **Livio** to buy a bunch of roses from the florist's for **Carla's** name-day.

a **Vero o falso?** Sandra e Livio devono sbrigarsi perchè sono invitati per l'una.

b Cosa devono fare Livio e Sandra all'una?

Sandra	Dio mio! È già mezzogiorno! Dobbiamo sbrigarci!
Livio	A che ora dobbiamo andare a pranzo da Carla?
Sandra	Siamo invitati per l'una.
Livio	Cosa le portiamo? Dei fiori?
Sandra	Possiamo prenderle dei cioccolatini dal pasticciere qui di fronte. So che i dolci le piacciono molto.
Livio	Ottima idea! Le compriamo una scatola di 'Baci Perugina' ed un bel fascio di rose.
Sandra	Il guaio è che non abbiamo abbastanza tempo per andare in tutti e due i negozi.
Livio	Allora facciamo così: io vado dal fioraio mentre tu vai dal pasticciere, e poi c'incontriamo sotto il palazzo di Carla.

Dio mio!	*good gracious!*
Dobbiamo sbrigarci!	*We must hurry!*
da Carla	*at Carla's place*
fiore (m)	*flower*
scatola	*box*
fascio	*bunch*
guaio	*trouble*
mentre	*while*
fioraio	*florist's*
poi c'incontriamo	*then we'll meet*

Grammar

1 To know – *sapere* or *conoscere*?

Sapere means *to know*. **Sapere**, not **conoscere**, must be used:

whenever a dependent clause follows:

So che **Paolo vive a Taormina.**	*I know that Paul lives in Taormina.*
Sai dove **va Ida?**	*Do you know where Ida is going?*
Sai se **le piace l'aglio?**	*Do you know whether she likes garlic?*

whenever an infinitive follows, in which case it means *to know how to* (i.e. *to be able*):

Sai guidare?	*Do you know how to drive?/ Can you drive?*
Sa suonare* il pianoforte?	*Can you play the piano?*

Potere, when contrasted with **sapere,** suggests physical capability:

Senza occhiali non posso leggere.	*I can't read without glasses.*
Non sa leggere ancora; è troppo piccolo.	*He can't read yet. He's too young.*

Conoscere is mainly used for knowing people, places or languages:

Conosci **Carlo? Sì.** *Lo* **conosco.**	*Do you know Charles? Yes. I do.*
Conosce **Parigi†? Sì.** *La* **conosco.**	*Do you know Paris? Yes. I do.*
Conosce **bene lo spagnolo.**	*He knows Spanish well.*

* Use **suonare** to *play an instrument*, **giocare a** to *play a game*

† Towns are feminine in Italian: **Torino è bell***a.*

2 Indirect object pronouns (unstressed)

Singular		Plural	
mi	(to/for) me	ci	(to/for) us
ti	(to/for) you (informal)	vi	(to/for) you (pl.)
gli	(to/for) him	gli	
le	(to/for) you/her	(a)*loro }	(to/for) them (masc./fem.)

The pronouns in the box are indirect objects, i.e. where *to/for* are either expressed or understood in English. 'I give him the book' means 'I give the book to him', which in Italian becomes: **Gli do il libro.** To start with it is best to concentrate on **le** and **gli**:

Le
Gli } **parlo dopo.** *I'll talk* { *to you/to her*
to him } *later/afterwards.*

Le porto la valigia. *I'll carry the suitcase for you/her.*

Gli apro la porta. *I'll open the door for him/them.*

Like the pronouns in Unit 17, p. 197, they normally precede the verb, but both object and indirect object may come after an infinitive, in which case they are attached to it (**regalargli** stands for **regalare + gli**).

Gli vorrei telefonare.
Vorrei telefonargli. } *I would like to phone him.*

Giorgio {mi
ti
ci
vi
gli
le} **dà il libro.** *George is giving* {me
you
us
you (pl)
him/them
her/you} *the book*

*****Gli** means *to him* or *to them* but in the **written** language (and occasionally in the spoken), *to them* is **loro** or **a loro**: it can never precede the verb and can never be attached to the infinitive.

Giorgio dà il libro a loro.
Giorgio dà loro il libro } *George is giving them the book.*

3 *Non ... neanche* **not ... even**

Neanche is the opposite of anche:

anch'io, anche lei; neanch'io, neanche lei.

Vengo *anch'io*	*I'm coming too.*
(Io) *non* so cosa dire.	*I don't know what to say.*
Neanch'io.	*Neither do I.*
Non ci andate *neanche* voi?	*Aren't you going either?*
Non ci andiamo *neanche* noi.	*We're not going either.*

4 *Mi sembra/mi pare ...* **it seems to me ...**

Mi sembra is another verb used impersonally in the same way as mi piace (Unit 11, p. 129). Both verbs require the indirect object pronoun (p. 206).

Non *mi sembra* il momento adatto.	*It doesn't seem the right moment to me.*
Le pare giusto?	*Do you think it's fair?*
Gli piace questo disco?	*Does he like this record?*
I fiori *le piacciono* molto.	*She likes flowers a lot.*
Le piacciono i dolci?	*Do you like sweet things?*

When used with sì and no, sembra, like pensare and credere *to think*, must be followed by di and has the same meaning (*to think*).

Mi sembra	di sì.	}		{	*so.*
Penso	di no.	}	*I think*	{	*not.*

5 Only

Solamente, solo and soltanto can all be used to mean *only*.

6 *Dobbiamo sbrigarci* **We must hurry**

As this reflexive verb is in the infinitive, the pronoun ci is attached to the end of it. Sbrigarci (Dialogue 3) is sbrigare + ci (lit.: *to hurry ourselves*).

7 *Ottimo/a, meglio, migliore* **excellent, better**

Ottimo/a, an adjective, is another way of saying **buonissimo/a**
very good, excellent. There are two words for *better*: **migliore**
(adjective) and **meglio** (adverb):

Fanno degli *ottimi* affari.	*They do excellent business.*
Lei mi dà *ottime* notizie.	*You're giving me very good news.*
Questo libro è *migliore* di quello.	*This book is better than that one.*
Lo so *meglio* di te!	*I know (it) better than you do!*

Il/la migliore means *the best*:

Secondo me *il* periodo *migliore* per visitare l'Italia è la primavera.	*In my opinion the best time to visit Italy is spring.*
Mario e Paolo sono *i miei migliori amici*.	*Mario and Paolo are my best friends.*

Buono/a, migliore, il/la migliore therefore mean *good, better, best*.

8 *C'incontriamo* **we'll meet (each other)**

Incontrarsi, apparently a reflexive verb, is used reciprocally in
this context to express the idea of *each other*. We have already
met **ci vediamo** used in this way: it literally means *we'll see each
other*.

Here are examples of other verbs being used reciprocally:

Da quanto tempo *si conoscono* Anna e Marcello?	*How long have Anna and Marcello known each other?*
Paolo e Marisa non *si parlano*.	*Paolo and Marisa don't talk to each other.*

Gli (*the*) may be shortened to **gl'** but only before words
beginning with **i**:

Gl'italiani *si salutano* molte volte prima di lasciarsi.	*Italians say goodbye many times before leaving each other.*

9 *Dal fioraio* **at/to the florist's**

When used with people, **da** or **da + article** means *at/to the house
of, the shop of* or *the place of*:

Vado *dal* tabaccaio.	*I'm going to the tobacconist's.*
Vai *da* Giulia?	*Are you going to Julia's (place)?*
Prima vado *dal* dottore, poi	*First I'll go to the doctor's then*
dal salumiere.	*to the grocer's.*
Vado *dalla* mia amica.	*I'm going to my friend's house.*
Perchè *non* vieni *da* me?	*Why don't you come to my place?*

▶ How do you say it?

1 How to ask what present to give someone	Cosa posso regalare a ...?
2 How to suggest what to buy him/her	Perchè non gli compri ...?/ le compri ...?
3 How to suggest what you can get for him/her	Posso prendergli .../ prenderle ...
4 How to say you will meet up later	C'incontriamo più tardi.

Practice

1 **È il compleanno di Adriano** *It's Adrian's birthday*. Here is a list of his friends and what they do for the occasion. Write a sentence about each on the pattern of the first example.

Esempio: Anna gli dà una cravatta.

a Anna (*dare*) cravatta.
b Renzo (*dare*) libro.
c Beatrice (*portare*) cd.
d Livio (*mandare*) cassetta.
e Matteo (*regalare*) profumo.
f Maria (*telefonare*) per fargli gli auguri.

2 Time is pressing for Rita who is being asked about when she is going to do everything she needs to do: you have to supply her answers using **gli** or **le**.

Esempio: Quando telefona a Beatrice? (domani)
Le telefono domani.

a Quando telefona a Giulia? (stasera)
b Quando telefona a Renzo? (più tardi)

c Quando telefona a Marco?   (dopo cena)
d Quando scrive a Anna?   (domani)
e Quando scrive a Gina?   (oggi)
f Quando parla a Silvio e Eva?   (dopo la lezione)

3 You are being asked to decide which presents should go to each of your friends. Form the question you are being asked, then give your answer, attaching the object pronoun to the infinitive.

Esempio: a A chi vuole dare il disco?
             Voglio darlo a Carla.

a Carla: (*dare*) disco
b Beatrice: (*mandare*) cartolina di auguri
c Maria: (*regalare*) borsa di pelle
d Marco: (*portare*) cioccolatini
e Gino: (*dare*) portafoglio

4 In the following conversation, choose one of the three alternatives which fits the context. Read through the whole conversation before attempting to make your choices.

Lucia Hai il *nome / francobollo/biglietto* per la lettera?
Eva   No. Non *ce l'ho / ce l'ha/ce l'hanno*.
Lucia Perchè non *la / lo / le* compri?
Eva   Perchè la posta è *qui / chiusa / aperta*.
Lucia Ma il tabaccaio è *aperto / chiuso / nuovo*.
Eva   Sì. Però qui vicino non c'è un *pasticciere/ fioraio / tabaccaio* e vorrei spedire questa lettera stasera.
Lucia Perchè vuoi *spedirlo / spedire / sperdirla* stasera?
Eva   Perchè domani è il compleanno di Filippo e devo *mandare / mandarli / mandargli* gli auguri.
Lucia A chi devi *mandarli / mandargli / mandarle*? Non ho capito.
Eva   A Filippo.

5 **Giorgio** and **Pina** know each other, see each other, etc. Make one statement for each pair as in this example. (There is no need to repeat **Giorgio e Pina** every time.)

Esempio: **Giorgio conosce Pina. Pina conosce Giorgio.**
             (Giorgio e Pina) si conoscono.

a Giorgio incontra Pina. Pina incontra Giorgio.
b Giorgio vede Pina. Pina vede Giorgio.
c Giorgio parla con Pina. Pina parla con Giorgio.
d Giorgio saluta Pina. Pina saluta Giorgio.
e Giorgio bacia Pina. Pina bacia Giorgio.
f Giorgio abbraccia Pina. Pina abbraccia Giorgio.

6 ▶ **Ora tocca a te!** You are **Carla.**

Giorgio	Dove vai, Carla?
You	*First I'm going to the post office, then I'm going to buy a present for Antonio.*
Giorgio	Perchè? È il suo compleanno?
You	*No. It's his name-day.*
Giorgio	Cosa gli compri?
You	*I don't know yet.*
Giorgio	Gli piace leggere?
You	*I don't think so.*
Giorgio	Quanto vuoi spendere?
You	*Not too much.*
Giorgio	Sai se gli piace la musica?
You	*I know he likes to listen to music when he's driving.*
Giorgio	Puoi comprargli una cassetta, allora.
You	*Excellent idea!*

7 Read the 🛈 section on p. 212 and answer these questions.

a È un fascio di crisantemi?

b Quante candeline ci sono sulla torta?

c   Why do you think the **baci** are
    called Perugina?

d   What is **La festa
    della Mamma**?

i If invited to a meal it is usual to take your hostess **un fascio di
fiori** *a bunch of flowers*. Beware of taking chrysanthemums, however.
They are used only at funerals.

Baci Perugina (made in Perugia) are a trade mark for chocolates
known all over Europe. **I dolci** are literally 'sweet things' and may
therefore refer to sweets, cakes or biscuits. **Il dolce** (see Unit 7, p.
88) is the dessert or sweet.

A **pasticceria** sells cakes, pastries and ice cream. Many of these
pasticcerie are like cafés where you can sit and eat cakes, etc. with
a drink.

Here is the Italian version of the song **Tanti auguri a te!** Happy
Birthday to You (lit.: *So many greetings to you*):

Tanti auguri a te,
Tanti auguri a te,
Tanti auguri a Renzo, (or any other name, as appropriate**)**
Tanti auguri a te!

Now turn to *Test your Italian III* (p. 298).

studio e lavoro

study and work

In this unit you will learn

- how to talk about your studies and your present job
- how to talk about the places you have visited and how long you stayed there
- how to say that you enjoyed yourself
- how to ask others similar questions

▶ 1 Intervista con una studentessa
Interview with a student

A journalist interviews a woman graduate who has now enrolled for a degree course in languages.

a **Vero o falso?** La studentessa è laureata.
b (La studentessa) è mai stata in Russia?

Giornalista	Si laurea quest'anno, signorina?
Studentessa	No. Mi sono già laureata.
Giornalista	E perchè frequenta l'università?
Studentessa	Perchè mi sono iscritta al corso di laurea in lingue. Studio l'inglese e il russo.
Giornalista	È mai stata in Russia?
Studentessa	No. Non ci sono mai stata. Ma sono andata diverse volte in Inghilterra. C'è tanto da vedere!
Giornalista	Conosce bene Londra?
Studentessa	Abbastanza bene, almeno credo. Ci sono ritornata anche quest'anno.
Giornalista	C'è andata da sola?
Studentessa	No. Con mio padre e mia madre.

frequentare	*to attend*
mi sono iscritta (from **iscriversi**)	*I have enrolled*
diversi/e	*several*
almeno	*at least*
laurearsi	*to graduate*

▶ 2 Preferiamo viaggiare per conto nostro
We prefer to travel on our own

When asked whether she and her parents went on a package tour (**viaggio organizzato**), she answers that they prefer to make their own arrangements.

a **Vero o falso?** La studentessa e i suoi genitori sono stati a Canterbury solo di passaggio.

b Per quanto tempo (la studentessa) è andata in Irlanda?

Giornalista	Avete fatto un viaggio organizzato?
Studentessa	No, no. Noi preferiamo viaggiare per conto nostro.
Giornalista	Siete stati a Canterbury?
Studentessa	Sì. Ma solo di passaggio quando siamo ritornati da Edimburgo.
Giornalista	Vi siete fermati parecchio tempo in Scozia?
Studentessa	Una settimana solamente. Dopo i miei genitori sono andati a Londra ed io sono partita per l'Irlanda per quattro giorni.
Giornalista	E poi...?
Studentessa	E poi ci siamo incontrati a Canterbury per fare insieme il viaggio di ritorno. Ci siamo divertiti moltissimo.

di passaggio	*passing through*
fermarsi	*to stop, stay*
parecchio tempo	*a long time*
incontrarsi	*to meet (each other)*
insieme	*together*
divertirsi	*to enjoy oneself*

▶ 3 Un operaio di fabbrica *A factory worker*

A factory worker explains that he came to Milan (in Northern Italy) from Messina because there is not enough work for everybody in the South.

a Vero o falso? Marcello lavora in un negozio.

b Come si trova Marcello a Milano?

Giornalista	Da che parte dell'Italia viene?
Marcello	Da Messina. Sono siciliano.
Giornalista	Quanti anni sono che lavora a Milano?
Marcello	Una quindicina di anni.
Giornalista	Sua sorella mi ha detto che vi trovate bene qui nel nord.
Marcello	È vero. Si guadagna molto. E nella fabbrica in cui lavoriamo noi, gli operai sono trattati veramente bene. Fra poco avremo anche l'aumento.
Giornalista	Come mai vi siete trasferiti qui?
Marcello	Nel sud, purtroppo, è difficile trovare lavoro per tutti.

Quanti anni sono che lavora...?	How many years have you been working...?
una quindicina di ...	about 15 ...
in cui	in which
fra poco	shortly
avremo l'aumento	we'll have a rise
trattare	to treat
... vi siete trasferiti (from trasferirsi)?	... did you move?

Grammar

1 Perfect tense of reflexive verbs

All reflexive verbs and most impersonal verbs (or those used impersonally) form their perfect tense (pp. 186–7) with **essere**.

Si è divertito alla festa di Renzo?	*Did you enjoy yourself at Lawrence's party?*
Sì. Mi sono divertito molto.	*Yes, I enjoyed myself a lot.*
Ti sei alzata * tardi stamattina?	*Did you get up late this morning?*
No. *Mi sono alzata* presto.	*No, I got up early.*
Vi siete asciugati?	*Did you dry yourselves?*
Sì. *Ci siamo asciugati* con l'asciugamano celeste.	*Yes, we dried ourselves with the blue towel.*

Perfect tense	fermarsi *to stop, stay*	
(io)	mi sono fermato/a	*I stopped, I have stopped*
(tu)	ti sei fermato/a	*You stopped, you have stopped (inf.)*
(lui, lei)	si è fermato/fermata	*He/she/it/you stopped, he/ she has stopped/you have stopped*
(noi)	ci siamo fermati/e	*We stopped, we have stopped*
(voi)	vi siete fermati/e	*You stopped, you have stopped*
(loro)	si sono fermati/e	*They stopped, they have stopped*

*Alza**t**a *the feminine form is used because a woman is being asked the question.*

2 *Per conto nostro* **on our own**

To express the idea of *one's own*, use this expression with the appropriate possessive adjective: **per conto mio** *on my own*, **per conto tuo/suo/vostro** *on your own*, etc.

Lavoro per conto mio.	*I work on my own/for myself.*
Lui lavora per conto suo.	*He works on his own/for himself.*

In Dialogue 2 **preferiamo viaggiare per conto nostro** is best rendered by *we prefer to make our own arrangements*.

3 *Incontrarsi* **or** *conoscersi*?

Ci siamo incontrati comes from **incontrarsi** *to meet*. However, if you want to refer to the first time someone met, use **conoscersi**:

Si sono conosciuti in Italia, l'anno dopo *si sono incontrati* a Parigi, e quest'anno *si sono sposati*.	*They met (each other) in Italy, the following year they met (again) in Paris, and this year they got married.*

4 *Quanti anni sono che lavora...?*
How many years have you been working...?

This is another way of expressing: **Da quanti anni lavora?**

Both of these constructions require the present tense in Italian because the activity continues on into the present (see pp. 188–9):

Aspetto da dieci minuti. *Sono* dieci minuti *che aspetto.*	*I have been waiting for ten minutes.*

If the activity has ceased then **per** is used with the past:

Ho *lavorato* a Roma *per* più di dieci anni.	*I worked in Rome for more than ten years.*

5 *Una quindicina* **about fifteen**

To express approximate quantities, take off the final vowel of the number and add **-ina** preceded by **una** (use for numbers 10, 15, 20, and then in tens up to 90):

Ha *una ventina d'*anni.	*He's about 20.*
Ci sono *una trentina* di persone.	*There are about 30 people.*
Una *quindicina di* giorni.	*About a fortnight.*

6 Prepositon + *che*

After prepositions (p. 46) **cui** replaces **che**. Notice the difference between these examples:

La casa *che* ha comprato è modernissima.	*The house that he has bought is very modern.*
La casa *in cui* abita è modernissima.	*The house in which he lives is very modern.*
Non capisco la ragione *per cui* non vuoi andarci.	*I don't understand the reason why* (lit.: *for which*) *you don't want to go there.*
Questo è l'ingegnere *di cui* ti ho parlato.	*This is the engineer I spoke to you about.* (lit.: *of whom I spoke…*)

The only time that **che** may be preceded by a preposition is in a question (direct or indirect):

A *che ora* incominci a lavorare la mattina?	*At what time do you start work in the morning?* (direct question)
Non so *a che ora* viene.	*I don't know at what time he's coming.* (indirect question)

7 *È difficile trovare lavoro...*
It's difficult to find work...

Many other adjectives can be used in this way with the infinitive:

facile *easy*; **possibile** *possible*; **interessante** *interesting*; **importante** *important*

È facile spendere i soldi.	*It's easy to spend money.*
A quest'ora è difficile trovare un posto.	*At this time it's difficult to find a seat.*
È importante studiare.	*It's important to study.*

▶How do you say it?

1	How to ask when someone is graduating	**Quando si laurea?**
	How to say you have already graduated	**Mi sono già laureato/a.**
2	How to say you (have) enrolled on a particular course	**Mi sono iscritto/a al corso di ...**
3	How to say that one earns a lot and that the workers are well treated	**Si guadagna molto. Gli operai sono trattati bene.**
4	How to ask how long someone stayed in...	**Quanto tempo si è fermato/a in/a ...?**
	How to say how long you stayed	**Mi sono fermato/a una settimana, ecc.**
5	How to ask whether someone had a good time	**Si è divertito? Si è divertita?**
	How to say that you had a very good time	**Mi sono divertito/a moltissimo.**

Practice

1 **Giorgio, Anna, Marco, Carlo** and **Filippo** all enrolled at various universities, and each one graduated in the subject stated, in the number of years given in brackets. Write a statement for each, modelling it on the one for **Giorgio**.

Esempio: Giorgio si è iscritto all'università di Milano. Si è laureato in ingegneria in cinque anni.

Giorgio	Milano: ingegneria (5)
Marco	Roma: medicina (6)
Anna	Bologna: matematica e fisica (7)
Carlo e Filippo	Napoli: legge (4)

l'ingegneria	*engineering*
la legge	*law*

2 **Marco** is being told what he has to do. Read through the instructions he is given and then imagine how he would relate what he has done, as in the example. (The infinitives of the verbs in bold must be put in the perfect tense.)

Esempio: Mi sono alzato presto...

Devi **alzarti** presto. Devi **vestirti** subito e **fare** colazione. Devi **comprare** le cartoline dal tabaccaio all'angolo e poi **telefonare** a Giulio e **chiedergli** il nuovo indirizzo. Dopo devi **andare** all'ufficio e **dire** a Marco di non venire sabato. Al ritorno devi **prendere** i soldi in banca e **fare** la spesa.

3 Look at **Exercise 5** in Unit 18, p. 210, and imagine that you and **Giorgio** met yesterday: **Io e Giorgio ci siamo incontrati ieri.** Continue, but don't repeat **ieri**. Start: **Ci ...**

4 **Mario** has met his ideal companion, as you will see from what he tells his friend about her. Complete his statements using each of the following prepositions + **cui**, once only: **a/con/da/di/per**

Questa è la ragazza ...

▶ Questa è la ragazza:

a ____ ti ho parlato.
b ____ esco.
c ____ ricevo tante telefonate.
d ____ non dormo la notte.
e ____ scrivo sempre.

5 ▶ **Ora tocca a te!** You and your partner are on a short summer course at the University of Perugia. You are being interviewed by a journalist and are answering his questions on behalf of both of you.

Giornalista	Siete tedeschi?
You	*No, we're English.*
Giornalista	Da quanto tempo siete qui?
You	*We've been here about a fortnight.*
Giornalista	Siete venuti in aereo?
You	*No, we came by car.*
Giornalista	E perchè siete venuti a Perugia?
You	*Because we've enrolled at the University to study Italian.*
Giornalista	Quanto tempo dura il corso?
You	*It lasts a month.*
Giornalista	Avete visitato altri posti?
You	*Not many. But last Sunday we got up early and went to Assisi.*
Giornalista	Vi siete divertiti?
You	*We enjoyed ourselves very much.*

6 Read the **i** section below and answer the questions about the Accademia Rimini.

Gli studenti di questa scuola

a dove cenano?
b dove vanno il pomeriggio?
c dove fanno la mini-crociera?

i Italian language schools flourish in every part of Italy, especially in the resorts, cultural and artistic centres. Below is an example of what is offered at the Accademia Rimini.

ACCADEMIA RIMINI

CULTURA E LINGUA
ITALIANA, RIMINI
ITALIA,

CORSI 2003

STESSE TARIFFE DEL 2002

MINI-CORSO
CORSO BASE
CORSO GENERALE
CORSO SEMI-INTENSIVO
CORSO INTENSIVO
CORSO INDIVIDUALE
CORSO "BUSINESS"
CORSI DI CULTURA
CORSI TRIMESTRALI
CORSI "A CASA DELL'INSEGNANTE"
PROGRAMMI PER GRUPPI
SETTIMANA LINGUISTICA
SEMINARI E STAGE
POMERIGGIO AL PARCO   MINICROCIERA SUL
MARE ADRIATICO A CENA SULLA SPIAGGIA

20

come si sente?

how do you feel?

In this unit you will learn
- how to say how you feel (well/unwell)
- how to explain what is wrong with you (where it hurts)
- how to say when you require something by
- how to ask others similar questions

▶ 1 Non mi sento molto bene
I don't feel very well

Una signorina asks for some aspirin because she doesn't feel very well.

a Vero o falso? La signorina prende le compresse con l'acqua.
b Quante compresse prende la signorina?

Sig.na	Ha delle aspirine, per favore?
Signore	No. Mi dispiace, non ne ho. Perchè? Si sente male?
Sig.na	Non mi sento molto bene. Ho mal di testa e mal di gola.
Signore	Ha la febbre?
Sig.na	Penso di no. Ma ho anche il raffreddore e un po' di tosse. A che ora apre la farmacia?
Signore	Fra un'ora. Un attimo... Ho delle compresse per la gola. Le vuole con l'acqua o senz'acqua?
Sig.na	Non importa. Le prendo così, senz'acqua.
Signore	Bastano due?
Sig.na	Ne basta una, grazie. Ah ... sto già meglio!

sentirsi male	*to feel ill*
mal di testa (m)	*headache*
mal di gola (m)	*sore throat*
febbre (f)	*temperature*
raffreddore (m)	*cold*
tosse (f)	*cough*
compressa	*tablet*

▶ 2 Dal medico *At the doctor's*

When asked by the doctor where it hurts, **la signora** answers that her head and her legs (**le gambe**) ache. She also has a stomach upset (**disturbi allo stomaco**).

a Vero o falso? La signora ha preso un po' d'insolazione.
b Dove deve andare la signora con la ricetta?

Medico	Dove le fa male?
Signora	Qui e qui: mi fa male la testa e mi fanno male le gambe. Ho anche dei disturbi allo stomaco.
Medico	Respiri profondamente!... Ancora... Va bene. Si rivesta!
Signora	È grave, dottore? Devo andare in ospedale?

Medico	No, no. Stia tranquilla! Non è nulla di grave. Ha preso un po' d'insolazione. Tenga! Vada in farmacia con questa ricetta. Resti a letto per un paio di giorni e prenda queste medicine.
Signora	Quante volte al giorno devo prenderle?
Medico	Tre volte. Le capsule prima dei pasti e le pillole dopo i pasti.
Signora	Grazie, dottore. Quanto le devo per la visita?
Medico	Si rivolga alla mia segretaria.

respirare	to breathe in
profondamente	deeply
ancora	again
rivestirsi	to get dressed again
Stia tranquilla!	Keep calm!
insolazione (f)	sunstroke
tenga!	here you are
ricetta (f)	prescription
pasto	meal
devo (from **dovere**)	I owe
si rivolga	ask, apply

▶ 3 Dal dentista *At the dentist's*

La signorina tells the dentist she has a toothache (**mal di denti**) and he asks her which tooth (**quale dente**) hurts.

a Vero o falso? La signora ha mal di testa.
b Che cosa le dà il dentista per lavare i denti?

Signorina	Buongiorno, dottore.
Dentista	Buongiorno, signorina. Mi dica!
Signorina	Ho mal di denti.
Dentista	Si accomodi! Prego, si segga qui!
Signorina	Grazie.
Dentista	Quale dente le fa male?
Signorina	Questo. Ma che guaio! Proprio ora che ho gli esami!
Dentista	Ah, sì!... Questo davanti... È cariato. Non si preoccupi!
Signorina	Deve toglierlo?
Dentista	No. no. Stia tranquilla! Le faccio una medicazione prima di piombarlo e poi le do uno spazzolino e un dentifricio speciali.

Mi dica!	*What can I do for you?*
si segga! (from **sedersi**)	*sit down*
proprio	*just*
esame (m)	*exam*
cariato/a	*decayed*
medicazione (f)	*dressing*
piombare	*to fill*
spazzolino	*toothbrush*

▶ 4 Dall'ottico   *At the optician's*

L'avvocato asks the optician if he can **riparare** *repair* his **occhiali** *glasses* that are broken. The optician asks if he requires them immediately.

a **Vero o falso?** L'avvocato non deve telefonare prima di andare a prendere gli occhiali.

b Cosa deve riparare l'ottico?

Avvocato	Si sono rotti gli occhiali. Può ripararli?
Ottico	Vediamo… Sì, sì. È cosa da niente, avvocato. Li lasci qui. Le occorrono subito?
Avvocato	Mi servono per domenica.
Ottico	Ah, fra quattro giorni. Va bene. Saranno pronti senz'altro per domenica.
Avvocato	Devo telefonare prima di venire a prenderli?
Ottico	No, no. Non è necessario.
Avvocato	Grazie mille.
Ottico	Prego. Arrivederla!

cosa da niente	*nothing serious*
Le occorrono subito?	*Do you need them immediately?*
mi servono (from **servire**)	*I need them*
saranno	*they will be*
pronto/a	*ready*
senz'altro	*definitely*
prima di venire	*before coming*

Grammar

1 *Ho la febbre* I have a temperature

Many expressions to do with health (**la salute**) are formed with
avere + the definite article or **avere** + **mal di**:

Ho
- la febbre.
- la tosse.   *I have*
- il raffreddore.
- l'influenza.

- a temperature.
- a cough.
- a cold.
- influenza.

Ho mal di
- gola.
- testa.   *I have*
- stomaco.
- denti.

- a sore throat.
- a headache.
- stomach ache.
- a toothache.

To say *to catch a cold*, use **prendere**:

Ho preso il raffreddore.   *I've caught a cold.*

2 *Mi fa male!* It hurts!

To say something hurts, apart from the set expressions with **aver
mal di** above, you can also use **far male**, which is much more
general and can refer to all parts of the body. The indirect object
pronoun (**mi, gli, le, ecc.** p. 206) is used: the verb **fare** can be
either singular **fa** or plural **fanno**, depending on what hurts.
Therefore:

My knee hurts becomes:
Mi fa male *il ginocchio.*   (lit.: *The knee hurts to me.*)

My feet hurt becomes:
Mi fanno male *i piedi.*   (lit.: *The feet hurt to me.*)

Italian does not use the possessive adjective (*my, your, etc.*) with
parts of the body or with things that are worn, unless there is
ambiguity:

Mi fa male *la* testa.	*My head hurts, I have a headache.*
Dove ha messo *il* biglietto?	*Where did you put your ticket?*
L'ho messo in tasca.	*I put it in my pocket.*
Un momento. Prendo *il* cappotto e vengo.	*One moment. I'll get my coat and come.*

| mi ti le gli | fa male | la bocca. il braccio. il dito. il ginocchio. la mano. il naso. l'occhio destro. l'orecchio. la schiena. lo stomaco. | my your her/your/ his | mouth arm finger knee hand nose right eye ear back stomach | hurts |

Note the feminine that ends in -o: **la mano**; plural: **le mani**. In the table below note the irregularities in the plural formation of the following parts of the body:

Singular	Plural
il braccio il dito il ginocchio	le braccia le dita le ginocchia

| mi ti le gli | fanno male | le braccia. i denti. le ginocchia. le mani. i piedi. | my your her/your his/their | arms teeth knees hands feet | hurt |

3 Reflexive verbs: imperative 2nd person singular *lei* form

Reflexive verbs form their imperative (**lei** form) in the same way as other verbs (p. 164), but must be preceded by **si** (*yourself*):

Si vesta! (vestirsi)	*Get dressed!*
Va alla festa? *Si diverta!* (divertirsi)	*Are you going to the party? Enjoy yourself!*
Mi preparo in due minuti.	*It will take me 2 minutes to get ready.*
Non c'è fretta. *Si cambi* (cambiarsi) **con calma!**	*There is no hurry. Take your time to get changed. (lit.: Change with calm.)*

In this last example, **mi preparo** *I get ready* means literally *I prepare myself*, and **si cambi** *change yourself* (i.e. *get changed*).

There are many other instances in Italian of verbs being used reflexively and non-reflexively with slightly different meanings. For instance, **mi chiamo** *my name is* (from **chiamarsi**) literally means *I call myself*, so **chiamare** is used non-reflexively *to call*.

Chiamo il dottore?	*Shall I call the doctor?*
Sì. *Lo chiami*.	*Yes. Call him.*

Similarly, **mettere** and **togliere** can become **mettersi** and **togliersi** when referring to things that are worn, thereby avoiding the use of the possessive:

Si metta il vestito blu!	*Put your blue suit on!*
Si tolga la giacca!	*Take your jacket off!*
Perchè non *ti metti gli* occhiali?	*Why don't you put your glasses on?*

To form the negative, put **non** before the verb:

Non si preoccupi!	*Don't worry!*
Non si asciughi con l'asciugamano verde!	*Don't dry yourself on the green towel!*

4 *Quanto le devo?* **How much do I owe you?**

Another common meaning of **dovere** is *to owe*. In Italian you owe something *to* someone and an indirect object is therefore required:

Le devo qualcosa?	*Do I owe you anything?*

5 *Prima di* + infinitive (before ...)

Prima di + infinitive expresses the English *before doing* ...

Devo telefonare *prima di* venire?	*Should I phone before coming?*
Mi lasci l'indirizzo *prima di* partire.	*Let me have your address before you leave.*

6 *Sedersi* **to sit down**

Si segga! *Do sit down!* is the second person singular (**lei** form) imperative of **sedersi**, which is irregular, and, as we have already seen, is formed by changing the first person singular (present tense) ending **-o** to **-a** (p. 165).

Present tense	sedersi	to sit (down)
mi seggo, mi siedo		ci sediamo
ti siedi		vi sedete
si siede		si seggono/si siedono

7 *Tenga!* **Here you are!**

Tenga from **tenere** *to hold, to keep* follows the same pattern as **venire** (p. 95):

Present tense	tenere	to hold, to keep
tengo		teniamo
tieni		tenete
tiene		tengono

8 *Si sono rotti gli occhiali* **the glasses broke**

As **rompere** is a transitive verb and must have an object, the reflexive form **rompersi** must be used in this case (i.e. lit.: *the glasses broke themselves*). Therefore, the perfect tense must be formed with **essere** and the past participle must agree with the subject:

Si sono rotti gli occhia*li*.   *My glasses broke.*
Si è rotta la sed*ia*.   *The chair broke.*

9 **Need**

Occorrere and **servire** both express the idea of necessity or need: the verb agrees with the thing needed and the person becomes an indirect object:

Le serve il diziona*rio*?   *Do you need the dictionary?*
Sì. *Mi* serve.   *Yes, I do (need it).*
***Gli* occorre la scheda**   *He needs a phonecard.*
telefonica.

Quando *le* $\begin{cases} \text{occorr}\textit{ono} \\ \qquad \text{gli occhiali?} \\ \text{serv}\textit{ono} \end{cases}$ *When do you need the glasses?*
           (lit. When are the glasses
           necessary to you?)

$$Mi \begin{cases} \text{occorr}\textit{ono} \\[1em] \text{serv}\textit{ono} \end{cases} \quad \text{per domenica.} \quad \textit{I need them for Sunday.}$$

▶ How do you say it?

1 How to ask someone how they feel

    Come si sente?

   How to say how you feel

    Mi sento bene/male/meglio, ecc.

2 How to say what you are suffering from

    Ho mal di testa/mal di denti, ecc.

    Ho la febbre/il raffreddore, ecc.

3 How to ask what is wrong (where it hurts)

    Dove le fa male?

   How to say what is wrong with you

    Mi fa male la testa.

    Mi fanno male le gambe, ecc.

4 How to ask when someone requires something

    Quando le occorre/le occorrono?

    Quando le serve/le servono?

   How to say when you require it/them by

    Mi occorre per...
    Mi occorrono per...
    Mi serve per.../Mi servono per...

Practice

1 What are these boys and girls saying? Each one is describing what hurts.

Use **Mi fa male/mi fanno male ...**

Anna

Giorgio

Alessandro

Livio

Orazio

Gina

2 First check your answers to Exercise 1, then fit them into the right sentences below, but this time using **le/gli** instead of **mi** to describe what is hurting **Anna, Giorgio**, ecc.

a Anna non può giocare a tennis perchè ...
b Giorgio non può respirare perchè ...
c Livio non può leggere il giornale perchè ...
d Orazio non può camminare perchè ...
e Gina non può stare in piedi perchè ...
f Alessandro non può giocare a calcio perchè ...

3 Complete the following sentences by selecting the most appropriate of these expressions with **avere**: **il raffreddore, la febbre, mal di denti, mal di testa, mal di gola, mal di stomaco.** (Use each expression only once.)

a Rita non vuole parlare troppo perchè ...
b Non vuole leggere perchè ...
c Vuole prendere delle aspirine, perchè ...
d Non vuole mangiare molto perchè ...
e Vuole telefonare al dentista perchè ...
f Ha bisogno di molti fazzoletti di carta (*tissues*) perchè ...

4 Choose the appropriate verb from the following to complete the sentences below. Use each once only in the imperative: **lavarsi, asciugarsi, divertirsi, riposarsi, mettersi.**

a Si metta sul letto e ____.
b Prenda l'asciugamano e ____.
c Prenda il dentifrico e lo spazzolino e ____ i denti.
d Si tolga la giacca e ____ il cappotto.
e Vada alla festa e ____.

5 Respond with a negative command and replace the noun with a pronoun.

Esempio: Devo accendere la luce?
No. Non l'accenda.

a Devo prendere le pillole?
b Devo fare i biglietti?
c Devo telefonare a Livio?
d Devo scrivere a Ida?
e Devo aprire la porta?
f Devo chiudere le valigie?

6 ▶ Ora tocca a te! You and **Mara** are out driving: you need a rest.

You	*I don't feel well.*
Mara	Che hai? Ti fa male la testa?
You	*No. My eyes hurt.*
Mara	Perchè non ti metti gli occhiali?
You	*Unfortunately, they're at the optician's.*
Mara	Ma posso guidare io se vuoi.
You	*All right. In that way* I can rest a bit.*
Mara	Che ne dici di fermarci un momento in farmacia?
You	*Good idea! And then we can go and have something to drink.*
Mara	Allora prima ci fermiamo in farmacia e poi andiamo al Bar Quattro Fontane.
You	*And in that way* I can also phone the doctor.*

* *in that way* così

ℹ In Italy, as in Great Britain, there is a **Servizio Sanitario Nazionale** *National Health Service* to which all who are in work pay contributions. Anyone coming from abroad who is unlucky enough to fall ill or have an accident is entitled to use it.

┌─────────────────────────────┐
│   │
│   **PROF. MARIO BRUNO**   │
│   **STUDIO DENTISTICO**   │
│   │
└─────────────────────────────┘

21

progetti: vacanze, musica, arte
plans: holidays, music, art

In this unit you will learn
- how to say when you will be taking your holidays
- how to say who you will be staying with or seeing
- how to say when a CD, book, etc. will come out
- how to ask when an exhibition will take place
- how to say that you will let someone know

▶ 1 Progetti per le vacanze *Holiday plans*

Massimo, asked whether he has already had his holidays (**le ferie**), answers that he will be having them at the end of July.

a **Vero o falso?** Massimo non ha ancora avuto le ferie.
b Dove andranno Massimo e sua moglie per le ferie, e da chi andranno?

Giornalista	Ha già avuto le ferie?
Massimo	No. Le avrò alla fine di luglio.
Giornalista	Dove andrà a passarle? In Calabria?
Massimo	Naturalmente. Andremo dai nostri parenti.
Giornalista	Li andrà a trovare certamente tutti!
Massimo	Eh, no. Sarà impossibile vederli tutti. Ne abbiamo tanti!
Giornalista	E quando partirà?
Massimo	Fra una settimana, ai primi di agosto.

Dove andrà (from **andare**)?	*Where will you go?*
sarà (from **essere**)	*it will be...*
Quando partirà (from **partire**)?	*When will you leave?*
ai primi di	*at the beginning of*

▶ 2 Non le dà fastidio tanto sole?
Doesn't so much sun bother you?

Massimo explains that they will stay at **Catanzaro** for the Bank Holiday and will then travel around before going back to Milan.

a **Vero o falso?** Il sole dà fastidio a Massimo.
b Perchè Massimo dovrà essere sul posto di lavoro il venti agosto?

Giornalista	Nel mese di agosto fa un caldo da morire. Non le dà fastidio tanto sole?
Massimo	Macchè! E poi ci siamo abituati.
Giornalista	Rimarrà per il ferragosto, immagino.
Massimo	Ah, sì. Resteremo a Catanzaro per le feste e poi andremo un po' in giro prima di ritornare a Milano.
Giornalista	Quando ricomincerà a lavorare?
Massimo	Dovrò essere sul posto di lavoro il venti agosto.

un caldo da morire	boiling hot
macchè	not at all
essere abituato/a a	to be used to
rimarrà (from rimanere irreg.)	you will stay
ferragosto	August Bank Holiday
dovrò (from dovere)	I'll have to
sul posto di lavoro	at work (lit.: at the place of work)

▶3 **Una mostra d'arte** *An art exhibition*

Lucia tells Claudio about an important art exhibition she is working on, and hopes he will come to see it.

a **Vero o falso?** Lucia dovrà lavorare alla mostra per tutto il periodo dell'esposizione.

b Claudio rivedrà Lucia domenica o sabato?

Lucia	Senti, Claudio, fra tre giorni ci sarà una mostra di arte moderna.
Claudio	Ci saranno molti quadri?
Lucia	Moltissimi, perchè è un'esposizione importante.
Claudio	Ho sentito dire che vari oggetti verranno dal Museo di Arte Moderna di New York, è vero?
Lucia	Sì, è vero. Verrai anche tu, spero!
Claudio	Si dovrà fare la fila per entrare?
Lucia	Boh...! Ma penso di sì.
Claudio	Per quanto tempo ci sarà la mostra?
Lucia	Resterà aperta due o tre mesi, credo. Ma non ne sono certa. Te lo farò sapere.
Claudio	E tu lavorerai lì durante tutto il periodo dell'esposizione?
Lucia	Eh, sì. Per forza. Ed ora, scusami Claudio, ma devo andare.
Claudio	Quando ti rivedrò un'altra volta?
Lucia	Dunque... Fammi pensare... Sì, domenica, cioè no, meglio sabato.

sentir(e) dire che	to hear that
te lo farò (from fare) sapere	I'll let you know
fare la fila	to queue up
oggetto	object, thing
per forza	I must
verranno (from venire)	they will come
boh...!	I don't know
rivedrò (from rivedere)	I'll see again
fammi pensare	let me think
cioè	that is

▶4 In un negozio di dischi *In a record shop*

Una **signorina** wants to know when the **Festival di Sanremo** song collection (**raccolta di canzoni**) will come out.

a **Vero o falso?** La signorina vuole consultare la raccolta delle ultime canzoni.

b Che cosa deve fare la signorina dopo aver consultato il catalogo?

Signorina	Scusi, ha il catalogo dei nuovi cd?
Commesso	Sì. Lo vuole consultare? Quando avrà finito, me lo riporti qui per favore. Tenga!
Signorina	Grazie. Quando uscirà la raccolta delle ultime canzoni del Festival di Sanremo?
Commesso	Il nuovo cd sarà in vendita dal primo aprile. Glielo metto da parte?
Signorina	Sì, perchè domani parto per le vacanze, e non so se sarò di ritorno in tempo per comprarlo. Immagino che andrà a ruba.
Commesso	Gliene potremo conservare uno, ma deve lasciare un deposito.
Signorina	Un deposito? Quanto?
Commesso	Il trenta per cento del prezzo.

quando avrà finito	*when you've finished*
in vendita	*on sale*
trenta per cento	*thirty per cent*
Glielo metto da parte?	*Shall I put it aside for you?*
andare a ruba	*to sell like hot cakes*
Gliene potremo (from **potere**)	*We'll be able to put one by*
conservare uno.	*for you.*

▶5 Gliele spediranno *They'll send them to you*

The shop assistant tells the **Signorina** that she can pay the balance when she comes to collect it.

a **Vero o falso?** Il commesso dà una ricevuta alla signorina.

b Cosa dovrà fare la signorina se col cd non ci saranno i testi?

Commesso	Pagherà il resto quando verrà a ritirarlo.
Signorina	Va bene, grazie. Prendo anche queste due musicassette. Quanto fa?
Commesso	Le faccio il conto... Un attimo, signorina, aspetti che le dò la ricevuta per quando ritirerà il cd.
Signorina	Sì, grazie. Un'ultima cosa. Sa se col cd ci saranno i testi delle canzoni? Mi interessano anche le parole.
Commesso	Mi spiace, non saprei. Se non ci saranno, dovrà richiederle direttamente alla casa discografica. Gliele spediranno a casa.

ritirerà (from **ritirare**)	*you will collect*
testo	*text*
mi spiace = mi dispiace	*I'm sorry*
non saprei (from **sapere**)	*I wouldn't know*
richiedere	*to ask for, order*
casa discografica	*record company*

Grammar

1 Future tense: formation

Change the infinitive endings -**are** and -**ere** to -**erò**, -**erai**, -**erà**, ecc.

For verbs ending in -**ire**, change -**ire** to -**irò**, -**irai**, -**irà**, ecc:

prend*ere*   *to take*   **prend*erò***   *I shall/will take*

ATTENZIONE! Note particularly the final accent on the **io** and **lui/lei** forms as this is where the stress falls.

Future tense	**parlare** *to speak*	**prendere** *to take*	**coprire** *to cover*
parl*erò* *I shall, will speak, etc.*	prend*erò*	copr*irò*
parl*erai*	prend*erai*	copr*irai*
parl*erà*	prend*erà*	copr*irà*
parl*eremo*	prend*eremo*	copr*iremo*
parl*erete*	prend*erete*	copr*irete*
parl*eranno*	prend*eranno*	copr*iranno*

For **pagare** and other verbs ending in -care and -gare, an 'h' is added throughout the future tense to preserve the hard sound of the infinitive (p. 142):

pagare	pag*her*ò, pag*her*ai, pag*her*à, ecc.
cercare	cer*cher*ò, cer*cher*ai, cer*cher*à, ecc.

Verbs ending in -giare and -ciare omit 'i' in the future tense:

mangiare	man*ger*ò, man*ger*ai, man*ger*à, ecc.
lasciare	las*cer*ò, las*cer*ai, las*cer*à, ecc.
cominciare	comin*cer*ò, comin*cer*ai, comin*cer*à, ecc.

2 Future tense: irregular formation

Future tense	avere *to have*	
avrò *I shall have, I will have, etc.*		avremo
avrai		avrete
avrà		avranno

Although the future endings are always the same, the stems of some verbs appear in contracted form. Here is a list of some of the more common ones. Most appear in this unit.

These verbs folllow the same pattern as **avere**:

Verbs forming future tense like **avere**		
andare	*to go:*	andrò, andrai, andrà, andremo, andrete, andranno.
cadere	*to fall:*	cadrò, cadrai, cadrà, ecc.
dovere	*to have to:*	dovrò, dovrai, dovrà, ecc.
potere	*to be able:*	potrò, potrai, potrà, ecc.
sapere	*to know:*	saprò, saprai, saprà, ecc.
vedere	*to see:*	vedrò, vedrai, vedrà, ecc.
vivere	*to live:*	vivrò, vivrai, vivrà, ecc.

The following verbs form the future tense like **fare**:

Verbs forming future tense like **fare**		
fare	*to do, make:*	farò, farai, farà, faremo, farete, faranno
dare	*to give:*	darò, darai, darà, ecc.
stare	*to stay:*	starò, starai, starà, ecc.

The following verbs form the future tense with a double consonant.

Verbs forming future tense with double consonant		
bere	to drink:	berrò, berrai, berrà, berremo, berrete, berranno
rimanere	to remain, stay:	rimarrò, rimarrai, rimarrà, ecc.
tenere	to hold, keep:	terrò, terrai, terrà, ecc.
venire	to come:	verrò, verrai, verrà, ecc.
volere	to wish, want:	vorrò, vorrai, vorrà, ecc.

Future tense	sedersi to sit (down)	
mi siederò	I shall, will sit (down) etc.	ci siederemo
ti siederai		vi siederete
si siederà		si siederanno

Future tense	essere to be	
sarò	I shall, will be etc.	saremo
sarai		sarete
sarà		saranno

3 Future tense: use

The future tense in Italian is used to express future time:

Verremo a prenderti alla stazione.	*We'll come and collect you from the station.*

Sometimes, as we have seen, the present tense in Italian conveys the idea of something imminent, but whenever it does so, the future may equally be used:

Lo *faccio* più tardi.	} *I'll do it later.*	Ci *penso* io.	} *I'll see to it.*
Lo *farò* più tardi.		Ci *penserò* io.	

Italian also uses the future tense in subordinate clauses introduced by conjunctions of time (*when... as soon as...*, etc.) where the future is implied.

Cosa farai *quando sarai* grande?	*What will you do when you grow up?*
***Appena arriverò* sistemerò tutto.**	*As soon as I arrive I'll fix everything.*

Fra meaning *in* and **per** meaning *by*, always refer to something about to happen. They are often used, therefore, with the future tense:

Lo *vedrò* **fra** una settimana.	*I'll see him in a week's time.*
Lo *finirò* **per** venerdì.	*I'll finish it by Friday.*

The future is also used to suggest probability or possibility:

Chi *sarà* a quest'ora?	*Who could it be at this time?*
Sarà Mirella.	*It's probably Mirella.*
Chi è quel ragazzo?	*Who's that boy?*
Sarà il suo fidanzato.	*It's probably her fiancé.* *Maybe it's her fiancé.*
Che ore sono?	*What time is it?*
Saranno le nove.	*It will be about nine.*

4 *Macchè!* Not at all

Macchè is used to contradict or deny what has been said previously:

Funziona bene quest'ascensore?	*Does this lift work properly?*
Macchè! **È sempre guasto.**	*Of course not! It's always out of order.*
Guadagni molto?	*Do you earn a lot?*
Macchè! **Lo stipendio che prendo non mi basta neanche per vivere.**	*Certainly not! The salary I get isn't even enough for me to live on.*
Gliel'hanno regalato?	*Did they give it to you?*
Macchè **regalato! L'ho comprato.**	*Give it to me! You're joking! I bought it.*

5 *Sentire* to hear, feel

Sentire means both *to hear* and *to feel*. **Sentir(e) dire** means *to hear that ...* and **sentir(e) parlare** *to hear of ...*

Ho *sentito dire* che questo film è buono.	*I hear* (lit.: *heard*) *this film is good.*
Non ne ho mai *sentito* parlare.	*I've never heard of it.*

Senti! (tu) and **senta! (lei)** are used to attract attention and correspond to the English *Listen!* or *Excuse me!*:

***Senti!* Perchè non usciamo?**	*Listen! Why don't we go out?*
***Senta* per favore! Quando parte il prossimo treno per Verona?**	*Excuse me! When does the next train leave for Verona?*

6 *Boh....!* I don't know!

This is an exclamation used when the speaker does not know or is not sure of something.

Chi è quel signore? *Boh..!*   *Who is that man? I don't know, goodness knows!*

7 *Per forza* (lit.: by force)

This renders the idea that something is being done of necessity, whether you like it or not:

Devi lavorare domani?	*Do you have to work tomorrow?*
Sì, *per forza,* **altrimenti mi licenziano.**	*Yes, I really must, otherwise I'll get the sack.* (lit.: *they dismiss me.*)
Devi già andare?	*Have you got to go already?*
Per forza, **altrimenti perderò l'aereo.**	*Yes, I've got to, otherwise I'll miss the plane.*
Devo farlo *per forza.*	*I absolutely have to do it.*

8 Double pronouns *Te lo farò sapere* I'll let you know

We have already seen how **ci** + **ne** becomes **ce ne** in the expression **ce ne sono**. Other combinations of unstressed pronouns may also be found. Here are the principles along which they combine:

Indirect object pronouns **mi** (*to/for me*), **ti** (*to/for you*), **ci** (*to/for us*), **vi** (*to/for you* pl.) precede direct object ones **lo, la, li, le,** and also **ne.**

They (**mi, ti, ci, vi**) become **me, te, ce, ve,** before **lo, la, li, le,** and **ne:**

Mi **dà** *il libro.*	*He gives me the book.*
Me lo **dà.**	*He gives it to me.*
Ti **darò** *la ricevuta.*	*I'll give you the receipt.*
Te la **darò.**	*I'll give it to you.*
Te lo **farò sapere.**	*I'll let you know (it).*
Vi **presenterò** *la mia ragazza.*	*I'll introduce my girlfriend to you.*
Ve la **presenterò.**	*I'll introduce her to you.*
Nino *ci* **presterà** *la macchina.*	*Nino will lend us his car.*
Ce la **presterà.**	*He will lend it to us.*
Quante bottiglie **di vino** *ci* **porterà?**	*How many bottles of wine will you bring us?*
Ve ne **porterò due.**	*I'll bring you two (of them).*

Indirect **gli** and **le** + object pronouns are dealt with in Unit 24, p. 276.

▶ How do you say it?

1 How to ask someone when they will take their annual leave; say when you will have yours

Quando avrai le ferie?
Le avrò alla fine di giugno/
fra una settimana/fra un
mese, ecc.

2 How to ask someone where they will be going and say who you will be staying with or seeing

Dove andrai? Andrò dai miei
genitori/da un mio amico,
ecc.

3 How to ask when a book, CD, etc., will come out; How to say when it will do so

Quando uscirà il libro, il
cd, ecc? Uscirà il dieci
marzo, il quindici maggio,
ecc.

4 How to ask someone when an exhibition will take place; How to say you will let them know.

Quando ci sarà la mostra?
Te lo farò sapere.

Practice

1 Below is a list of things **Antonella** has to do next Saturday. Imagine you are **Antonella** and answer in the first person, using the future tense, as in the example.

Antonella, cosa farai sabato prossimo?
Esempio: a Mi alzerò presto, ecc.

Sabato prossimo Antonella deve:

a alzarsi presto
b bere un bicchier(e) di latte
c andare al mercato
d fare i letti
e pulire le camere
f preparare da mangiare
g sparecchiare (to clear) la tavola
h lavare i piatti

i riposarsi un po'
j prendere un po' di sole in terrazza
k andare ad aiutare sua zia nel negozio di elettrodomestici (household appliances)
l finire di lavorare verso le otto
m uscire con delle simpaticissime amiche

2 Answer these questions with the 3rd person plural of the future tense.

Esempio: Finiscono oggi? _____ fra un paio di settimane.
No. Finiranno fra un paio di settimane.

a   Escono subito? _____ più tardi.
b   Restano a pranzo? _____ a cena.
c   Vengono sabato? _____ domenica.
d   Possono farlo adesso? _____ domani pomeriggio.
e   Sono qui alle cinque? _____ per le otto.
f   Lo fanno stamattina? _____ dopo pranzo.
g   Arrivano questa settimana? _____ la settimana prossima.
h   La costruiscono quest'anno? _____ fra tre anni.
    (**costruire** *to build*)

3 Replace the infinitive (in brackets) by the first person plural of the future. Start: **Fra due settimane andremo ...**

Fra due settimane (*andare*) con i nostri amici in villeggiatura. (*Stare*) al mare per una diecina di giorni e poi (*trascorrere*) una settimana in montagna dove abbiamo una piccola villetta. (*Tornare*) il quattordici agosto per passare le feste a casa. Il quindici (*dare*) un grande pranzo all'aperto: (*invitare*) tutti i nostri parenti. Nel pomeriggio (*guardare*) la processione dal balcone e poi (*andare*) un po' in giro per il paese. La sera (*sedersi*) alla pasticceria 'Roma' dove (*prendere*) il gelato e (*ascoltare*) la musica fino a mezzanotte.

andare in villeggiatura	*to go on holiday*
villetta	*small villa, cottage*
processione	*procession*

4 All the questions are addressed to you alone or to you and your partner: answer with **me** or **ce** + object pronoun + verb as in the example.

Esempio: Chi le mostrerà le diapositive? _____ il professore.
           Me le mostrerà il professore.
           Chi vi mostrerà le diapositive? _____ il professore.
           Ce le mostrerà il professore.

a   Chi le riparerà la macchina? _____ il meccanico.
b   Chi le cambierà le sterline? _____ il cassiere.

c   Chi vi prenoterà l'albergo?   ____ il nostro amico Sandro.

d   Chi le farà il quadro?   ____ un pittore francese.

e   Chi vi porterà il vino dall'Italia?____ un nostro collega.

f   Chi le disegnerà la casa?   ____ un architetto italiano.

g   Chi le regalerà il dizionario? ____ mia sorella.

h   Chi vi troverà l'appartamento ____ nostro cugino.

5   ▶ Ora tocca a te! You are in a bookshop and you'd like a book about Italy (**sull'Italia**).

You	*I'd like a book about Italy.*
Libraio	Che tipo di libro? Desidera qualcosa sulla politica o sull'economia?
You	*I'm really looking for a book for tourists.*
Libraio	Dunque, è una guida che desidera?
You	*Yes. I'd like to do a tour of the lakes.*
Libraio	Ah! Allora le serve un libro sull'Italia settentrionale!
You	*Exactly. May I see what* you have?*
Libraio	Mi dispiace, ma al momento non abbiamo niente.
You	*How's that?*
Libraio	Purtroppo ho venduto l'ultimo un'ora fa.
You	*Aren't you expecting any others?*
Libraio	Naturalmente! Ma lei quando parte?
You	*I shall be leaving on the first of June.*
Libraio	Bene. Se viene qui alla fine di maggio avrò proprio ciò che desidera.
You	*Can I reserve a copy now?*
Libraio	Senz'altro. Mi lasci il dieci per cento di anticipo e il suo indirizzo. Quando il libro arriverà glielo farò sapere.

*what   **ciò che**

6   Read the following flyer about these summer events (**manifestazioni**) and answer the questions.

Dove si deve andare per vedere:

a   **La Mostra dei mobili antichi?**

b   **La Mostra dei telefilm?**

c   **La festa del lago?**

MANIFESTAZIONI

A Castiglion Fiorentino: **Palio dei rioni** la terza domenica di giugno. A Cortona: **Mostra-mercato nazionale del mobile antico** in agosto - settembre. A Castiglione del Lago: **festa del lago** con sfilata di barche illuminate, in agosto; **mercato dell'antiquariato** il terzo sabato di ogni mese da aprile a settembre. A Montepulciano: **Cantiere internazionale d'arte**, con mostre d'arte e spettacoli di teatro e concerti, in luglio e agosto. A Chianciano Terme: **Mostra internazionale dei telefilm** a maggio-giugno. A Chiusi: **Estate musicale** in luglio.

ℹ️ *Le feste* festivals

Religious festivals are still celebrated in many Italian towns and cities. Even the smallest villages pay homage to their patron saint and in many towns each district has its own local festival. The celebrations last several days and include processions, music from local bands, sporting events and firework displays. **Le sagre** *food festivals*, celebrate agricultural produce such as **l'uva** *grapes* or **pomodori** *tomatoes*. There are also the festivals that include displays of historical pageantry such as **il Palio** in Siena which dates back to mediaeval times.

ℹ️ *Il Ferragosto*

This is more or less the Italian equivalent of our August bank holiday. It takes place on 15 August. Everything closes down except in tourist resorts. Many Italians take their holidays during this period. In the South especially, the day is marked by a religious festival, **La Festa dell'Assunta** *the Feast of the Assumption*.

ℹ️ Websites

Film and cinema throughout Italy: http://www.trovacinema.it/

Art (the **Nuova Accademia delle Belle Arti di Milano**): http://naba.it

22

ieri e oggi
then and now

In this unit you will learn
- how to say where you used to work
- how to say whether you liked what you were doing
- how to say where you used to live
- how to say what you used to do
- how to ask others similar questions.

▶ **1 Dove lavoravi?** *Where did you use to work?*

Filippo asks **Michele** where he used to work before moving to Rome. He answers that he used to be in Turin where he worked for Fiat.

a   Vero o falso? A Torino Michele abitava in periferia.
b   La moglie di Michele, quando abitava a Torino, trovava la vita molto interessante?

Filippo	Dove lavoravi prima di trasferirti a Roma?
Michele	Ero a Torino. Lavoravo alla Fiat.
Filippo	E non ti piaceva stare lì?
Michele	No. La vita di fabbrica non mi andava proprio.
Filippo	Abitavate in centro?
Michele	No. Avevamo un appartamento in periferia; mia moglie trovava la vita molto monotona. Non veniva mai a trovarci nessuno. E tu, cosa fai qui?
Filippo	Adesso sono impiegato in una grande società straniera. Prima lavoravo anch'io in fabbrica.
Michele	Una volta riuscivo a sopportare quel lavoro, adesso non più.

fabbrica	*factory*
non mi andava (from **andare**)	*didn't suit me*
avevamo (from **avere**)	*we used to have*
sono impiegato	*I'm employed*
società	*company*
riuscivo (from **riuscire**) **a**	*I managed to put up with/I*
sopportare	*could bear*

▶ **2 Dieci anni dopo** *Ten years later*

Two men recall when they were bachelors (**scapoli**).

a   Vero o falso? Quando Nino e Dario erano scapoli non uscivano mai.
b   Che cosa dicevano sempre quando erano scapoli?

Dario	Lo sapevi che abbiamo un altro bambino?
Nino	No, Non lo sapevo. Rallegramenti! Ti ricordi di quando eravamo scapoli? Dicevamo sempre che non volevamo sposarci.

Dario	Eh, come no! Me lo ricordo bene! Si dice sempre così finchè non si incontra la donna ideale.
Nino	Che bei tempi, i tempi del liceo! Uscivamo ogni sera e facevamo sempre tardi. Ti ricordi quella notte in cui ci siamo ubriacati e abbiamo fatto il bagno nel fiume?
Dario	Altrochè! Una volta si poteva passare tutta la notte fuori; allora non ci si preoccupava di niente. Si era giovani e spensierati, ma ora con i bambini...
Nino	Hai ragione. E poi c'è l'età. Un tempo bevevo e mangiavo senza problemi. Ora il medico mi ha proibito di bere.
Dario	Purtroppo il tempo passa per tutti, e anche la salute se ne va.

rallegramenti!	*congratulations!*
come no! Me lo ricordo ...	*of course I remember it ...*
finchè non si incontra	*until one meets*
ubriacarsi	*to get drunk*
fiume (m.)	*river*
altrochè!	*you bet I do!*
spensierato/a	*carefree*
far tardi	*to stay up late*
un tempo	*in the past*
la salute se ne va	*our health deteriorates*

▶ **3 A colloquio per un nuovo posto di lavoro**
Interview for a new job

La signora Esposito asks Eugenio Parisi how he heard about the new job and he answers that he learnt about it from a newspaper advert (**l'inserzione sul giornale**).

a **Vero o falso?** Eugenio Parisi lavorava in una banca.
b Perchè non ha fatto gli studi universitari?

Sig.ra E.	Come ha saputo di questo impiego?
Eugenio P.	Ho visto l'inserzione sul giornale.
Sig.ra E.	Che titolo di studio ha?
Eugenio P.	La maturità classica.
Sig.ra E.	Non ha fatto gli studi universitari?
Eugenio P.	Non ho potuto. Mio padre era gravemente ammalato e non poteva più mantenerci. Così mi sono impiegato in un'azienda agricola.

Sig.ra E.	Che cosa faceva lì?
Eugenio P.	Mi occupavo della produzione.
Sig.ra E.	È stato licenziato?
Eugenio P.	No. Il padrone ha venduto tutto.
Sig.ra E.	Vedrà che ora con la nostra ditta si troverà bene.

tịtolo di studio	*educational qualifications*
maturità clạssica	*high school leaving certificate*
ammalato/a	*ill*
mantenere	*to support*
azienda agrịcola	*large farm, agricultural firm*
impiegarsi	*to get a job*
occuparsi di	*to deal with*
licenziato/a	*dismissed*
ditta	*firm*

▶ 4 Sa suonare? *Can you play an instrument?*

a **Vero o falso?** Bruno sa suonare il pianoforte.
b Nel passato anche Antonio suonava il pianoforte?

Antonio	Da quanto tempo suona il pianoforte?
Bruno	Da quando ero piccolo. E lei, sa suonare?
Antonio	Una volta suonavo la chitarra. Adesso non suono più.
Bruno	Che tipo di musica suonava?
Antonio	Soprattutto musica rock.
Bruno	Era professionista?
Antonio	No. Ero dilettante.

chitarra	*guitar*
una volta...	*once...*
soprattutto	*above all*
il/la professionista	*professional*
il/la dilettante	*amateur*

Grammar

1 Imperfect tense: formation

Take off the -are, -ere and -ire from the infinitive and add the appropriate endings.

parl-*are*	parl-*avo*	*I was speaking, used to speak, spoke,* etc.
vend-*ere*	vend-*evo*	*I was selling, used to sell, sold,* etc.
fin-*ire*	fin-*ivo*	*I was finishing, used to finish, finished,* etc.

Imperfect tense **parlare** *to speak*	**vendere** *to sell*	**finire** *to finish*
parlavo	vendevo	finivo
parlavi	vendevi	finivi
parlava	vendeva	finiva
parlavamo	vendevamo	finivamo
parlavate	vendevate	finivate
parlavano	vendevano	finivano

The stress always falls on the last syllable but one, except in the 3rd person plural where it shifts back to the last syllable but two:

Imperfect tense **andare** *to go*	
andavo	andavamo
andavi	andavate
andava	andavano

Only **essere** does not conform to this pattern of endings:

Imperfect tense **essere** *to be*	
ero *I was, used to be,* etc.	eravamo
eri	eravate
era	erano

There are a few other verbs where, although the endings conform to the regular pattern, the stem changes. Here are some of the most important ones:

Infinitive		Imperfect
bere	*to drink*	bevevo, bevevi, beveva, bevevamo, bevevate, bevevano
dire	*to say, tell*	dicevo, dicevi, diceva, ecc.
fare	*to do, make*	facevo, facevi, faceva, ecc.
produrre	*to produce*	producevo, producevi, produceva, ecc.

2 Imperfect tense: use

There is no exact equivalent tense in English. **Parlavo** could mean, according to the context, *I spoke, I used to speak, I was speaking* or *I would speak*. The imperfect expresses continuity or habitual action in the past, whereas the perfect tense emphasizes that the action is completed.

> **Mentre *aspettavo* l'autobus, è arrivato un tassì.**
> *While I was waiting for the bus, a taxi arrived.*

In the above example the imperfect **aspettavo** describes what was already happening and could have continued to do so when the taxi arrived.

> **Mentre *guidavo*, mi sono accorto che non *avevo* più benzina.**
> *While I was driving I realized I had run out of* (lit.: *had no more*) *petrol.*

Habitual action is often expressed by *used to* or *would*:

> **Uscivamo ogni sera.**
> *We used to go out every night.*
>
> **Facevamo sempre tardi.**
> *We would always stay up late.*

Finally, it expresses a state of things in the past:

> **Ha detto che *abitava* a Venezia.**
> *He said he lived in Venice.*
>
> **In Inghilterra non *conosceva* nessuno.**
> *He knew nobody in England.*
>
> **In quanti *eravate*?**
> *How many were there of you?*
>
> **Eravamo in venti, ma ora siamo in dieci.**
> *There were 20 of us, but now there are 10.*
>
> **Non *sapevo* che eri qui.**
> *I didn't know that you were here.*

It is because such verbs as **essere** and **avere** are associated with states rather than actions, that they are frequently seen in the imperfect. Other such verbs are: **volevo** (*I wanted*), **pensavo** (*I thought*), **credevo** (*I believed*) and **immaginavo** (*I imagined*).

> Giorgio *voleva* sapere   George *wanted to know*
> dove *andavi*.   *where you were going.*
> *Pensavano* solo a divertirsi.   *They thought only of having*
>   *a good time.*

Sometimes the tense alters the meaning of the English. Compare the use of **sapere** in the second and third dialogues:

> Lo *sapevi* che ...?   *Did you know that ...?*
> Come *ha saputo* di questo   *How did you hear about this*
> posto?   *job?*

3 *Finchè (non)* **until**

Finchè is frequently followed by **non** even when the sense is not negative:

> Non uscirai *finchè non* te lo   *You won't go out until I tell you.*
> dico io.
> Lo aspetterò *finchè (non)* verrà.*I'll wait (for him) till he comes.*

4 *Non ci si preoccupava, si era ...* **One didn't worry, one was ...**

Here is a summary of points to note when **si** *one* is used impersonally.

a The verb used with impersonal **si** will be plural if the noun it refers to is plural:

> In questo istituto *si insegna*   *Italian is taught in this institute.*
> l'italiano.
> In questo istituto *si insegnano* *Foreign languages are taught*
> le lingue straniere.   *in this institute.*

b When impersonal **si** is followed by a part of the verb **essere** and an adjective, the verb is always in the singular and the adjective in the plural:

> Quando *si è giovani*, si   *When one is young,*
> impara presto.   *one learns fast.*

c When reflexive verbs (**divertirsi, lavarsi, ecc.**) are used in the impersonal form, use **ci si** before the verb:

(lui) si **diverte** *he enjoys*   **ci** si **diverte** *one enjoys oneself*
  himself
(lei) si **lava** *she washes*   **ci** si **lava** *one washes (oneself)*
  (herself)

5 *Professionista* **professional**

Nouns or adjectives ending in -**ista** may be masculine or feminine. The plural forms end in -**i** when masculine, and -**e** when feminine:

il giornalista *(male journalist)*   **i giornalisti**
la giornalista *(female journalist)*   **le giornaliste**

Similarly, **il/la**: **pian*ista*, chitarr*ista*, violin*ista*, farma*cista*, l'art*ista*,** ecc.

6 *Andarsene* **to be off, to leave**

Andarsene is formed from the verb **andare** and **si**, which when followed by **ne**, becomes **se**. Similarly, the reflexive pronouns **mi, ti, ci, vi** become **me, te, ce, ve** before **ne**. Here is the present tense of **andarsene** in full:

(io) me ne vado	(noi) ce ne andiamo
(tu) te ne vai	(voi) ve ne andate
(lui/lei) se ne va	(loro) se ne vanno

It is frequently heard in conversation, and one way of rendering **me ne vado** in English would be: *I'm off.*

   Me ne devo andare
or **devo andarmene.**   *I must be off.*

Remember that the perfect tense must be formed with **essere**:

Poichè mi annoiavo,   *As I was bored, I left.*
 me ne sono andato.
Se ne sono andati **senza**   *They went away without even*
 neanche salutarci.   *saying goodbye.*

Here is the perfect tense illustrated in dialogue form:

Tutti se ne sono andati. (*Everybody's left.*)

A   A che ora *te ne sei andato* ieri sera?

B   *Me ne sono andato* a mezzanotte.

A   Io e Luisa invece, *ce ne siamo andati* alle dieci.

B   Perchè *ve ne siete andati* così presto?

A   Perchè eravamo stanchi. Anche Ida e Gino *se ne sono andati* così tardi?

B   No. Loro *se ne sono andati* subito dopo che *ve ne siete andati voi*, perchè stamattina dovevano alzarsi presto.

▶ How do you say it?

1	How to ask someone where they used to work	Dove lavorava?
	How to say where you used to work	Lavoravo ...
2	How to ask someone whether they liked what they were doing and answer	(Non) le piaceva?
		(Non) mi piaceva.
3	How to ask someone where they lived/used to live	Dove abitava?
	How to say where you lived/used to live	Abitavo ...
4	How to ask someone what they used to do	Cosa faceva?
	How to say what you used to do	Uscivo, bevevo, mangiavo, andavo, suonavo, ... ecc.

Practice

1   **Luciano**, in nostalgic mood, notes the differences between life as he saw it in **Salerno**, and as he sees it in London. On the left you have to say what he used to do or what happened in Salerno (imperfect tense), on the right what happens at present.

Esempio: A Salerno: **A Londra:**

a *(abitare)* in un bell' appartamento   in una vecchia casa
  Abitavo in un bell'appartamento.   **Abito in una vecchia casa.**

A Salerno:	A Londra:
a *(abitare)* in un bell'appartamento	in una vecchia casa
b *(fare)* così caldo	così freddo
c *(esserci)* tanto sole	tanta pioggia
d *(uscire)* ogni sera	non ... mai
e *(venire a trovarmi)* tante persone	non ... nessuno
f *(andare)* ogni domenica alla spiaggia	qualche volta in piscina
g *(parlare)* con tanta gente	non... con nessuno
h *(bere)* caffè e vino	tè e birra

2   Answer these questions, making sure you use the appropriate person of the verb in the imperfect, as in the examples.

Esempi: Perchè Franca non è uscita ieri? _____ *(piovere)*
Perchè pioveva.

Perchè non mi avete scritto? _____non *(avere)* il tuo indirizzo.
Perchè non avevamo il tuo indirizzo.

a   Perchè Franco non l'ha bevuto il caffè? _____ *(essere)* troppo forte.

b   Perchè sei andato dal dentista? _____ mi *(far male)* un dente.

c   Perchè avete comprato due biciclette? _____ *(costare)* poco.

d   Perchè hai cambiato lavoro? _____ dove *(essere)* prima *(dovere)* lavorare troppo.

e   Perchè non ha comprato la casa in Via Roma? _____ *(essere)* troppo cara.

f   Perchè non avete mangiato nulla? _____ non *(avere)* appetito.

g   Perchè hanno bevuto tutta quell'acqua? _____ *(avere)* sete.

h   Perchè siete andati a letto così presto? _____ *(essere)* stanchi morti.

i   Perchè sei andato dal medico? _____ non *(sentirsi)* bene.

j   Perchè Ida è andata in banca? _____ *(aver bisogno di)* soldi.

3 **Gianfranco** could get no peace: every time he was engaged in a task (**imperfect**) something happened (**perfect**).

Esempio: Mentre Gianfranco (*mangiare*), (*rompersi*) il dente.
Mentre Gianfranco mangiava si è rotto il dente.

a Mentre Gianfranco (*radersi*)*, (*telefonare*) Marco.
b Mentre (*scrivere*), (*rompersi*) la penna.
c Mentre (*riparare*) la macchina, (*arrivare*) Francesca.
d Mentre (*cucinare*), (*scottarsi*) la mano.
e Mentre (*leggere*), (*andarsene*) la luce.
f Mentre (*guardare*) la tv, sua moglie gli (*chiedere*) di aggiustare la lavatrice.

***radersi** *to shave (oneself)*

4 Read the **piccoli annunci** (**inserzioni**) and answer the questions.

i **NEOLAUREATA offresi come babysitter di pomeriggio e di sera. Abita a Bergamo. Telefono: 437027**	**ii** Marisa, diplomata in ragioneria, si offre per mezza giornata per lavori d'ufficio. Telefonatele nelle ore dei pasti al numero 64 30 00 6 di Venezia.

iii

Siamo due giovani prossimi alle nozze. Vorremmo (we would like) prendere in affitto un appartamento, anche piccolo ma confortevole. Telefonateci al numero 48 93 12 di Pisa.

iv

Laureato scienze politiche, trentenne, pluriennale (*of many years*) esperienza lavorativa, francese, inglese, tedesco, esamina proposte interessanti. Roma 20 14 82.

i a È laureata da molto tempo?
b Per quale periodo della giornata si offre come baby-sitter?
c Dove vive?

ii a Ha il diploma di segretaria o di ragioniera?
   b Per quanto tempo vuole lavorare?
   c Quando bisogna telefonarle?

iii a Sono già sposati i due giovani?
    b Vogliono comprare l'appartamento?
    c L'appartamento deve essere per forza grande?

iv a È laureato in scienze economiche e bancarie?
   b Quanti anni ha?
   c Lavora da poco tempo?
   d Quali lingue conosce?

5 **Tutti se ne vanno** *Everybody's leaving*: This dialogue contains all forms of the present tense of **andarsene**. Fill in the blanks appropriately.

Esempio: È tardi. ____ vado.
         È tardi. **Me ne vado.**

A Ma come! Già ____ vai?
B Eh, sì. ____ devo andare.
A E Bruna? ____ va anche lei?
B No. Bruna non ____ va ancora. Però Anna e Roberto ____ vanno. E voi, quando ____ andate?
A Noi ____ andiamo più tardi.

Tutti se ne vanno.   *Tutti se ne sono andati.*

6 ▶ **Ora tocca a te!** You are **il datore di lavoro** (*employer*) interviewing a woman for a job.

You   *Where did you work when you were in Naples?*
Signora Lavoravo in un'azienda agricola che esportava frutta in tutta Europa.
You   *But you yourself, what did you do exactly?*

Signora	Controllavo la qualità della frutta.
You	*Did you find the work difficult?*
Signora	Sì, perchè bastava un piccolo sbaglio per perdere clienti molto importanti.
You	*How long did you work in that firm?*
Signora	Tre anni e mezzo. Poi ce ne siamo andati a Sorrento, perchè mio padre era stanco di vivere in una grande città.
You	*Is that why you want to change your job?*
Signora	Sì, soprattutto per questo.

7 Secondo l'annuncio, qual è la percentuale degli studenti che supera gli esami?

Anche chi lavora e non
ha tempo può conseguire la

LAUREA

PRESSO QUALSIASI UNIVERSITÀ ITALIANA

CEPU prepara agli esami di tutte le Facoltà, cura le pratiche burocratiche, fornisce testi e dispense, garantisce un insegnamento personalizzato attraverso lezioni tenute da TUTOR individuali. Incontri in giorni e orari a scelta dalle 9.00 alle 22.00. Oltre 1200 TUTOR INDIVIDUALI.

70 CENTRI IN ITALIA.

®*CEPU* *Preparazione Universitaria*

CHIEDI INFORMAZIONI
Numero Verde
167-011074

Via Bertola, 50/c – TORINO

Con noi il 91% supera gli esami

i It is mainly due to the expansion of the **Fiat** car factory in the 1950s, which drew workers from the whole peninsula, that **Torino** *Turin* has become the large industrial city it is now.

Finding work (**lavoro**), although still rather difficult in the South and the islands owing to lack of investment, remains a problem for the whole of Italy – hence the need for more and more qualifications.

23

senza complimenti!
no need to be polite!

In this unit you will learn
- how to invite someone in, informally
- how to ask someone what they were saying
- how to say that you were about to …
- how to ask someone to do something for you
- how to tell someone there's no need to be polite

▶ 1 Stavamo proprio parlando di te
We were just talking about you

Angelo has heard somone ring the bell (**hanno suonato il campanello**) and **Bruna** goes to open the door to let **Gianna** in.

a **Vero o falso?** Quando hanno suonato, Angelo è andato ad aprire la porta.

b Cos'ha scritto Gianna per Bruna?

Angelo	Hanno suonato il campanello. Vado ad aprire?
Bruna	No, Angelo, vado io. Dev'essere Gianna. Ciao Gianna! Entra! Stavamo proprio parlando di te.
Gianna	Davvero? E che cosa stavate dicendo?
Bruna	Ah...
Gianna	Sono venuta a salutarti perchè parto domani mattina presto. Disturbo?
Bruna	No, no, figurati! Vieni, cara, vieni. Entra pure!
Gianna	Grazie.
Bruna	Ma perchè stai in piedi? Siediti! Faccio il caffè!
Gianna	No, grazie. Me ne devo andare. Ho promesso alla mamma di aiutarla a fare le valigie. Ti lascio il mio indirizzo?
Bruna	Sì, sì. Stavo proprio per chiedertelo. Scrivimelo qui sopra.
Gianna	Ecco, tieni. Ed ora ti saluto.

Davvero? E che cosa stavate dicendo?	*Were you? And what were you saying?*
Sì, sì. Stavo proprio per chiedertelo.	*Yes, do. I was just going to ask you for it.*
promettere	*to promise* (past part: **promesso**)
dev'essere	*it must be*

▶ 2 Ma dai, siediti! *Come on, sit down*

Bruna offers **Gianna** a glass of liqueur.

a **Vero o falso?** Bruna offre a Gianna un bicchierino di liquore.

b Gianna fuma ancora?

Bruna	Ma siediti! Cosa posso offrirti? Lo prendi un bicchierino di liquore?
Gianna	No, grazie.
Bruna	Ma dai, siediti! Solo due minuti. Non fare complimenti!
Gianna	Non faccio complimenti. E poi, non bevo più. Ho anche smesso di fumare.

Bruna	Che brava! Ma oggi fa' un'eccezione. Tieni, assaggia questa Sambuca! Vedi com'è buona! Cin cin!
Gianna	Cin cin!

oggi fa' un'eccezione	today make an exception
smettere di (past part: smesso)	to stop
assaggiare	to taste
Sambuca	a type of liqueur
cin cin!	cheers!

▶ 3 Che cosa facciamo da mangiare?
What shall we cook?

Romano suggests they should cook **la pastasciutta** (pasta served with a sauce).

a **Vero o falso?** Romano chiede a Silvio di prendergli una scatola di pomodori.

b A Romano piace l'aglio?

Romano	Senti, Silvio, facciamo la pasta?
Silvio	D'accordo. Fammi un favore, prendimi una scatola di pomodori!
Romano	Quale? Quella grande?
Silvio	No. Quella che hai in mano. Dammi anche l'apriscatole!
Romano	Dov'è? Lì dentro?
Silvio	Sì. Nel secondo cassetto.
Romano	Non metterci l'aglio nella salsa, però, perchè non mi piace. Falla solo con la cipolla. È cotta la pasta?
Silvio	Penso di sì. Assaggiala! Dimmi se c'è abbastanza sale! Attento! Non scottarti!
Romano	Per me va bene. Se la vuoi al dente, è pronta.

Fammi un favore!	Could you do a me favour?
falla	make it
Prendimi una scatola.	Get me a tin.
dammi	give me
apriscatole (m.)	tin-opener
lì dentro	in(side) there
aglio, cipolla	garlic, onion
Assaggiala!	try it
Non scottarti!	Don't burn yourself
al dente	slightly underdone (lit.: to the tooth)

Grammar

1 Imperative: *tu*, *noi*, and *voi* forms

To obtain the **tu** (familiar) form of the imperative of regular **-are** verbs, take off the **-are** from the infinitive and add **-a**:

ordin-**are** becomes **ordina**:

<u>*Ordina*</u> il secondo piatto!	*Order the second course.*
Paga il conto!	*Pay the bill.*

For most **-ere** and **-ire** verbs, the **tu** form of the imperative is the same as the **tu** form of the present tense:

(tu) prendi ...	→	*Prendi* il cappello e l'ombrello!	
		Take your hat and umbrella.	
(tu) chiudi ...	→	*Chiudi* (la porta) a chiave!	
		Lock the door.	
(tu) vieni ...	→	*Vieni* dentro!	*Come inside!*
(tu) corri ...	→	*Corri! corri!*	*Run! Run!*
(tu) scendi ...	→	*Scendi* giù!	*Come downstairs!*

For the negative of the **tu** form use **non + infinitive**:

Alberto, *non toccare* il quadro!	*Albert! Don't touch the picture.*
Maria, *non parlare* con la bocca piena!	*Mary! Don't talk with your mouth full!*
Non cambiare discorso!	*Don't change the subject.*

As we saw in Unit 14, p. 166, the **noi** and **voi** forms of the imperative are the same as the present tense. The negative is formed by putting **non** before the verb:

Non parlate tutti insieme!   *Don't all speak at once.*

2 Imperative with unstressed and reflexive pronouns

With the **lei** forms, unstressed and reflexive pronouns precede the imperative:

Mi porti una forchetta e un coltello!	*Bring me a knife and fork.*
Si segga qui!	*Sit (down) here.*
Non si preoccupi!	*Don't worry.*
Mi scusi tanto, signor Sauri!	*I'm so sorry, Mr Sauri.*

With the other forms of the imperative, the unstressed and the reflexive pronouns follow the verb and are joined to it, except in the negative where there is a choice:

Scusami del ritardo!	Sorry I'm late. (lit: *Excuse me for the lateness*).
Non dargli la mancia! or *Non gli dare* la mancia!	Don't give him a tip.
Non andarci! or *Non ci andare!*	Don't go there.
Accompagniamola a casa!	Let's take her home.
Sediamoci a tavola!	Let's sit down to dinner (at the table).
Sedetevi qui!	Sit down here.

3 Imperative *tu* form of *fare, dire, stare, dare* and *andare*:

> **fa'** *do*   **di'** *say*   **sta'** *stay*   **da'** *give*   **va'** *go*

Da' un'occhiata al libro!	Have a look at the book.
Sta' attento! *Sta'* zitto!	Be careful. Be quiet.

All the unstressed pronouns (including **ci, vi** and **ne**) except **gli**, double their initial consonants when combined with the above verbs (informal **tu**):

fa' + lo becomes **fallo**	*Fallo* subito!	Do it immediately.
di' + mi becomes **dimmi**	*Dimmi* la verità!	Tell me the truth!
da' + le becomes **dalle**	*Dalle* il cucchiaio!	Give her the spoon.
va' + ci becomes **vacci**	*Vacci* tu!	You go there!
di' + gli becomes **digli**	*Digli* di venire a pranzo!	Tell him to come to lunch.
sta' + mi becomes **stammi**	*Stammi* a sentire!	Listen to me.

4 Imperative of *essere, avere* and *stare*

Imperative essere *to be*	avere *to have*	stare *to be, stay*
sii (tu)!	abbi (tu)!	sta' (tu)!
sia (lei)!	abbia (lei)!	stia (lei)!
siamo (noi)!	abbiamo (noi)!	stiamo (noi)!
siate (voi)!	abbiate (voi)!	state (voi)!

Abbiate pazienza! *Be patient!*
Siate un po' più generosi! *Be a bit more generous!*

5 Meanings of *pure*

Pure may be used in the following ways:

a To grant permission with more conviction:

Posso entrare?	*May I come in?*
Entri *pure*!	*Please do.*
Posso fare una telefonata?	*May I make a phone call?*
Sì, prego. Faccia *pure*!	*Certainly, go ahead!*

b Like **anche** to mean *also*:

Vieni *pure* tu! *You come too!*

6 *Quello, quella, quelli, quelle* **that one, those ones**

The above, apart from being adjectives, may also be used as pronouns meaning *the one(s), that(one), those*. They must agree with the noun they refer to:

Questo rasoio non funziona: prendi *quello* **del mio ragazzo.**	*This razor doesn't work: take my boyfriend's one.*
Chi è quella donna?	*Who is that woman?*
Quale? *Quella* **con gli occhi celesti?**	*Which one? The one with the blue eyes?*
Preferisco i quadri moderni a *quelli* **antichi.**	*I prefer modern paintings to old ones.*

7 Ways of saying 'what'

In sentences such as the following, **quello che** means *what*:

> **Non sa *quello che* vuole.**   *He doesn't know what he wants.*

You could equally say:

> **Non sa *ciò* che vuole,** or **Non sa *quel che* vuole.**

8 Expressions with *in*

Here are a few more expressions with **in** where Italian uses neither the definite article nor the possessive.

Cos'hai *in*	testa?	*What have you got*	*on your head?*
	tasca?		*in your pocket?*
	mano?		*in your hand?*
	bocca?		*in your mouth?*

9 *Come!* What!

When used alone **Come!** means *What!* It expresses surprise.

> ***Come!* Questa bottiglia**   *What! Is this bottle already*
> **è già vuota?**   *empty?*

10 *Stare per* + *inf.* to be about to

This construction renders the idea of *to be about to, to be on the point of*. It is used in the present and imperfect:

> **Lo spettacolo *sta per* finire.**   *The performance is about to end.*
> **Quando siamo usciti,**   *When we went out it was*
>   **stava per piovere.**   *just about to rain.*
> **Stiamo per acquistare una**   *We are on the point of buying*
>   **nuova casa.**   *a new house.*

11 Gerund

Formation of gerund

-are verbs: drop -**are** and add -**ando**
-ere/-ire verbs: drop -**ere/-ire** and add -**endo**

---

pag*are* → **pag*ando***   **pot*ere*** → **pot*endo***   **fin*ire*** → **fin*endo***

Notice, however, these three special forms:

bere → bev*endo*   fare → fac*endo*   *dire* → dic*endo*

Use of gerund

The Italian gerund corresponds to the form of the verb which, in English, ends in *-ing*.

Sbagliando s'impara.	*One learns by making mistakes.*

Sometimes it is best translated by *as, since, while*:

Dovendo mantenere la famiglia, lavora molto.	*As he has to support his family, he works hard.*
Non *avendo* spiccioli, non mi ha dato il resto.	*Since he didn't have any loose change, he didn't give me any (change).*
Andando a teatro, ho incontrato Francesca.	*As I was going to the theatre, I met Frances.*

Notice that the Italian gerund can never be preceded by a preposition as in English, and that its ending never changes. When object pronouns are used with a gerund, they are attached to the end of it, but when **stare + gerund** is used (see below) they precede **stare**:

Ved*endo*lo *arrivare* così tardi, ho pensato che …	*Seeing him arrive so late, I thought that …*

Stare + gerund stresses the time during which the action is happening:

Cosa *stai facendo?*	*What are you doing?*
Di chi *stai parlando?*	*Who are you talking about?*
Stavamo uscendo quando è arrivato un nostro amico.	*We were just going out when a friend of ours arrived.*
Ha cambiato i soldi? No, *li sta cambiando* adesso.	*Has he changed the money? No, he is changing it now.*

It is important to notice that no gerund can refer to the object of a sentence, so that if a sentence has both subject and object, the gerund must refer to the subject: **L'ho visto attraversando la strada** must mean *I saw him as I crossed the road*. To say I saw him cross(ing) the road Italian uses the following two ways:

L'ho visto *attraversare* la strada.	*I saw him cross the road.*
L'ho visto *che attraversava* la strada.	*I saw him crossing the road.*

▶ How do you say it?

1 How to invite someone in, informally   **Vieni! Entra (pure)!**

  How to ask them to sit down   **Siediti!**

2 How to ask what they were saying   **Cosa stavi dicendo?**

  How to respond   **Stavo dicendo che ...**

3 How to say that you were about to ask ...   **Stavo per chiedere, ecc.**

4 How to ask someone to do something for you   **Fammi un favore, prendimi, dammi, ecc.**

5 How to tell someone not to stand on ceremony, there's no need to be polite.   **Senza complimenti!**

Practice

1 You are **Vincenzo Alvaro's** boss. One day, at work, he does not feel very well. Tell him to do the following, using the **tu** form of the imperative as in the example.

Esempio: a   Lasciare tutto.
              Lascia tutto!

a   Lasciare tutto.
b   Tornare a casa.
c   Andare a letto.
d   Coprirsi bene.*
e   Prendere un paio di aspirine.
f   Chiamare il medico.
g   Rimanere a casa per qualche giorno.
h   Non preoccuparsi di niente.

*coprirsi bene (like *aprire*) to *wrap up well*

2 Turn the following statements into commands or prohibitions according to the sense, using the **tu** form.

Esempio: È vietato entrare. Non entrare!
          È meglio telefonare. Telefona!

a   È vietato fumare.
b   È meglio prendere l'aereo.
c   È inutile insistere.

d È vietato (*forbidden*) parcheggiare lì.
e È più conveniente andare in macchina.
f È meglio portare l'ombrello.
g È importante mettere la data su questo modulo.
h È meglio usare la scheda telefonica.

3 Prohibitions with the **tu** form: You are going to tell someone not to do something. Respond to the following statements by using **non** + infinitive + direct object pronoun, choosing your verbs from the list below and using each once only.

perdere	usare	prendere	attraversare
pagare	firmare	comprare	bere

Esempio: a **Il contratto non mi piace.**
          Non firmarlo!

a Il contratto non mi piace.
b La macchina è guasta.
c Il prosciutto è troppo caro.
d Il conto è sbagliato.
e L'acqua non è potabile.
f Questo treno è troppo lento.
g Questa strada è pericolosa.
h Questi documenti sono molto importanti.

contratto	*contract*	**potabile**	*drinkable*
pericoloso	*dangerous*	**guasto**	*out of order*

4 Commands and prohibitions (**sta', va', di', da', fa'**): You are being told to tell individual children to do certain things. Follow the instructions as in the example. Join the pronouns to the imperative. Check Grammar note 3 above for the imperative **tu** forms needed here.

Esempio: **Dica ad Alfredo di farle vedere cos'ha in mano.**
          Alfredo, fammi vedere cos'hai in mano!

a Dica a Luigi di stare zitto.
b Dica ad Alfredo di farle assaggiare il gelato.
c Dica ad Elena di andare all'altra tavola.
d Dica a Vittorio di darle il bicchiere.
e Dica a Maria di darle il sale e il pepe.
f Dica a Nina di dirle cosa vuole per secondo piatto.

5 Complete as indicated, choosing between the present of **stare per** and **stare** + gerund, according to the sense, and using the appropriate person of the verb.

Esempio: **Gli ospiti non si sono ancora messi a tavola?**
No____ (chiacchierare)   **No. Stanno chiacchierando.**

a Posso parlare con Lucia?
Mi spiace, ma ____ *(fare il bagno)*

b Che buon odore viene dalla cucina!
Sì. Mariangela ____ *(cucinare)*

c Come sei bagnata Mirella!
Sì. ____ *(piovere)*

d Vera avrà molto da fare in questi giorni.
Perchè? ____ *(sposarsi)*

e Che rumore viene da quella radio!
Cosa vuoi! Il gruppo 'Ragazzi del Sole'____ *(suonare)*

f Perchè fanno le valigie?
Perchè ____ *(partire)*

| **un odore** | smell | **sposarsi** | to get married |
| **bagnato/a** | soaked | **un rumore** | noise |

6 In Column **A** you will see where people are. Match up with what they are doing in Column **B**, and change the infinitives to **stare** + gerund.

Esempio: **Sandro è in banca.** (cambiare) un assegno (*cheque*)
Sandro è in banca. Sta cambiando un assegno.

A		B	
i	Laura è in sala da pranzo.	a	*(chiacchierare)*
ii	Siamo in un negozio di abbigliamento.	b	*(cucinare)*
iii	I signori Ricci sono in un supermercato.	c	*(fare)* la spesa
iv	Mario è in cucina.	d	*(lavorare)*
v	Alessandro è in ufficio.	e	*(mangiare)*
vi	Gli ospiti sono in salotto.	f	*(comprare)* delle cravatte

7 ▶ **Ora tocca a te!** Your mother is surprised to see you up so early because she had forgotten you had an exam today.

Mamma	Che fai in piedi così presto? Non sono ancora le cinque!
You	*I'd like to study a bit.*
Mamma	A quest'ora? Come mai?
You	*But didn't you know that I've got an exam today?*
Mamma	Ah, me n'ero proprio dimenticata! Ti preparo una tazza di caffè?
You	*No, thanks. Go back to bed.*
Mamma	Hai ancora molto da fare?
You	*No, not much.*
Mamma	Stai studiando tanto, è vero; fra un paio di anni però sarai medico!
You	*Yes, but only if I manage to pass this exam. It's one of the most difficult ones.*
Mamma	Ma perchè ti preoccupi tanto?
You	*Because this time I'm not sure of myself.*
Mamma	Non ti preoccupare! Andrà tutto perfettamente, vedrai.

ℹ️ Senza complimenti!

You will often hear this expression when Italians are eager for you to accept a drink or hospitality. If you don't wish to accept, you in your turn may answer **No, grazie. Senza complimenti!** or **No, grazie. Non faccio complimenti!**

24

ha bisogno di aiuto?

do you need any help?

In this unit you will learn
- how to ask someone to help you
- how to ask someone for advice
- how to ask for someone's particulars
- how to ask someone to hold the line on the phone
- how to ask and say whose something is

▶1 Al commissariato *At the police station*

Una signora reports the loss of her passport to the police and is told that she has to make a statement (**fare la denuncia**).

a **Vero o falso?** La signora è agitata perchè ha perso il passaporto.

b Quando si è accorta di non avere più il passaporto?

Poliziotto	Che cosa posso fare per lei, signora?
Signora	Mi aiuti, per favore! Ho perso il passaporto.
Poliziotto	Non si agiti! Mi dica dove l'ha smarrito.
Signora	Questa mattina sono andata a visitare il Duomo e all'uscita mi sono accorta di non averlo più.
Poliziotto	Ne è sicura? Ha controllato bene?
Signora	Sì. L'ho cercato dappertutto. Che cosa mi consiglia di fare?
Poliziotto	Deve fare la denuncia.
Signora	Oddio! E come si fa?
Poliziotto	Stia tranquilla! Gliela scriviamo noi. Lei intanto si segga.

aiutare	*to help*
agitarsi	*to get upset*
smarrire	*to mislay, lose*
accorgersi	*to notice*
controllare	*to check*
gliela scriviamo noi	*we'll write it for you*

▶2 Mi dia le sue generalità!
Give me your particulars

She gives **il poliziotto** her particulars so that he can write the statement for her.

a **Vero o falso?** La signora deve firmare la denuncia.

b Dov'è nata la signora e in che anno?

Poliziotto	Di che nazionalità è?
Signora	Sono svizzera.
Poliziotto	Mi dia le sue generalità!
Signora	Franca Pesce, nata a Lugano, il venti luglio 1970, residente a Losanna, Via San Lorenzo numero 14…
Poliziotto	… e attualmente dimorante …

Signora	… presso mio padre, residente a Roma in Via Giuseppe Verdi, numero 6.
Poliziotto	Ecco. Ho finito. Firmi qui sotto e metta la data.
Signora	Vi mettete voi in contatto con me se lo trovate?
Poliziotto	Sì, sì. Aspetti una nostra comunicazione!

le generalità	details, particulars
dimorante	staying at
presso	at
mettersi in contatto	to get in touch
aspetti una nostra comunicazione	we will inform you

▶ 3 Un incidente *An accident*

La **signora A** asks to use a phone in an emergency.

a **Vero o falso?** La **signora A** telefona all'ospedale perchè suo marito si sente male.

b La signora A ha chiesto alla signora B due favori. Quali sono?

Signora A	Posso usare il suo telefono, per cortesia?
Signora B	Venga, faccia pure! Che cos'è successo?
Signora A	Mio marito si è sentito male per strada.
Signora B	Mi dispiace. Conosce il numero del suo medico?
Signora A	No. Mi aiuti a cercarlo, per favore.
Signora B	Si calmi, signora! Eccolo! Questo è il numero di casa e questo quello dello studio. Ma perchè non telefona all'ospedale? Chiami il pronto soccorso!
Signora A	Sì. Forse è meglio. Pronto!… È l'ospedale?… Come?… Cosa?… Non ho capito!… Alzi la voce!… Ah… Ho sbagliato numero? Mi scusi!

Venga, faccia pure!	Come in! Do by all means!
sentirsi male	to feel ill
per strada	in the street
pronto soccorso	casualty department
Come?	Pardon?
alzare la voce	to raise one's voice

▶ 4 Attenda in linea! *Hold the line!*

Signora A passes the receiver to Signora B.

a **Vero o falso?** La centralinista non capisce subito ciò che le dice la signora B.

b Che cosa ha fatto la signora B per chiamare l'(auto)ambulanza?

Signora B	Dia a me, signora! Faccio io! Pronto? Mi passi il pronto soccorso!
Centralinista	Un attimo. Attenda in linea!... Parli pure!
Signora B	Un signore sta male. Mandi subito un' ambulanza in Via Pini.
Centralinista	Va bene, ma ripeta l'indirizzo e parli più lentamente, signora.
Signora B	Via dei Pini, 11. Accanto alla pasticceria 'La Perla'.

centralinista (m. or f.)	*operator*
accanto a	*by*

▶ 5 Una stazione di servizio *A service station*

La signora asks il benzinaio *pump attendant* to fill up (**fare il pieno**).

a **Vero o falso?** La macchina è del benzinaio.

b La signora ha chiesto al benzinaio di controllare l'olio, l'acqua e le gomme?

Benzinaio	Di chi è questa macchina? È sua, signora?
Signora	Sì. È mia.
Benzinaio	Quanti litri, signora?
Signora	Mi faccia il pieno.
Benzinaio	Benzina verde?
Signora	Sì. E controlli l'olio e l'acqua, per piacere.
Benzinaio	Va bene, signora. Ecco fatto! Ho controllato anche le gomme. Tutto a posto.
Signora	Grazie. Quanto le devo? Ho solo questo biglietto da cinquecento.

benzina verde	*unleaded petrol*
gomma	*tyre*
tutto a posto	*everything in order*

Grammar

1 *Come?* Pardon? What? Sorry?

When you do not understand something or cannot hear properly, use either **Come?** or **Prego?**

▶ 2 Double pronouns

a **Le** (*to you/for you, to her/for her*) and **gli** (*to him/for him, to them/for them*) both become **glie**, combining with the following pronoun, **lo/la/li/le/ne**:

> **glielo, gliela, glieli, gliele, gliene.***

The examples below illustrate how the double pronouns are used:

Hai dato l'indirizzo a Carla?	*Did you give the address to Carla?*
No. *Glielo* **darò domani.**	*No. I'll give it to her tomorrow.*
Hai dato la chiave a Mario?	*Did you give the key to Mario?*
No. *Gliela* **darò più tardi.**	*No. I'll give it to him later.*
Hai dato i libri a Giulia?	*Did you give the books to Julia?*
No. *Glieli* **darò il mese prossimo.**	*No. I'll give them to her next month.*
Hai dato le diapositive ai tuoi genitori?	*Did you give the slides to your parents?*
Gliele **darò stasera.**	*I'll give them to them this evening.*
Glielo farò sapere.	*I'll let you know.*

* For other double pronouns see p. 242, § 8.

b When you use these double pronouns with the perfect tense, remember to make **lo/la/li/le/ne** agree with the past participle. Remember also that **glielo** and **gliela** (singular only) both become **gliel'** before 'h': **glielo** + **ho dato** becomes **gliel'ho dato.**

Che bell'anello!	*What a lovely ring!*
Chi glie*l'ha* (glie*lo* + *ha*) **regalato?**	*Who gave it to you?*
Me *l'ha* **regalato il mio ragazzo.**	*My boyfriend gave it to me.*
Che bella casa!	*What a lovely house!*
Chi glie*l'ha* (glie*la* + *ha*) **disegnata?**	*Who designed it for you?*

Che be*i* regal*i*!	*What lovely presents!*
Chi glie*li* ha fatt*i*?	*Who gave **them to you**?*
Che belle rose!	*What lovely roses!*
Chi gliele ha regalate?	*Who gave **them to you**?*

Finally, here are two examples with **ne**:

Le ha parlato dei suoi progetti?	*Did he talk to her about his plans?*
Sì. *Gliene ha* parlato ieri.	*Yes, he talked **to her about them** yesterday.*
Quanti cd *gli* hai comprato?	*How many CDs did you buy for him?*
Gliene ho comprati *due*.	*I bought **him** two (of them).*

3 *Presso mio padre* At my father's

Presso is also used to mean c/o *(care of)* when you are writing an address.

4 Of mine, of yours, of ours

To say *of mine, of yours, of ours*, etc., Italian does not translate *of*:

Aspetto *un mio* amico.	*I'm waiting for a friend of mine.*
Due suoi fratelli lavorano in Germania.	*Two of his brothers work in Germany.*
Aspetti una nostra comunicazione	*Wait for a message from us (lit.: of ours)*

5 Irregular imperatives

Infinitive	Imperative
avere	abbia!
dare	dia!
essere	sia!
stare	stia!

Note these irregular forms of the imperative 2nd person singular (**lei**):

Non *abbia* paura!	*Don't be afraid!*
Dia una buona mancia!	*Give a good tip!*

Sia puntuale!	*Be punctual!*
Stia attento!	*Be careful!*
Stia tranquilla!	*Keep calm!*

6 *È mia* it's mine

In answer to the question **Di chi è/ Di chi sono?** do not use the definite article with the possessive:

Di chi è	quel cane?	È mio.	Whose is	*that dog?*	*It's mine.*
	quella giacca?	È mia.		*that jacket?*	
Di chi sono	questi guanti?	Sono suoi.	Whose are	*these gloves?*	*They are his/hers/*
	queste scarpe?	Sono sue.		*these shoes?*	*yours.*

▶ How do you say it?

1 How to ask someone to help you   **Mi aiuti, per favore!**

2 How to ask someone for advice   **Che cosa mi consiglia di fare?**

3 How to ask someone's particulars   **Mi dia le sue generalità!**

4 How to ask someone to hold the line on the phone   **Attenda in linea!**

5 How to ask/say whose something is   **Di chi è questo/a? È mio/mia.**

Practice

1 You are supervising a group of children in a restaurant and telling them what they must and must not do.

Esempio: Dica loro di: aspettare un attimo.
                 Aspettate un attimo!

Dica loro di:

a lavarsi le mani
b aspettare qui

c   venire a tavola
d   sedersi
e   non gridare
f   non fare troppo rumore
g   non toccare i fiori sulla tavola

> **piano piano**   *slowly*
> **gridare**   *to shout*

h   bere piano piano
i   non parlare con la bocca piena

2   Each sentence on the right is said in response to one on the left, but they have got mixed up: sort out the correct pairs.

i   Dammi le chiavi!

a   Sì. Gliel'ho detto.

ii   Hai dato le riviste a Giulia?

b   Ma gliene ho già fatte tante!

iii   Hai detto a Stefano di venire a pranzo?

c   Ma te l'ho già detto cento volte!

iv   Perchè non me lo dici?

d   Ma te l'ho già dato!

v   Falle una fotografia!

e   Ma te ne ho già fatte due!

vi   Fammi una fotografia!

f   No. Non gliele ho ancora date.

vii   Dammi l'indirizzo!

g   Gliel'ho già dato.

viii   Dagli il caffè!

h   Glieli ho già dati.

ix   Quando gli darai i soldi?

i   Te le ho già date.

3   **Ho dimenticato (di)** *I have forgotten to*: Here is a list of things you have forgotten to do and which your friend obligingly offers to do for you. Use double pronouns and the present tense as in the example.

Esempio: Ho dimenticato di fare la spesa.
           Non si preoccupi! Gliela faccio io.

a   Ho dimenticato di fare i biglietti.
b   Ho dimenticato di comprare il pane.
c   Ho dimenticato di cambiare i soldi.
d   Ho dimenticato di riportare i libri in biblioteca (*library*).
e   Ho dimenticato di imbucare la lettera.
f   Ho dimenticato di prendere il giornale.
g   Ho dimenticato di chiudere le valigie.

4   **Di che è?** *Whose is it?* **Il signor Marchi,** your boss, is having a big office clean-out, and wants to know to whom various articles belong. Assume they belong to you unless you see

(R) by the question, in which case they belong to your senior colleague, **la signora Renata** (see pp. 58 and 278).

Esempi: Di chi è questa penna?   Di chi è questo libro?   (R)
          È mia.   È suo.

a   Di chi è questa fotografia? (R)
b   Di chi è questo ombrello? (R)
c   Di chi è questo cappello?
d   Di chi sono questi occhiali? (R)
e   Di chi sono quei documenti?
f   Di chi sono quelle chiavi? (R)
g   Di chi sono quei giornali? (R)
h   Di chi sono queste riviste?

5   Now make sure that **a**, **b**, **d**, **f** and **g** do belong to **la signora Renata** by asking her.

Esempio: a È sua questa fotografia?

6   ▶ **Ora tocca a te!** You are asking for advice.

You	*I've lost my driving licence and I don't know what to do.*
Signorina	Sa dove l'ha smarrita?
You	*I'm not sure. Perhaps I left it in the car. During the night someone got into my car and took everything.*
Signorina	Non si preoccupi! Ci sono buone possibilità di ritrovarla, perchè di solito la spediscono in Questura.
You	*What's the Questura?*
Signorina	È l'ufficio centrale di polizia. Vada lì a denunciare lo smarrimento.
You	*And do you know where it is, please?*
Signorina	Certo. È in Via Mazzini.
You	*Thank you. Meanwhile, what do I do without a licence?*
Signorina	Per il momento può usare una copia della denuncia come documento.

7 Read the section below and answer the questions.

In caso di emergenza, per un grave incidente stradale per esempio, che numero chiama?

NUMERI DI EMERGENZA

Soccorso pubblico di emergenza
Nell'interesse di tutti, è consigliabile ricorrere a questo numero soltanto in caso di reale e incombente pericolo alle persone o di gravi calamità e qualora non sia possibile chiamare i diversi enti direttamente interessati. **113**

Emergenza Sanitaria
118

Soccorso stradale
Automobile Club d'Italia **116**

NUMERO DI PUBBLICA UTILITÀ INFORMAZIONI E
SERVIZI PROVINCIA DI ROMA

Servizio ambulanze
Civitavecchia
Ambulanze C.R.I. **3333**

Tivoli
Ambulanze USL RM/26 **2439**

Ambulanze C.R.I. **2008**

25

scambio di opinioni
exchange of opinions

In this unit you will learn
- how to say you could ...
- how to say you ought to ...
- how to say you would like to ...
- how to say it would be necessary to ...
- how to ask others similar questions

▶1 La stampa italiana *The Italian press*

Elsa and Curzio are in Italy and are interviewing some passers-by. They see a distinguished-looking man and approach him.

a **Vero o falso?** *Il Corriere della Sera, La Stampa e La Repubblica* sono giornali.

b Di dov'è il signor Neri, e qual è il giornale che di solito legge?

Elsa	Mi scusi, signore. Siamo due studenti della Svizzera italiana e vorremmo farle alcune domande sulla stampa italiana.
Sig. Neri	Sarò lieto di rispondervi.
Curzio	Potrebbe dirci quali sono i quotidiani più diffusi nel suo Paese?
Sig. Neri	Ho appena comprato *Il Corriere della Sera*. Sa, io sono di Milano. *Il Corriere* oltre ad essere il quotidiano della mia città, è anche uno dei più letti in Italia.
Curzio	Potrebbe mostrarmelo?
Sig. Neri	Con piacere. Se non trovo *Il Corriere*, compro *La Stampa* di Torino, o *La Repubblica* di Roma.

vorremmo	*we would like to*
stampa	*press*
lieto/a di	*happy to*
potrebbe dirci	*could you tell us*
quotidiano	*daily paper*
diffuso/a	*widely circulated*
oltre ad essere	*besides being*
Potrebbe mostrarmelo?	*Could you show it to me?*

▶2 Potrebbe darci qualche informazione...?
Could you give us some information...?

a **Vero o falso?** Quando il signor Neri è a Napoli e non vuole avere notizie di carattere economico-finanziario, legge *Il Mattino*.

b *L'Espresso* e *Panorama* escono ogni mese?

Sig. Neri	Quando sono a Napoli leggo *Il Mattino*. Se poi voglio avere notizie di carattere economico-finanziario compro *Il Sole 24 Ore*.
Elsa	Potrebbe darci qualche informazione sui settimanali più diffusi?
Sig. Neri	I settimanali di carattere politico economico culturale che io compro più frequentemente sono *L'Espresso* e *Panorama*.

Curzio	E che cosa leggono di preferenza le donne della sua famiglia?
Sig. Neri	*Grazia*, *Panorama*, e più o meno gli stessi giornali.
Elsa	Ci scusi per il disturbo!
Sig. Neri	Ma si figuri!

notizie (fpl)	*news*
car<u>a</u>ttere (m)	*character*
settimanale (m)	*weekly (paper)*
di preferenza	*mostly*
disturbo	*inconvenience*

▶ 3 La televisione: opinioni a confronto
Television: opinions compared

<u>E</u>zio is asked whether he is satisfied with television programmes.

a Vero o falso? A Ezio e a Bruno non piacciono gli stessi programmi.

b Secondo Ezio, ci dovrebbero essere più film o più documentari?

Giornalista	È soddisfatto dei programmi televisivi?
Ezio	Sì. Ma vedrei volentieri dei cambiamenti.
Giornalista	Potrebbe suggerirne qualcuno?
Ezio	Secondo me ci dovrebbero essere più documentari, più programmi di informazione scient<u>i</u>fica e culturale.
Bruno	Ma che dici! Più film, più sport, più m<u>u</u>sica: ecco cosa ci vorrebbe!
Giornalista	Allora, secondo lei, la televisione dovrebbe divertire il p<u>u</u>bblico?
Bruno	Eh, certamente! Dopo una giornata di lavoro uno vuole distrarsi.

vedrei volentieri	*I'd love to see*
cambiamento	*change*
suggerirne qualcuno	*to suggest some*
secondo me	*in my opinion*
ci dovr<u>e</u>bbero essere	*there ought to be*
ci vorrebbe	*one would need*
divertire	*to entertain*
distrarsi	*to take one's mind off things*

▶ 4 Non sono affatto d'accordo
I don't agree at all

Bruno is for, Ezio is against, **le televisioni private** *independent television.*

a Vero o falso? Ezio è d'accordo col suo amico sui programmi televisivi.

b Che cosa vorrebbe abolire Ezio?

Bruno	Meno male che ci sono le televisioni private!
Giornalista	E lei, che cosa pensa di quello che ha detto il suo amico?
Ezio	Non sono affatto d'accordo. Bisognerebbe abolirle, queste televisioni private.
Giornalista	Per lei, allora, quale dovrebbe essere il ruolo della televisione nella società moderna?
Ezio	Dovrebbe sì divertire, ma prima di tutto informare e offrire diverse visioni del mondo.

abolire	*to abolish*
bisognerebbe	*one would need to*
ruolo	*role*
mondo	*world*

Grammar

1 Conditional tense: formation

The conditional tense for all verbs is easily formed by replacing the final -ò of the future (1st person singular) with the endings in the table below (in bold italics). There are no exceptions and the endings are identical for **-are, -ere** and **-ire** verbs.

Infinitive	Future	Conditional		
parlare	parlerò	(io)	parler-	*-ei*
vendere	venderò	(tu)	vender-	*-esti*
sentire	sentirò	(lui/lei)	sentir-	*-ebbe*
vedere	vedrò	(noi)	vedr-	*-emmo*
bere	berrò	(voi)	berr-	*-este*
avere	avrò	(loro)	avr-	*-ebbero*

Conditional tense comprare		essere	
comprer*ei*	*I would buy*	sar*ei*	*I would be*
comprer*esti*	*you would buy*	sar*esti*	*you would be*
comprer*ebbe*	*you/he/she would buy*	sar*ebbe*	*you/he/she would be*
comprer*emmo*	*we would buy*	sar*emmo*	*we would be*
comprer*este*	*you would buy*	sar*este*	*you would be*
comprer*ebbero*	*they would buy*	sar*ebbero*	*they would be*

Note that the ending -**emmo** of the conditional (1st person plural) has double 'm' and that they must both be clearly articulated to avoid confusion with the future ending -**emo** (one 'm').

Here are some examples of irregular verbs to show how easy it is to form the conditional once you know the future tense:

Future	Conditional
avrò:	avr*ei*, avr*esti*, avr*ebbe*, avr*emmo*, avr*este*, avr*ebbero* *I would have, etc.*
andrò:	andr*ei*, andr*esti*, andr*ebbe*, andr*emmo*, andr*este*, andr*ebbero* *I would go, etc.*
vedrò:	vedr*ei*, vedr*esti*, vedr*ebbe*, vedr*emmo*, vedr*este*, vedr*ebbero* *I would see, etc.*
berrò	berr*ei*, berr*esti*, berr*ebbe*, berr*emmo*, berr*este*, berr*ebbero* *I would drink, etc.*

2 Conditional tense: uses

Generally, the conditional renders *should*, *would* or *could* in Italian when these refer to the present or the future.

Prenderei volentieri un aperitivo. E tu?	*I'd love to have an aperitif. What about you?*
Che ne *diresti* di una bella passeggiata?	*What would you say to a nice walk?*
A quest'ora *sarebbe* impossibile trovarlo in casa.	*It would be impossible to find him at home at this time.*
Non *saprei* dire perchè.	*I couldn't* (lit.: *wouldn't know*) *say why.*

Note particularly the meaning of the conditional of **potere**, **dovere** and **volere**:

potrei	*I could (I would be able)*
dovrei	*I should or I ought (I would have to)*
vorrei	*I would like (I would want, wish)*

Potresti andare a trovarla.	*You could go and see her.*
Dovrebbe scrivere subito. {	*You ought to write immediately.*
	You should write immediately.

The conditional of **volere** and **potere** is often used for making polite requests:

Potrebbe farmi un favore?	*Could you do me a favour?*
Vorrei fare una telefonata.	*I'd like to make a phone call.*

A reflexive verb would, of course, have to be preceded by the appropriate reflexive pronoun (**mi, ti, si, ci, vi, si**): **mi divertirei, ti divertiresti, si divertirebbe, ecc.** (*I would enjoy myself etc.*)

To form the perfect conditional tense simply use the conditional of **essere/avere + past participle**:

avrei comprato	*I would have bought*
sarei uscito/a	*I would have gone out*

3 *Alcuno/a, qualcuno, nessuno*
any, someone/anyone, no one

Alcun, alcuno/a in the singular is used only in a negative sense:

Senza *alcun* d<u>u</u>bbio.	*Without a doubt.*

In the plural **alcuni/e** means *some, a few*:

alcuni mesi fa, *alcuni* giorni fa   *a few months ago, a few days ago*

It also means *some* when *some, but not all* is implied, i.e. for contrast or emphasis. It may be used with or without a noun:

Alcune notizie erano vere, *altre* false.	*Some news was true, some not* (lit.: *false*).
Alcuni lo appr<u>o</u>vano, *altri* no.	*Some approve of it, others don't.*

Qualcuno/a *one or two, some* is used only in the singular:

Potrebbe suggerirne *qualcuno?*	*Could you suggest some?*

Qualcuno is also used in the masculine singular form only and means *someone* or *anyone*:

Cerca *qualcuno*? No.   Are you looking for someone?
  Non cerco *nessuno*.   No. I'm not looking for anyone.
Perchè non chiedi a   Why don't you ask someone?
  qualcuno?
C'è *qualcuno* che vorrebbe   Is there anyone who would
  farlo?   like to do it?

4 *Nessuno/a* **no one, etc.**

Nessuno/a (Unit 13, p. 154) may be used with or without a noun. It can mean *no, none, nobody, no one, not any (one)*. It is used in the singular only and behaves like **un, uno, una**:

Nessuno l'avrebbe creduto.   No one would have believed it.
Nessuno di noi andrà   None of us will go abroad
  all'estero quest'anno.   this year.
Non ha *nessun* fratello.   He hasn't any brothers.

5 Words for 'day'

Giorno is the day, considered as a date.

Lunedì è il primo *giorno*   Monday is the first day
  della settimana.   of the week.
Che *giorno* è?   What day is it?

Giornata is used when referring to the duration of the day or to the weather.

Abbiamo passato una   We spent a very nice day
  bellissima *giornata* a   in Florence.
  Firenze.
Che brutta *giornata*!   What a horrible day!
Che bella *giornata*!   What a lovely day!

Similarly, **mattina, mattinata**   *morning*
       sera, serata   *evening*

6 Adjectives + *di* + infinitive/noun/pronoun

Some adjectives may be followed by **di** + infinitive:

Sono *stufo di* lavorare.   I'm fed up with working.
Sono *stanco di* aspettare.   I'm tired of waiting.
Sei *sicuro di* poterlo fare?   Are you sure you can do it?
Sono *contento di* rivederla.   I'm pleased to see you again.
Sono *soddisfatto di* lui.   I'm very pleased with him.
Sarò *lieto di* rispondervi.   I'd be happy to answer your
        questions.

7 *Figurarsi* **to think, fancy, imagine**

Figurarsi is mainly used in exclamations:

Figurati che è rimasto senza un centesimo!	*Just think of it! He hasn't a penny left!* (lit.: *he has remained without a cent.*)

Si figuri! is a polite way of saying *not at all* or *don't mention it*.

La disturbo?	*Am I disturbing you?*
Ma no, *si figuri!*	*No, not at all!*
Molto gentile, grazie!	*That's very kind of you!*
Prego, *si figuri!*	*Don't mention it.*

8 *Prima, dopo* **first, later**

When referring to time, **prima** means *before, first, earlier*, while **dopo** means *after(wards), later*:

Avresti dovuto dirmelo *prima*.	*You ought to have told me before.*
***Prima* vado in Francia, poi in Germania.**	*First I'm going to France, then to Germany.*
Vengo a mezzogiorno.	*I'm coming at midday.*
Se vuole, può venire *prima*.	*If you want, you can come earlier.*
È arrivato subito *dopo*.	*He arrived soon afterwards.*
Mangio *dopo*.	*I'm eating later.*

9 **Position of unstressed pronouns**

We have already seen that unstressed pronouns have a choice of position when used with **potere/dovere/volere:**

Non *posso* trovarlo.
Non *lo posso* trovare.

With impersonal verbs such as **bisognare**, the object pronouns must be attached to the infinitive if they refer to it:

Bisogna far*lo* subito.	*It must be done at once.*
Bisogna parlar*gli*.	*It is necessary to speak to him.*
Non *mi* piace far*lo*.	*I don't like doing it.*

▶ How do you say it?

1 How to ask whether someone
could tell you, show, give you,
do, etc.

How to say you could tell/show
someone, etc.

**Potrebbe dirmi,
mostrarmi, darmi, fare,
ecc?**

**Potrei dirle/mostrarle,
ecc.**

2 How to say someone ought to ...
How to say you ought to ...

Dovrebbe ...
Dovrei ...

3 How to say someone would
like to ...

How to say you would like to ...

Vorrebbe ...

Vorrei ...

4 How to say it would be necessary
to ...

Bisognerebbe ...

Practice

1 Select a verb from the list below once only to complete the
responses, using the first person singular of the conditional.

> guardare – mettere – mangiare – bere – ascoltare – prendere

a L'acqua? La _____ ma non ho sete.
b Gli spaghetti? Li _____ ma non ho appetito.
c Il cappotto? Lo _____ ma non ho freddo.
d Le aspirine? Le _____ ma non ho più mal di testa.
e Il concerto alla radio? L' _____ ma non ho tempo.
f Il programma alla tv*? Lo _____ ma devo uscire.

*pronounced **tivù**.

2 In the table below you are given details of what **Ada,
Vittorio**, and **i signori Miele** would do if they had the means.

a Say what **Ada** would do. (**Vivrebbe, ecc.**)
b Pretend you are **Vittorio** and say what you would do.
c Say what **i signori Miele** would do.

	vivere	comprare	andare	imparare a
Ada	in città	piccolo appartamento	ogni sera a ballare	guidare
Vittorio	al mare	villa	spesso a nuotare	suonare la chitarra
I signori Miele	in montagna	casetta (*small house*)	ogni tanto a sciare	dipingere (*paint*)

3 Match up the sentences on the left with those on the right.

i	Sono tanto stanco!	a	Avresti dovuto assaggiarla prima di comprarla.
ii	Perchè non me l'hai detto che non avevi i soldi?	b	Avresti potuto romperti la testa.
iii	Perchè non sei venuto alla festa di Sandro?	c	No. Mi dispiace. Non saprei dirglielo.
iv	Questo liquore è ottimo!	d	Ti saresti divertito molto.
v	Quest'uva non è buona.	e	No. Dovrebbe arrivare col treno delle dieci.
vi	Meno male che non ti sei fatto niente!	f	Ne berrei un altro bicchierino.
vii	È arrivato tuo nonno?	g	Avresti dovuto riposarti un po' prima di uscire.
viii	Scusi signore, sa dov'è il Consolato Inglese?	h	Te li avrei prestati io.

4 **Conditional + double pronouns:** There are several things you would like to do or ought to do. Your friend would love to do them for you but ... Use the conditional and the appropriate pronouns in your answer.

Esempio: Dovrei pagare il conto ____ ma sono al verde. *(I'm broke).*   **Te lo pagherei io, ma sono al verde.**

a Dovrei portare le valigie alla stazione. ____ ma mi fa male la schiena.

b Dovrei portare la macchina dal meccanico. ____ ma non ho tempo.

c Non so fare la traduzione. ____ ma non ho il dizionario.

d Dovrei pulire l'appartamento. ____ ma sono stanco.

e Vorrei cambiare cento euro. ____ ma non ho spiccioli.

f Vorrei fare la pizza. ____ ma non ho gli ingredienti.

g Dovrei imbucare questa lettera. ____ ma non passo per la posta.

5 ▶ **Ora tocca a te!** You are on the phone to **Renata** and inviting her to your party.

You	*Hi, Renata! Can you come to my party this evening?*
Renata	Vorrei tanto, ma sono molto impegnata in questo periodo.
You	*But what have you got to do that's so important?*
Renata	Devo riordinare la casa, devo lavare, ... sono sola e devo pensare a tutto.
You	*And couldn't you do all these things at another time?*
Renata	Sì, potrei, solo che oggi ritornano i miei genitori da una vacanza all'estero.
You	*But weren't they supposed to come back next week?*
Renata	Sì, effettivamente, avrebbero voluto fermarsi per altri cinque o sei giorni, ma mia zia ha avuto un bambino e così hanno deciso di rientrare prima.
You	*At what time will they arrive?*
Renata	Dovrebbero essere all'aeroporto alle sei, e andrò io stessa a prenderli in macchina.
You	*Anyway, if you change your mind, you can always let me know. Call me when you like.*
Renata	Ti ringrazio. Se posso, verrò volentieri, magari solo per salutarti e farti gli auguri.

6 a Cos'è la RAI?
  b Nel primo dialogo quali sono i quotidiani?

GRAZIE AGLI ABBONATI RAI	**NON È MAI TROPPO TARDI PER DIVENTARE UN NUOVO ABBONATO.**

ℹ️ For more information about Italian radio and tv: http://www.rai.it. For the Italian press: http://www.onlinenewspapers.com/italy.htm. British readers can tune in to Italian radio. **Spectrum Radio** (MW 558) has an Italian-English slot on Sundays, 1400–1600, and **Vatican Radio** (MW 526) can be received in the evening.

Acquire a dictionary if you have not yet done so. As there is no standard one on the market your choice will very much depend on your means. Try consulting your local reference library first.

The *Teach Yourself* series offers you another two courses: the first, *Improve Your Italian* (S. Lymbery), will help you develop your language skills still further and aims to give you something more of the flavour of Italy today. The second, *Italian Grammar* (Proudfoot), provides you with a 'dip-in' reference guide that can also be worked through. For a wider choice visit the Grant and Cutler website: http://www.grant-c.demon.co.uk

When attempting to read articles from newspapers or magazines, such as those mentioned in Unit 25, it is a good idea to begin with international news where you may be familiar with the subject matter. With radio and television, the easiest to understand initially are quiz programmes and adverts where the same expressions occur over and over again. To start with, listen for no more than a minute or so (you will be amazed at how many words some Italians can pack into sixty seconds).

Website enthusiasts will find that the following two search engines will guide them to any aspect of Italian culture, travel or commerce they care to explore: http://it.yahoo/com; http://www.google.it

We hope you enjoy working your way through *Teach Yourself Italian*. Don't get discouraged. Mastering a new language takes time and perseverance, and sometimes things can seem just too difficult. But then you'll come back to it another day and things will begin to make more sense again.

If you have any queries arising from your study of our book, you are welcome to contact us through Teach Yourself Books, Hodder Headline Ltd, 338 Euston Road, London NW1 3BH. In the meantime, should you decide to visit Italy – **Buon viaggio!**

Test your Italian I (Units 1–6)

Congratulations. You have now completed the first six units, and can test yourself to see how well you have mastered them. Or, if you know some Italian already, use this test to check whether you are ready to start this course at Unit 7. The answers start on p. 329.

1 Can you do the following? Say the answers aloud, then write them down.

One mark each for correct answers **a** and **b**; two marks each for the rest.

a Attract someone's attention.
b Greet them (daytime) and ask how they are.
c Ask for **i** a beer **ii** an ice cream.
d Ask where the shops are.
e Ask someone what they are having (in a café).
f Say that you are having a coffee.

Marks: ____ /10

2 As above, but this time award yourself two marks per correct answer.

a Ask someone's name **i** formally and **ii** informally.
b Ask what someone's job is **i** formally **ii** informally.
c Say you are married/not married.
d Say 'goodbye' to your teacher.

Marks: ____ /8

3 Can you unscramble these sentences? One mark each for **a–d**, two marks each for **e** and **f**.

a spagnolo vero anche parla?
b è la sinistra a biblioteca.
c la che a signora piano Verdi abita?

d giorno che per parte Parigi?
e usare conosco le vorrei lingue che.
f prendere davanti all' autobus università l' deve.

Marks: ____ /8

4 Using each contracted preposition in the box below once only, fill the gaps.

One mark for each correct answer.

a Aspetto davanti ____ cinema.   **b** C'è un treno prima ____ otto?

c Non arriviamo prima ____ una.   **d** Scendo ____ prossima fermata.

e Deve andare ____ sportello N°8.   **f** L'ultimo treno parte ____ dieci.

al - alla - alle - allo - delle - dell'

Marks: ____ /6

5 Can you find the odd man out in each group?

One mark for each correct answer.

a pasta - posta - pizza - panino.
b giacca - sciopero - vestito - gonna - guanti.
c orario - stazione - saldi - binario - biglietto.
d ragioniere - architetto - granita - dentista.

Marks: ____ /4

6 Can you say the following in Italian? Two marks for each correct answer.

a Ask for a ticket to Venice.
b Ask at what time the next train leaves.
c Ask at what time it arrives in Venice.
d Ask whether it is on time.

Marks: ____ /8

7 Can you do all this in Italian?

Two marks for each correct item and one mark for the final question.

Say that you would like a pair of black shoes, a white T shirt and a pair of jeans.

Ask how much it is (altogether).

Marks: ____ /7

8 Award yourself two marks each for the following in Italian:

a Say where you were born (referring to town).
b Say how old you are.
c Say whether you are working, a student or unemployed.
d Ask: 'How do you say it in Italian?'

Marks: _____ /8

9 Someone you have helped says **Grazie!** to you. How do you respond? (one mark)

Marks: _____ /1

45–60 marks:	Congratulations. You are now ready for the next unit.
37–44 marks:	Very good, but try and identify your weak areas.
22–36 marks:	Quite good: make sure you understand your mistakes.
Below 22:	Not bad, but you would probably be wise to revise thoroughly before starting Unit 7.

Test your Italian II (Units 7–12)

1 Can you write down how you would say the following in Italian? Two marks for each correct answer.

a I've got a passport.   b What a nice house!
c It doesn't matter.   d I'm hungry.

Marks: _____ /8

2 How would you ask the following? Two marks for each correct answer.

a Is there a good restaurant   c Do they live in the centre?
   nearby?
b Are these seats taken?   d Do they play tennis?

Marks: _____ /8

3 Carry out this task in Italian. Allow yourself two marks for each section.

You are at the Hotel Miramare (don't translate the bits in brackets):

a Say you would like a room with a shower, full board, from 4th to 14th November.
b Ask whether the restaurant is open. [You are told it is.]
c Ask the waiter what there is to eat.
d Ask him where the phone is.
e [You are now on the phone.] Ask whether Dr Cortese is in.
f [He is out.] Ask whether you can leave a message.

Marks: ____ /12

4 Choosing each once only, complete each sentence with a suitable form of the verb from the box below:

a Non voglio ___ niente oggi!
b ___ sempre tanti turisti qui?
c Tutte le camere ___ sul mare.
d Fa molto caldo. (Io) ___ sete.
e Non___ aprire la valigia.
f Comincio a lavorare alle otto e ___ alle due.

dare - fare - finire - venire - potere - avere

Marks: ____ /6

5 You are going shopping. Say in Italian (two marks per item):

a What you require: some cheese, some eggs, some ham.
b How much of each you require: 400 grams of cheese, six eggs, 100 grams of ham.

Marks: ____ /12

6 Look at the advertisements on p. 86. It is midday on Wednesday and your friend wants to go for lunch to 'La Torinese' (**al ristorante 'la Torinese'**) or 'La Bella Napoli' restaurant. Explain to him, in Italian, firstly why he can't go to 'La Torinese', then why he can't go to 'La Bella Napoli'. Give yourself six marks for a correct answer.

Marks: ____ /6

7   Write down in Italian first what Ida likes (✓) and dislikes (✗), then do the same for Renzo, replacing their names by pronouns (e.g. she likes ... he likes ...) Allow two marks for each.

Ida	Renzo
l'insalata (✓)	la pasta (✓)
i fagiolini (✗)	i funghi (✗)

Marks: ___ /4

8   Look at the picture on p. 111 and answer each question on it using **Ce n'è** or **Ce ne sono**. One mark for each correct answer.

a   Quante sedie ci sono?
b   Quanti calendari?
c   Quante scrivanie?
d   Quanti cassetti?

Marks: ___ /4

Check your total score against the ratings on p. 296. Are you ready to start Unit 13?

Test your Italian III (Units 13–18)

1   Can you express the following in Italian? Two marks for each correct answer.

a   Ask someone formally what sports they do.
b   Ask someone how to get to the University.
c   Ask someone informally what they have done today.
d   Ask someone informally if they've ever been to Pisa.
e   Say that you have already eaten.
f   Say that you have not yet paid.
g   Say that you will meet up later.

Marks: ___ /14

2 Choose a suitable contracted preposition (**a/da/di/con** + definite article) to complete each of these sentences. One mark per answer.

a Perchè non esci ___ tuo ragazzo stasera?
b Vengo a prenderti ___ stazione.
c La pensione è lontana ___ mare.
d È stato il più bel viaggio ___ mia vita.
e Mi ha portato ___ fiori bellissimi.
f Mentre tu vai ___ pasticciere, io telefono a Marco.

Marks: ____ /6

3 In this passage Diana is saying what she did yesterday. Can you put the bracketed verbs into the perfect tense? After the asterisk (*) use the first person plural (masc). Remember to distinguish between verbs whose past is formed with **avere** and those requiring **essere**. The first verb is done for you. One mark for each correct verb.

Ieri mattina sono andata a scuola. Dopo pranzo (*dormire*) un po'. Alle tre (*fare*) una bella passeggiata e (*prendere*) un gelato al Bar Europa. (*comprare*) dei regali ma non (*spendere*) molto. Quando (*tornare*) a casa (*rispondere*) alla lettera di Renzo e (*scrivere*) una cartolina a Roberta. Alle otto (*uscire*): per strada (*incontrare*) Giulia e Franco e* (*andare*) insieme alla trattoria 'Mamma Rosa'. (*bere*) e (*mangiare*) molto bene. Verso le undici (*andare*) al mare. Sulla spiaggia (*vedere*) Enrico e l' (*salutare*). A mezzanotte (*fare*) il bagno e poi (*tornare*) a casa.

Marks: ____ /8

4 You are at the estate agent's. Fill in your side of the conversation (allow two marks each for the first two, four marks each for the last two responses).

Agente	Desidera?
You	*I'm looking for a flat*
Agente	Quante camere?
You	*Two are enough.*
Agente	Ne abbiamo uno vicino al Duomo.
You	*Really I prefer it by the sea. I like swimming.*
Agente	Ma questo è vicino a una grande piscina.
You	*I don't like swimming pools. I only like the sea.*

Marks: ____ /12

5 Say that you have already completed these tasks using the appropriate pronoun and making the necessary past participle agreements in your answers. Allow one mark for each correct answer.

a Quando vende la casa?   b Quando cambia i soldi?
c Quando compra le riviste? d Quando vede Marisa?
e Quando scrive la lettera? f Quando fa i bagagli?

Marks: ____ /6

6 Choose between a suitable form (present tense) of **conoscere**, **potere** or **sapere** in the following sentences (one mark for each correct answer):

a (Io) non ___ bene questa città.
b (Tu) ___ se Gianni è a casa?
c (Tu) ___ il mio amico Paolo?
d Marco non ___ giocare a tennis perchè fa brutto tempo.

Marks: ____ /4

Before starting Unit 19 check your score against the ratings on p. 296.

Test your Italian IV (Units 19–25)

1 Can you express the following in Italian? One mark each for **a**, **b**, **d** and **e**; two marks each for **c** and **f**.

a Don't worry (formal).   b Sit down here (formal).
c Sorry (informal) I'm late.   d Be careful (informal).
e Please help me (formal).   f I enjoyed myself a lot.

Marks: ____ /8

2 In the following passage the print has been damaged. Can you complete the words by filling in the gaps? Try guessing the meaning of words you don't know to understand the general sense. One mark for each correctly completed word.

La piazza rappresenta una parte integrante della vita italia__ Per un caffè, per un appuntamento, per una discussione o per un p__ di musica, un italiano va generalmente in piazza dove c'è spesso un tea__ famoso, un monumento, una statua importante o un ristoran__ con un'orchestra. Famosa in tutto il mondo è Piazza San Pietro a Ro__ con il Vaticano e con una fontana a destra e una fontana a sini__

A Venezia, Piazza San Marco è veramente stupenda, e a Fir__ Piazzale Michelangelo offre un magnifico panorama di tutt__ la città.

Marks: ____ /8

3 Respond to these questions with the appropriate double pronouns. One mark for each correct answer:

   a Me lo farai sapere? Sì, sì. ____ farò sapere senz'altro.
   b Mi farai questo favore? Ma certo che____ farò.
   c Chi ti ha consigliato l'albergo?____ ha consigliato un mio collega.
   d L'hai detto a Carlo?____ dirò domani.
   e Ti ha firmato l'assegno? Sì. ____ ha firmato.
   f Bambini, chi vi ha regalato i cioccolatini?____ ha regalati il nonno.
   g Signora, chi le ha dato queste informazioni?____ ha date il direttore.

Marks: ____ /7

4 In sentences **a, b, c** explain what Stefano will do before going on holiday with Mara; in **d, e, f, g** say what both will do. Use each verb from the box below once only to complete the sentences in the future tense.

   One mark for each correct answer.

   a ____ alla sua amica, Mara.
   b Le chiederà se ____ libera.
   c ____ i posti.
   d ____ i soldi.
   e ____ i bagagli.
   f ____ i passaporti.
   g ____ i loro amici.

   > salutare – telefonare – cambiare – fare – prenotare – essere – controllare

Marks: ____ /7

5 Mario lives in England now. Can you describe in Italian the life he used to live in Taormina? (Use the imperfect tense.) Allow yourself three marks for each correct answer.

a He only spoke Italian.   b He never got bored.
c He was never tired.   d He had lots of friends.
e He saw them every day in the square.
f He used to work from seven o'clock till one.
g He went to the beach every Sunday.
h He ate lots of fresh fruit.

Marks: ____ /24

6 Using each verb from the box below once only in the conditional tense, can you complete these sentences? One mark for each correct answer.

a Sono tanto stanco! ___ riposarmi prima di uscire.
b ___ andare tu dal tabaccaio? Mi occorrono dei francobolli.
c Ho tanta fame! ___ volentieri un bel piatto di spaghetti.
d ___ a prenderlo volentieri all'aeroporto, ma non ho la macchina.
e Vuoi uscire stasera? Che ne ___ di un bel film?
f Perchè non vai alla festa? ___ molto.

divertirsi – mangiare – andare – volere – dire - potere

Marks: ____ /6

Congratulations! You have completed your course, and provided that you are satisfied with your score (see p. 296), you are now ready to move on: turn to the *Taking it further* section (p. 293).

Bravo! *Well done!*

key to the exercises

Alternative answers are marked / (e.g. **per piacere/per favore**). Words that are not strictly necessary in the answer are put in brackets: **(e) questa è Elena**. With **Vero o falso** statements, a 'V', indicates that the statement is true. Otherwise the corrected version appears.

Unit 1

Dialogues

1 a Parla inglese? **b** Parlo inglese e francese. **c** Non parlo tedesco. **d** Parlo inglese. Parlo francese. Parlo tedesco. **e** Non parlo cinese. Non parlo giapponese. Non parlo russo. **f** Parla italiano? **g i** Gérard Dupont parla francese. **ii** Betty Warren parla inglese. **iii** Anna Muti parla italiano. **iv** Helga Weil parla tedesco. **2 a** Scusi, l'ascensore, per favore? **b** Grazie. **c** Scusi, il telefono, per favore? **3 a** per piacere. **b** Mi dispiace. **c** Scusi, la banca, per piacere/per favore? **d** Non lo so. **e** sinistra, stazione, ascensore, grazie, telefono. **f** La stazione è a destra. **g** La posta è a sinistra. **h** V. **i** La polizia è a destra. **j** Sempre dritto! **k** the museum; the police station. **4** Buongiorno, signorina Giulia! Arrivederci professore! **5 a** Un gelato, signorina? **b** No, grazie. Sì, grazie. **c** tea; coffee; beer; espresso. **d** acqua minerale. **e** Un gelato? Sì, grazie. **f** Una pasta? No, grazie. **g** Una limonata? Sì, grazie.

Practice

1 b Anna: Una birra, per favore. **c** Alfredo: Un gelato, per favore. **d** Maria: Un tè, per favore. **e** Roberto: Un cappuccino, per favore. **f** Rita: Una granita di limone, per favore. **g** Carlo: Un cioccolato, per favore. **h** Olga: Una coca-cola, per favore.

2 b La birra è per Anna. **c** Il gelato è per Alfredo. **d** Il tè è per Maria. **e** Il cappuccino è per Roberto. **f** La granita di limone è per Rita. **g** Il cioccolato è per Carlo. **h** La coca-cola è per Olga. **3 a** Franco parla inglese. **b** Rita parla francese e spagnolo. **c** Carlo parla tedesco e spagnolo. **d** Carlo parla tedesco, ma non parla francese. **e** Non parlo spagnolo. **f** Parla francese? **g** Parlo inglese, francese e spagnolo; non parlo tedesco.

4 Turista	*Excuse me!*
You	Sì...? Prego?/Sì...?/Prego?
Turista	*The post office, please.*
You	È lì, a sinistra.
Turista	And the station?
You	*Sempre dritto!*
Turista	Thank you.
You	Prego.

Unit 2

Dialogues

1 a Ecco il Duomo! **b** il Museo Nazionale; la Banca Commerciale. **c** Questo è il museo. **2 a** Dopo il Consolato Americano **b** strada; via; principale **c** Dov'è Piazza Municipio, per favore? **d** È vicino a Via Roma. **e** Dove sono i negozi, per favore? **3 a** (Io) prendo una pizza e un bicchiere di vino. **b** Cosa prende? **c** vino rosso **d** Un'acqua minerale con gas, per piacere. **e** Un bicchiere di vino rosso, per piacere. **4 a** Altro? **b** E lo zucchero! **c** Lo zucchero, per piacere. **5 a** 7 beers; 5 sandwiches; 1 ice cream.

Practice

2 b Il Ponte Vecchio: Firenze **c** Il Palazzo del Parlamento: Londra **d** La Torre Eiffel: Parigi **e** La Torre Pendente: Pisa **f** Il Vesuvio: Napoli **g** Il Colosseo: Roma **h** Piazza San Marco: Venezia.
3 Dov'è il Colosseo? A Roma. Dov'è il Vesuvio? A Napoli. Dov'è la Torre Eiffel? A Parigi. La Scala è a Milano. Il Ponte Vecchio è a Firenze. Il Palazzo del Parlamento è a Londra. La Torre Pendente è a Pisa. Piazza San Marco è a Venezia.
4 a Scusi, dov'è il Consolato Americano? (È) a sinistra dopo la posta. **b** Scusi, dov'è Piazza Garibaldi? (È) a destra dopo la stazione. **c** Scusi, dov'è il Duomo? (È) a destra dopo il Museo Nazionale. **d** Scusi, dov'è l'Albergo Miramare? (È) a destra dopo Piazza Garibaldi. **e** (Sono) a sinistra dopo la posta.

5 *Drinks*: la limonata, la birra, l'acqua minerale, l'aranciata, il tè. *Food*: la pizza, la pasta, il formaggio, il panino, il prosciutto. *Places*: la banca, il Duomo, la piazza, il museo, l'albergo.
6 Marta prende il tè con latte e (con) zucchero. Filippo prende il tè con limone senza zucchero. Io prendo il tè...
7 Cos'è questo? (Questo) è un espresso. Cos'è questo? (Questo) è un gelato. Cos'è questa? (Questa) è una pasta. Cos'è questa? (Questa) è una limonata.

Unit 3

Dialogues

1 a A che piano abitano i signori Nuzzo, (per favore)? 2 a Come si chiama? Mi chiamo Marco Russo. b Di dov'è? Sono di Napoli. 3 a Come ti chiami? b Io sono di Milano. c Che cosa fai? Sono segretaria. 4 a Di che nazionalità è, signorina? Sono italiana. b Anch'io sono italiano. c È greca. 5 a Io sono Massimo. b (E) questa è Elena. Piacere. c Quanti anni hai? Ho diciotto anni. 6 a Sono sposata. b Ha due fratelli e una sorella. c Quanti figli ha, signora? d Quanti anni hanno? e La bambina ha solo quattro anni.

Practice

1 Notice the omission of the letters –i and –a.
2 a I 12 b IV 47 c I 13 d III 38.
3 a Il professor Russo è architetto. b Carlo Pini è ragioniere. c Olga Fulvi è dentista. d Anna Biondi è giornalista.
4 a Helga è tedesca. b Gérard e Philippe sono francesi. c Juanita è spagnola. d Ivan e Natasha sono russi. e Anna e Pina sono italiane.
5 a Helga è di Bonn. b Gérard e Philippe sono di Nizza. c Juanita è di Barcellona. d Ivan e Natasha sono di Omsk. e Anna e Pina sono di Trento.
6 a Helga abita a Bonn. b Gérard e Philippe abitano a Nizza. c Juanita abita a Barcellona. d Ivan e Natasha abitano a Omsk. e Anna e Pina abitano a Trento.
7 Cara Luisa, ho diciassette anni. Sono di Siena ma abito a Lucca. Mio padre è italiano e mia madre è tedesca. Ho un fratello. Si chiama Luigi e ha diciotto anni./Mio fratello Luigi ha diciotto anni.

Unit 4

Dialogues

1 a Alle otto. 2 a mattina, sera 3 a 41 centesimi. bVuole queste?
c 3 postcards and 2 papers. d iv e È una cartolina di Roma.
4 a Molto gentile. b 9.00; 8.00 5 a Desidera? b Quanto
costa? c La camicetta è troppo cara. 6 a Prendo un paio di
sandali marroni. b Che numero?

Pronunciation

lunedì, sabato, domenica, aprono, chiudono.

Practice

1 a 9.30 – 1.00 b 3.00 – 4.00 c 9.00 – 2.00 d 9.00 – 1.30
e 9.00 – 7.30.
2 a la giacca b la maglietta c la cravatta d la gonna e i jeans
f i pantaloni g le scarpe h i sandali i il vestito j la camicetta
k i guanti l la camicia.
3 a Quanto costa la maglietta? Diciotto euro e venticinque.
b Quanto costano i pantaloni? Settantadue euro e trenta.
c Quanto costano le scarpe? Ottantacinque euro e cinquanta.
4 a Carlo compra una maglietta rossa, tre magliette gialle,
una cravatta gialla, una cravatta verde, due paia di scarpe
nere, un paio di pantaloni gialli e un paio di pantaloni verdi.
b Quattrocentoquarantacinque euro e quaranta (€445, 40).

5	**Tabaccaio**	Can I help you?
	You	*Due francobolli.*
	Tabaccaio	For abroad?
	You	*Sì. Per la Francia.*
	Tabaccaio	Anything else?
	You	*Una cartolina di Roma e questo giornale.*
	Tabaccaio	Then…
	You	*Nient'altro. Quant'è?*
	Tabaccaio	Two euros and ten (cents).
	You	*Ecco!*

6 a closed; b open; c sales. 7 a 20% discount offer for men's/
women's/children's outer wear from 17/10 to 19/11.

Unit 5

Dialogues

1 a Vado a Bologna. b In treno. c Solo per dieci giorni. 2 a
Scusi, sa dov'è la fabbrica di scarpe? b Non è lontano. c **una**

fermata is a bus stop. **3 a** Come si scrive? **b** Mio marito è svizzero. **c** Capisco tutto. **4 a** Sono nata a Lucca, ma abito a Siena. **b** Quante lingue parla?

Practice

2 a 76 **b** 85 **c** 68 **d** 79 **e** 170 **f** 198 **g** 177 **h** 102
3 a …va in ufficio in bicicletta. **b** … va a Parigi in treno. **c** …va a Roma in macchina. **d** … va a casa a piedi. **e** …vanno a scuola in autobus. **f** … va a Milano in aereo.
4 – Dove vai, Franco? – Vado a Roma. – Come vai? – In macchina.
– Dove vai, Anna? – Vado a casa. – Come vai? – A piedi.
– Dove vai, Francesca? – Vado a Milano. – Come vai? – In aereo.
5 a Sono le dieci e cinque **b** È l'una meno un quarto **c** Sono le tre meno dieci **d** Sono le tre e venti **e** Sono le sei meno un quarto **f** Sono le sei e mezza **g** È mezzogiorno **h** È mezzanotte.

6	**Dirigente**	Your name?
	You	*Pat Brown.*
	Dirigente	Brown? How do you spell it?
	You	*B come Bari, R come Roma, O come Ostia, W come Washington, N come Napoli.*
	Dirigente	You're English, aren't you?
	You	*No. Sono americano/a, ma abito a Londra.*
	Dirigente	How old are you?
	You	*Ho trentatrè anni.*
	Dirigente	What (work) do you do?
	You	*Lavoro in un'agenzia di viaggi.*
	Dirigente	Do you speak French and German?
	You	*Capisco tutto ma non parlo bene.*

7 A handbook or guide to professional careers.

Unit 6

Dialogues

1 a Alle quindici e venticinque. **b** Da che binario? **2 a** Tre posti per domani mattina. **b** expresso coffee, fast train; bank note, ticket
3 a È in ritardo di due minuti. **b** Il treno è in partenza dal binario nove. **4 a** Dov'è la fermata del sessantotto? **b** Alla prossima fermata scendo anch'io. **c** per favore, per piacere, per cortesia.

Practice

1 a Siena, 1, seconda, 16.20, 3. **b** Roma, 2, prima, 10.40, 15.
c Genova, 1, seconda, 23.55, 7. **d** Novara, 1, prima, 18.30, 1.
2 a dell' **b** agli **c** delle **d** dello **e** allo **f** degli **g** all' **h** alle **i** della **j** al.
3 i-e ii-i iii-g iv-a v-b vi-c vii-d viii-f ix-h
4 In via Terni ci sono tre alberghi. In Piazza Dante c'è un palazzo. In Piazza Cavour ci sono quattro bar. A Roma ci sono due aeroporti.
5 a Pina va in banca fra un'ora. **b** Giorgio va al colloquio fra tre ore. **c** Enrico ritorna a casa fra un quarto d'ora/quindici minuti. **d** Carlo va alla discoteca fra dieci minuti. **e** Il treno arriva fra cinque minuti.

6 Impiegato	Yes...Can I help you?
You	*Vorrei prenotare tre posti per dopodomani, giovedì.*
Impiegato	Where to?
You	*Firenze.*
Impiegato	Do you want to leave in the morning or evening?
You	*Non c'è un treno diretto alle undici?*
Impiegato	No, but there's a fast train that leaves at midday.
You	*Va bene. Tre posti per giovedì allora. Seconda classe.*

7 a You travel better and you spend less. **b** They are state owned.
c 167-431784 **d** (0766) 24975 or (0774) 20268

Unit 7

Dialogues

1 Aa Bc Cd Da
2 a Ottima idea. **3 a** Ma oggi è chiuso. **b** C'è un buon ristorante qui vicino? **4 a** Tutti i giorni, eccetto il lunedì. **5 a** C'è molta gente oggi. **b** È una specialità della casa. **6 a** Un altro po' di vino? **b** Per me niente.

Practice

1 *Antipasti*: antipasto misto, coppa di gamberetti, melone con prosciutto. *Primi*: lasagne al forno, risotto alla milanese, spaghetti alle vongole. *Secondi*: bistecca alla griglia, fritto misto di pesce, pollo arrosto, sogliola alla griglia. *Contorni*: fagiolini, insalata mista, patatine fritte. *Frutta – dolci*: gelati misti, macedonia di frutta, frutta fresca. *Da bere*: acqua minerale, vino rosso, vino bianco.

2 i-d ii-h iii-e iv-a v-f vi-g vii-c viii-b
3 i-b & d. ii-d iii-c: because it's a huge park in a wood iv-d: 'You eat well and keep your figure' v-a & c

4 Cameriere	What are you having?
You	*(Vorrei) antipasto misto.*
Cameriere	And for the first course?
You	*Minestrone.*
Cameriere	Would you like to order the second course now?
You	*Perchè no? Cosa/che cosa mi consiglia?*
Cameriere	The fish is very good today.
You	*Non mangio pesce. Bistecca alla griglia.*
Cameriere	Certainly. And any side dishes?
You	*Prendo insalata mista e/con patatine fritte.*
Cameriere	And to drink?
You	*Mezza bottiglia di vino locale.*
Cameriere	Red or white?
You	*Meglio il vino rosso con la bistecca.*
Cameriere	Straight away.
	...
Cameriere	Everything all right?
You	*Sì. Benissimo. Un altro po' di pane, per piacere.*
Cameriere	Here you are. Anything else?
You	*No, grazie. Basta così.*

Unit 8

Dialogues

1 a Singola o doppia? **b** La colazione è compresa nel prezzo?
2 a Dal ventisei luglio al nove agosto. **b** (la) colazione, (il) pranzo, (la) cena. **3 a** a week. **b** Abbiamo la patente di guida...Eccola! **4 a** I bagagli sono nella macchina. **b** Lo chiamo subito. **5 a** Alle sei in punto. **b** La camera che dà sulla terrazza. **6 a** tanti turisti **b** Comincio alle sei e finisco verso l'una.

Grammar

a Quando compra i libri? Li compro stasera. **b** Quando compra le riviste? Le compro subito. **c** Quando compra la rivista? La compro stamattina. **d** Quando paga il conto? Lo pago adesso.

Practice

1 a single room, shower, full board, Thursday – Monday.

b double room, bath, full board, 25 June – 4 July. **c** Room with twin beds, shower, half board, 9 May – 19 May.
2 a Eccolo! **b** Eccola! **c** Eccolo! **d** Eccoli! **e** Eccole! **f** Eccola! **g** Eccolo! **h** Eccolo!
3 a Sì. La conosco molto bene. **b** Sì. Le conosco abbastanza bene. **c** La vedo verso le otto. **d** Lo invito/l'invito oggi. **e** Li invito spesso. **f** La guardo dopo cena. **g** Sì. Lo conosco bene. **h** No. Lo vedo stasera.
4 a nello studio. **b** nell'acqua. **c** sul letto. **d** sulla spiaggia. **e** nel bicchiere. **f** nella borsa. **g** nelle valigie. **h** negli spaghetti.
5 a No. Vengo in macchina. **b** No. Vengo a piedi. **c** No. Vengo in aereo. **d** No. Veniamo in metropolitana. **e** No. Veniamo in bicicletta.
6 a Abito a Terni. Lavoro in un'agenzia di viaggi. La mattina esco alle otto e un quarto. Incomincio a lavorare alle nove. Finisco di lavorare alle 6.00. Torno a casa alle sette meno un quarto. Il sabato non lavoro. Vado in montagna con mio marito. Abitiamo a Napoli. Lavoriamo in un istituto di lingue. La mattina usciamo alle sette e venti. Incominciamo a lavorare alle otto. Finiamo di lavorare all'una. Torniamo a casa alle due meno venti. Il sabato non lavoriamo. Andiamo in campagna con i nostri genitori.
b Anna lavora in una banca commerciale, ma i signori Spada lavorano in un istituto di lingue. La mattina Anna esce alle otto meno un quarto, ma i signori Spada escono alle sette e venti. Anna incomincia a lavorare alle otto e mezza, ma i signori Spada incominciano a lavorare alle otto. Anna finisce di lavorare alle cinque, ma i signori Spada finiscono di lavorare all'una. Anna torna a casa alle sei meno un quarto, ma i signori Spada tornano a casa alle due meno venti. Il sabato Anna va al mare con sua sorella, ma i signori Spada vanno in campagna con i loro genitori.

7	**Direttore**	Good morning.
	You	*Buongiorno! Ha due camere per dieci giorni?*
	Direttore	For how many?
	You	*Per quattro persone.*
	Direttore	We have two rooms on the third floor.
	You	*Con bagno?*
	Direttore	One with a private bath, the other with a shower.
	You	*Sì. Va benissimo. C'è il ristorante in questo albergo?*
	Direttore	No. There's only a bar.
	You	*C'è un ristorante qui vicino?*
	Direttore	There's the 'Trattoria Monti' in the square.

8 a Accettazione carta di credito. b Si accettano piccoli animali domestici. c (Un) campo da tennis. d No vacancies. e Dry cleaning.

Unit 9

Dialogues

1 a Ha un appuntamento? b Le passo il dottor Fini. 2 a Avanti! b Posso offrirle un caffè? 3 a Mi dispiace, non c'è. b Un attimo. La chiamo. c Sono io.

Practice

1 a Out. b He asks whether she can call back later. c She says she will call back in half an hour. d 10 June. e His name.
2 Dove lo posso contattare? La chiamo io... Le do... La richiamo io... La ringrazio.
3 i-b ii-g iii-d iv-f v-c vi-h vii-a viii-e
4 a Vuole telefonare ad Anna. b Vuole vedere un film. c Vuole uscire con Carla. d Deve lavorare fino a tardi. e Deve uscire con i suoi genitori. f Deve scrivere una lettera a suo zio. g Non può fumare. h Non può comprare un altro vestito i Non può venire a pranzo con noi.
5 a Puoi aspettare qui? b Puoi telefonare per me? c Puoi passare il sale e il pepe? d Puoi prenotare un'altra camera? e Puoi aprire la porta, per piacere?

6	**Segretaria**	Hello!
	You	*Pronto! Posso parlare con Lisa, per piacere?*
	Segretaria	Lisa is in a meeting.
	You	*Posso lasciare un messaggio?*
	Segretaria	Certainly. Who's speaking?
	You	*Pat Iles.*
	Segretaria	How do you spell it?
	You	*P come Palermo, A come Ancona, T come Torino, I come Imola, L come Livorno, E come Empoli, S come Salerno.*
	Segretaria	And what's the message?
	You	*Pat Iles non può andare alla riunione domani.*

8 Costa €55,78 (cinquantacinque euro e settantotto) ed è garantita per sei mesi.

9 È per i bambini. Non costa niente./È gratuito.

Unit 10

Dialogues

1 **a** Vivo e lavoro a Napoli. **b** Gioco a tennis. **2 a** Sono i suoi genitori? **b** E questi qui sono i miei nonni.

Practice

1 **a** quel signore **b** quell'orologio **c** quella camicia
d quell'istituto **e** quello studente **f** quegli appartamenti **g** quei libri **h** quei pomodori **i** quelle cartoline **j** quei bicchieri.
2 **a** bella macchina **b** bello studio **c** bel posto **d** bei bambini
e bell'albero **f** bella spiaggia **g** belle camere **h** begli uccelli.
3 **a**...rimango a casa e guardo... **b**...vado a ballare... **c** ... vado al cinema... **d**... resto a casa a giocare a bridge. **e** ...gioco a tennis ... **f**... esco di casa... **g** ...mangio ...
4 i-b ii-d iii-a iv-c
5 **Guido:** Vado al cinema, leggo, ascolto la radio.
Carla: Guardo la televisione, gioco a tennis, vado a ballare.
Adamo e Ida: Andiamo al cinema, leggiamo, andiamo a teatro, ascoltiamo la radio.
Enzo e Rina: Guardiamo la televisione, giochiamo a tennis, leggiamo, andiamo a ballare.
6 **I c** Enzo è mio figlio. **d** Isabella è mia figlia. **e** Teresa è mia sorella. **f** Filippo è mio fratello. **g** Rina è mia nipote. **h** Pietro è mio nipote. **i** Guido e Elena sono i miei genitori.
II b Anna è nostra madre. **c/d** Noi siamo i loro figli. **e** Teresa è nostra zia. **f** Filippo è nostro zio. **g** Rina è nostra cugina. **h** Pietro è nostro cugino. **i** Guido e Elena sono i nostri nonni.
7 Cara Laura, grazie della tua lettera. Ho diciassette anni e un giorno vorrei lavorare in Italia. Quest'anno studio l'italiano ed il francese. Sono due lingue molto interessanti. Abito/Vivo in un villaggio vicino a Brighton che non è troppo lontano da Londra. Mio padre è elettricista e mia madre lavora a casa per un'agenzia pubblicitaria. Ho un fratello che lavora a Londra e una piccola sorella che ha sette anni. Si chiama Sandra e passa molto tempo a giocare con il nostro cane Rover. Vorrei venire in Italia a luglio. A presto. Un caro saluto. Gloria.

8	**Angelo**	Hi, Isa!
	You	*Ciao!*
	Angelo	Would you like to come out with me?
	You	*Dove?*
	Angelo	Dancing.
	You	*Quando? Adesso?*

Angelo	This evening, at nine.
You	*No. Stasera non posso. Devo andare al cinema con un amico/ un'amica.*
Angelo	Can you come tomorrow? Or have you got to go out tomorrow too?
You	*Domani sera devo andare a teatro con i miei genitori.*
Angelo	Pity! Sunday at eight?
You	*Domenica va benissimo. Ma non posso venire prima delle nove.*
Angelo	Nine o'clock is fine. Goodbye then!
You	*Ciao!*

Unit 11

Dialogues

1 a (Io) ho fame. **b** Vorrei mangiare qualcosa. **2 a** Vorrei dei panini. **b** Mezzo chilo di spaghetti. **3 a** Com'è bella questa borsa! **b** Non mi piace. **4 a** Mi piacciono moltissimo. **b** Allora li compro tutti e due. **c** Non ho più soldi!

Practice

1 Maria vuol comprare del burro, del formaggio, della birra, dell'olio, degli spaghetti, dello zucchero, dei fiammiferi dell'acqua minerale.

2 b Il vino bianco le piace, ma preferisce il vino rosso. **c** Il cinema le piace, ma preferisce il teatro. **d** Milano le piace, ma preferisce Firenze. **e** Le melanzane le piacciono, ma preferisce i peperoni. **f** I libri le piacciono, ma preferisce le riviste.

3 b Le piace il vino bianco o il vino rosso? Il vino bianco mi piace, ma preferisco il vino rosso. **c** Le piace il cinema o il teatro? Il cinema mi piace, ma preferisco il teatro. **d** Le piace Milano o Firenze? Milano mi piace, ma preferisco Firenze. **e** Le piacciono le melanzane o i peperoni? Le melanzane mi piacciono, ma preferisco i peperoni. **f** Le piacciono i libri o le riviste? I libri mi piacciono, ma preferisco le riviste.

4 a Le piace...? **b** Le piace...? **c** Ti piace...? **d** Ti piace...? **e** Ti piace...? **f** Le piacciono...? **g** Ti piacciono...?

5 a, b, c, f, g Ti piace? **d, e** Le piace?

6 a Ne devo pagare cento. **b** Ne devo scrivere due. **c** Ne voglio invitare dodici. **d** Ne devo comprare nove **e** Ne ho una. **f** Ne ho quattro. **g** Ne leggo molti.

7 a Ne ha uno più corto? **b** Non ne ha una più grande? **c** Non ne ha uno più scuro? **d** Ne ha una più chiara? **e** Non ne ha uno più facile?

8 a Pietro è più grande di Paolo. b Lino è più piccolo di Paolo. c Lino è più piccolo di Pietro. d Pietro è più grande di Lino. e Paolo è più piccolo di Pietro.

9 a L'aereo è più veloce del treno. b Il treno è più veloce dell'autobus. c La macchina è più veloce della bicicletta. d La bicicletta è meno veloce dell'autobus. e L'autobus è meno veloce della metropolitana.

10 a A new car. b Yes, very well. c Because his car uses too much petrol. d Yes. e No. f He doesn't like small cars. g No. He thinks they are too expensive. h He does not want to pay all that much.

11 *Salumeria*: salame, olio, vino, olive, prosciutto, pasta, mortadella.

Macelleria: vitello, maiale, agnello, manzo.

Pescheria: trota, merluzzo, salmone.

12a Ci vogliono cinque minuti per (cuocere) le pennette rigate, e undici minuti per gli spaghetti. b Sono cinquecento grammi.

Unit 12

Dialogues

1 a Roberto cerca un appartamento al centro. b Ne vuole quattro.

2 a La padrona di casa abita al pianterreno. b Si paga l'affitto.

3 a V. b La televisione è nel soggiorno, e la lavatrice è nel bagno.

Practice

1 *Bagno*: il bidè, la doccia, la vasca da bagno, il water, il lavandino.

Cucina: la cucina, il frigorifero, la lavastoviglie, la lavatrice, l'acquaio.

Camera da letto: il letto, il comodino, lo scaffale.

Sala da pranzo: le tende, le sedie, la tavola.

Salotto: il divano, la libreria, le poltrone, il quadro, la scrivania, il tappeto, la televisione.

Ingresso: il telefono, il tavolino, la pianta, lo specchio, l'orologio.

2 a Ce ne sono due. b Ce ne sono quattro. c Ce n'è una. d Ce ne sono quattro. e Ce ne sono sette.

3 a La presa per il rasoio è nel bagno. b Il citofono è nell'ingresso. c Il frigorifero è nella cucina. d Il letto è nella camera da letto. e Il divano è nel salotto. f Le coperte sono nell'armadio.

4 a Le sedie a sdraio sono sul balcone. **b** Le lenzuola sono sul letto. **c** La televisione è sul tavolino. **d** I libri sono sullo scaffale.
5 a Davide cerca un appartamento di quattro camere, in periferia, vicino alla strada principale. **b** Bianca cerca un appartamento di tre camere, in periferia, vicino alla stazione. **c** Lola e Rita cercano un appartamento di cinque camere, al centro, vicino all'ufficio. **d** Cerchiamo un appartamento di cinque camere, al centro, vicino all'ufficio.
6 a Ce ne sono dodici. **b** Ce ne sono sette. **c** Ce ne sono trecentosessantacinque. **d** Ce ne sono sessanta. **e** Ce ne sono cento. **f** Ce ne sono dieci. **g** Ce ne sono ventuno. **h** Ce n'è uno.
7 a The Coliseum. **b** It's not very modern. **c** On the fourth. **d** No. **e** Five. **f** Three. **g** Bathroom and kitchen. **h** The bathroom is small but the kitchen is nice and big.
8 a A luxury flat in a tourist district. **b** Two- to five-room flats. **c** A flat in a residential district with park. **d** Immediate sale. **e** A villa with a scenic view built as two separate flats, in a unique position. **f** It's a superbly built dream villa, and on the seafront. **g** He's looking for a luxury flat in a modern block that is free in June. **h** An English student is looking for furnished accommodation in exchange for conversation.

Unit 13

Dialogues

1 a Lo sport preferito di Giulio è il jogging. **b** V. **c** D'inverno va a nuotare in piscina, d'estate (va a nuotare) al lago. **2 a** Quando corre, la pioggia non fa nessuna differenza per lui. **b** No. Corre anche quando fa brutto tempo. **c** No. Non si sente affatto stanco. **3 a** Rita offre un bicchiere di vino al giornalista. **b** La mattina lei e suo marito si alzano presto. **c** No. Si alzano alle sei. **4 a** V. **b** No. Cenano piuttosto tardi. **5 a** Rina studia medicina. **b** Si laurea a giugno. **c** Fa l'ultimo anno.

Practice

1 a Si sveglia alle sei e mezza. **b** Si alza alle sette. **c** Si lava. **d** Fa colazione alle otto. **e** Legge il giornale. **f** Esce di casa alle otto e mezza. **g** Torna a casa alle sei. **h** Cena alle otto. **i** Guarda la televisione. **j** Va a letto alle undici.
2 a ...io mi riposo ... **b** ...io mi diverto ... **c** ...io mi sveglio ... **d** ... io mi alzo ... **e** ... io mi lavo ... **f** ...io mi vesto ... **g** ... noi non ci riposiamo ...

3 Non mi sveglio mai ... Non mi alzo mai ... Non mi lavo mai ... Non mi vesto mai prima ...
4 a ...ci riposiamo. b ... ci cambiamo. c ... mi alzo. d ... mi ubriaco. e ... mi diverto. f ... mi lagno.
5 a Lo prende al bar. b La prende in salumeria. c Li compra in panetteria. d Lo compra all'edicola. e L'aspetta all'edicola.
6 a Nevica. b Piove. c C'è il sole/fa bel tempo. d Tira vento/c'è vento.

7	You	*Ma non si riposa mai, signora?*
	Pina	Well, with a restaurant it's difficult to rest. We go to bed very late at night, and in the morning we get up very early.
	You	*Quante ore al giorno lavora?*
	Pina	10, 12, sometimes even 14 hours.
	You	*Lavora duro!*
	Pina	But I rest during the holidays.
	You	*Quante volte all'anno va in vacanza?*
	Pina	Twice.
	You	*Quando? D'estate?*
	Pina	No. In summer it's impossible. We have too many customers. We go in spring and autumn.
	You	*Dove va?*
	Pina	I go to Switzerland with my daughter. We go skiing.
	You	*Le piace sciare?*
	Pina	Yes, a lot. Skiing is my favourite sport.

8 a Scia. b Nuota. c Fa il jogging. d Gioca a calcio. e Gioca a carte. f Gioca a tennis.

Unit 14

Dialogues

1 a La Posta Centrale è in Piazza Garibaldi. b No. Parla con un passante. 2 a La fermata del 48 è dopo il ponte. b Deve scendere. 3 a V. b Deve scrivere (il suo) nome, (il suo) cognome e (il suo) indirizzo. 4 a Lo sportello N°9 chiude alle sei. b Vuole sapere dov'è la buca delle lettere.

Grammar

3 pulisca, beva, faccia, esca, venga. 5 a To send best wishes for their wedding. b Grosseto.

Practice

1 b Come si fa per andare a Ponte San Giovanni? Prenda la seconda traversa a sinistra. c Come si fa per andare alla

stazione? Prenda la terza traversa a sinistra. **d** Come si fa per andare al museo? Prenda la terza traversa a destra. **e** Come si fa per andare alla Banca Commerciale? Prenda la seconda traversa a destra. **f** Come si fa per andare all'università? Prenda la prima traversa a destra.
2 a Giri a sinistra. **b** Vada sempre dritto. **c** Giri a destra.
3 ...vada...giri...scenda...attraversi...prenda.
4 a Aspetti alla stazione! **b** Prenoti all'agenzia! **c** Legga qui!
d Pulisca dappertutto! **e** Venga a casa! **f** Paghi all cassa!
5 a ... Le mangi! **b** ...Lo beva! **c** ...L'apra! **d** ...Li faccia! **e** ... La prenda! **f** ...Lo prenoti!
6 a Piazza Vittoria. **b** Porta Santa Margherita. **c** Chiesa di SS. (Santissima) Trinità.

Unit 15

Dialogues

1 a Elena ha mangiato in una rosticceria. **b** Ha bevuto il vino.
2 a Il marito ha perso l'autobus. **b** Sta meglio. **3 a** V. **b** No. Ha visitato la moglie.

Practice

1 A ... risposto ... ho messo in ordine ... **B** Ho invitato ... Abbiamo bevuto ... giocato a bridge ... **C** ... abbiamo visto ... **D** ...ha chiamato...Ho passato ...
2 i-f ii-d iii-e iv-a v-g vi-c vii-b
3 a Non ti vedo. **b** Non ti sento. **c** Non ti conosco. **d** Non mi vedi? **e** Non ti capisco. **f** Quando m'inviti? **g** Allora, mi accompagni? **h** Ti aspetto...
4 a Vittoria ha visto il Papa in Piazza San Pietro. **b** Gino ha comprato una villa fra Siena e Firenze. **c** Roberto ha (finalmente) aperto un'agenzia immobiliare. **d** Renzo e Mara hanno fatto molti bagni. **e** Ada e Lino hanno giocato alla roulette e hanno perso. **f** Federico e Anna hanno visto l'Aida.
5 Ho visto tante cose interessanti. Saluti da Bari.
6 a Ha pranzato dai suoi genitori. **b** Non ha chiamato l'elettricista. **c** Ha guardato il programma TV 7 speciale. **d** Non ha pulito la casa. **e** Non ha pagato l'affitto. **f** Ha giocato a tennis con Marco. **g** Ha portato la macchina dal meccanico. **h** Ha scritto una cartolina a sua zia Maria.

7 You   *Cos'hai fatto di bello oggi?*
   Olga   I worked all day.
   You   *Non hai visto il tuo ragazzo?*
   Olga   Yes. At lunchtime.

You	*Avete mangiato insieme?*
Olga	Yes. At a smart trattoria in Via Manzoni.
You	*Perchè non sei contenta allora?*
Olga	Because I had to pay for the lunch.

Unit 16

Dialogues

1 a L'immigrato ha lavorato prima a Bedford. **b** È andato ad abitare a Londra. **2 a** V. **b** Spera di ritornare in Italia. **3 a** V. **b** È partito col/con il treno delle dieci e quaranta. **4 a** V. **b** (Non l'accetta) perchè deve scappare.

Practice

1 (a)...lunedì scorso è andato a teatro. **b** ...martedì scorso ha cenato tardi. **c** ...mercoledì scorso non ha studiato affatto. **d** ...giovedì scorso ha lavorato fino alle dieci. **e** ...venerdì scorso ha mangiato fuori. **f** ...sabato scorso ha giocato a scacchi. **g** ...domenica scorsa ha dormito fino a mezzogiorno.
2 Lunedì scorso sono andato a teatro. Giovedì scorso ho lavorato fino alle dieci. Domenica scorsa ho dormito fino a mezzogiorno.
3 b Paolo Nuzzo è nato nel 69. È stato in Austria per due anni. È andato a Vienna. Poi è tornato in Italia. **c** Mirella Perrone è nata nel '57. È stata in Francia per un anno. È andata a Parigi. Poi è tornata in Sicilia. **d** I signori Caraffi sono nati nel '58. Sono stati in Spagna per dodici anni. Sono andati a Barcellona. Poi sono tornati in Sardegna. **e** Anna e Silvia sono nate nel '71. Sono state in Grecia per sei anni. Sono andate ad Atene. Poi sono tornate a Roma.
4 b Ci sono andata in aprile. **c** Ci sono ritornata nel mese di agosto. **d** Ci sono andata in macchina. **e** No. Ci sono andata con la mia amica Francesca.
5 a Non la vede da due anni. **b** La conosce da molti anni. **c** Lo suona da nove anni. **d** Lo studia da sei mesi. **e** Non lo vedono da molto tempo. **f** L'aspettano da poco tempo.
6 a Mara è andata a fare la spesa due ore fa. **b** Sergio è venuto a pranzo un'ora fa. **c** Mario è tornato dal lavoro un'ora e mezza fa. **d** Carlo è andato a letto mezz'ora fa. **e** Filippo è uscito cinque minuti fa.

7 **Giornalista**	Do you ever go to Italy?
You	*Sì. Ci vado quasi ogni anno.*
Giornalista	Where did you go last year?
You	*Sono andato a Venezia e a Verona.*

Giornalista	Did you stay long in Verona?
You	*Due sere. Per l'opera.*
Giornalista	Did you go with friends?
You	*No. Preferisco viaggiare da solo.*
Giornalista	(But) you speak very well! Are your parents Italian?
You	*Sì. E ... Ho studiato l'italiano all'università.*
Giornalista	Where? In Italy?
You	*Prima in Italia, poi all'università di Londra.*
Giornalista	How long ago?
You	*Due anni fa.*

8 Si trovano in Sicilia.

Unit 17

Dialogues

1 a Marisa è andata al supermercato con Valeria. b (L'ha messo) in frigorifero. 2 a Daniele e Sonia hanno comprato una cravatta di seta pura per Sandro. b (Non li hanno prenotati) perchè non hanno avuto tempo. 3 a V. b Ha tolto la spina.

Practice

1 a Ne ho mandato uno. b Ne ho visti molti. c Ne ho spedite sei. d Ne ho scritte quattro. e Ne ho visitata una. f Ne ho spesi molti. g Ne ho cambiate poche. h Ne ho bevuti tre.
2 a Le ho già scritte. b Li ho già comprati. c Li ho già visti. d Le ho già fatte. e L'ho già sbrigata. f L'ho già finito. g Li ho già preparati. h L'ho già consultata.
3 a No. Non l'ho ancora fatto. b No. Non l'ho ancora pulito. c No. Non l'ho ancora pagato. d No. Non l'ho ancora fatta. e No. Non li ho ancora comprati. f No. Non l'ho ancora riparata.
4 a ... ho scritto ... b ... l'ho letto. c ... l'ho ascoltata. d ...l'ha bevuta. e ... l'ha messo. f ... hanno perso il treno.

5	Moglie	Are we leaving then, dear?
	You	*Non sono ancora pronto.*
	Moglie	What are you looking for?
	You	*Il passaporto. Ma dove l'ho messo? L'hai preso tu?*
	Moglie	No. Have you looked in the car?
	You	*Sì. Ho guardato. Non c'è.*
	Moglie	Didn't you leave it in the bank this morning when you changed your money?
	You	*No. Ah ... Un momento ... Forse l'ho messo in camera da letto.*

Moglie	No. It's not there. I've cleaned (in) every room and I haven't seen anything.
You	*Non l'hai mica messo con gli altri documenti?*
Moglie	No, no. I've only got the train tickets in my bag.
You	*Che guaio! Come facciamo ora senza passaporto?*
Moglie	Have you looked in the study?
You	*Sì. Ho guardato dappertutto.*
Moglie	My goodness! And the train leaves in half an hour!

Unit 18

Dialogues

1 a Renzo non usa mai il profumo./Renzo il profumo non lo usa mai. **b** Perchè è il suo compleanno. **2 a** Beatrice prende un cd di musica classica per Renzo. **b** Vuole telefonare a Renzo. **3 a** V. **b** Devono andare a pranzo da Carla.

Practice

1 a Anna gli dà una cravatta. **b** Renzo gli dà un libro. **c** Beatrice gli porta un cd. **d** Livio gli manda una cassetta. **e** Matteo gli regala un profumo. **f** Maria gli telefona per fargli gli auguri.
2 a Le telefono stasera. **b** Gli telefono più tardi. **c** Gli telefono dopo cena. **d** Le scrivo domani. **e** Le scrivo oggi. **f** Gli parlo dopo la lezione./Parlo loro dopo la lezione.
3 b A chi vuole mandare la cartolina di auguri? Voglio mandarla a Beatrice. **c** A chi vuole regalare la borsa di pelle? Voglio regalarla a Maria. **d** A chi vuole portare i cioccolatini? Voglio portarli a Marco. **e** A chi vuole dare il portafoglio? Voglio darlo a Gino.
4 il francobollo – Non ce l'ho. – non lo compri? – la posta è chiusa – il tabaccaio è aperto – non c'è un tabaccaio – vuoi spedirla – devo mandargli – devi mandarli?
5 a S'incontrano. **b** Si vedono. **c** Si parlano. **d** Si salutano. **e** Si baciano. **f** Si abbracciano.

6 Giorgio	Where are you going, Carla?
You	*Prima vado alla posta, poi vado a comprare il regalo per Antonio.*
Giorgio	Why? Is it his birthday?
You	*No. È il suo onomastico.*
Giorgio	What are you buying him?
You	*Non lo so ancora.*
Giorgio	Does he like reading?
You	*Mi sembra di no.*

Giorgio	How much do you want to spend?
You	*Non troppo.*
Giorgio	Do you know whether he likes music?
You	*So che gli piace ascoltare la musica quando guida.*
Giorgio	You can buy him a cassette then.
You	*Ottima idea!*

7 a No. È un fascio di rose. b Ce ne sono quindici. c They are made in Perugia. d Mother's day.

Unit 19

Dialogues

1 a V. b No. Non c'è mai stata. 2 a V. b (C'è andata) per quattro giorni. 3 a Marcello lavora in una fabbrica. b Si trova bene.

Practice

1 Marco si è iscritto all'università di Roma. Si è laureato in medicina in sei anni. Anna si è iscritta all'università di Bologna. Si è laureata in matematica e fisica in sette anni. Carlo e Fillippo si sono iscritti all'università di Napoli. Si sono laureati in legge in quattro anni.

2 Mi sono vestito... ho fatto colazione ... ho comprato ... ho telefonato ... gli ho chiesto ... sono andato ... ho detto ... ho preso ... ho fatto ...

3 b Ci siamo visti. c Ci siamo parlati. d Ci siamo salutati. e Ci siamo baciati. f Ci siamo abbracciati.

4 a di cui. b con cui. c da cui. d per cui. e a cui.

5

Giornalista	Are you German?
You	*No. Siamo inglesi.*
Giornalista	How long have you been here?
You	*Siamo qui da una quindicina di giorni.*
Giornalista	Did you come by air?
You	*No. Siamo venuti in macchina.*
Giornalista	And why did you come to Perugia?
You	*Perchè ci siamo iscritti all'università per studiare l'italiano.*
Giornalista	How long does the course last?
You	*Dura un mese.*
Giornalista	Have you visited any other places?
You	*Non molti. Ma/però domenica scorsa ci siamo alzati presto e siamo andati ad Assisi.*
Giornalista	Did you enjoy yourselves?
You	*Ci siamo divertiti moltissimo.*

6 a Cenano sulla spiaggia. b Il pomeriggio vanno al parco. c La fanno sul Mare Adriatico.

Unit 20

Dialogues

1 a La signorina prende le compresse senz'acqua. b Ne prende una. 2 a V. b Deve andare in farmacia. 3 a La signora ha mal di denti. b Le dà uno spazzolino e un dentifricio speciali. 4 a V. b Deve riparare gli occhiali dell'avvocato.

Practice

1 *Anna*: Mi fa male **il braccio**. *Giorgio*: Mi fa male **il naso**. *Alessandro*: Mi fa male **il ginocchio**. *Livio*: Mi fanno male **gli occhi**. *Orazio*: Mi fanno male **i piedi**. *Gina*: Mi fanno male **le gambe**.
2 a ... le fa male il braccio. b ... gli fa male il naso. c ... gli fanno male gli occhi. d ... gli fanno male i piedi. e ...le fanno male le gambe. f ... gli fa male il ginocchio.
3 a ... ha **mal di gola**. b ... ha **mal di testa**. c ... ha la **febbre**. d ... ha **mal di stomaco**. e ... ha **mal di denti**. f ... ha **il raffreddore**.
4 a ... si riposi! b ...si asciughi! c ... si lavi i denti! d ... si metta il cappotto! e ... si diverta!
5 a Non le prenda! b ... Non li faccia! c ... Non gli telefoni! d ... Non le scriva! e ... Non l'apra! f ... Non le chiuda!

6 | You | *Non mi sento bene.* |
Mara	What's the matter? Have you got a headache?
You	*No. Mi fanno male gli occhi.*
Mara	Why don't you put your glasses on?
You	*Purtroppo sono dall'ottico.*
Mara	But I can drive if you like.
You	*Va bene. Così mi riposo un po'.*
Mara	How about stopping a moment at the chemist's?
You	*Buon'idea! E poi possiamo andare a prendere qualcosa da bere.*
Mara	So first we'll stop at the chemist's and then we'll go to the Quattro Fontane Bar.
You	*E così posso anche telefonare al medico.*

Unit 21

Dialogues

1 a V. b Andranno in Calabria dai loro parenti. 2 a Il sole non dà fastidio a Massimo. b Perchè dovrà ricominciare a

lavorare. **3 a** V. **b** La rivedrà sabato. **4 a** La signorina vuole consultare il catalogo dei nuovi cd. **b** Deve riportarlo/lo deve riportare al commesso. **5 a** V. **b** Dovrà richiederli/Li dovrà richicdcrc alla casa discografica.

Practice

1 b Berrò ... **c** Andrò ... **d** Farò ... **e** Pulirò ... **f** Preparerò ... **g** Sparecchierò ... **h** Laverò ... **i** Mi riposerò ... **j** Prenderò ... **k** Andrò ... **l** Finirò ... **m** Uscirò ...
2 a ... Usciranno ... **b** ... Resteranno ... **c** ... Verranno ... **d** ... Potranno farlo ... **e** Saranno qui ... **f** ... Lo faranno ... **g** ... Arriveranno ... **h** ... La costruiranno ...
3 ... andremo ... ... staremo ... trascorreremo ... torneremo ... daremo ... inviteremo ... guarderemo ... andremo ... ci siederemo ... prenderemo ... ascolteremo ...
4 a Me la riparerà il meccanico. **b** Me le cambierà il cassiere. **c** Ce lo prenoterà il nostro amico Sandro. **d** Me lo farà un pittore francese. **e** Ce lo porterà un nostro collega. **f** Me la disegnerà un architetto italiano. **g** Me lo regalerà mia sorella. **h** Ce lo troverà nostro cugino.

5	You	*Vorrei un libro sull'Italia.*
	Libraio	What type of book? Do you want something on politics or economics?
	You	*Veramente cerco un libro per turisti.*
	Libraio	So it's a guide you are after?
	You	*Sì. Vorrei fare il giro dei laghi.*
	Libraio	Ah! Then you need a book on Northern Italy.
	You	*Esattamente! Posso vedere ciò che ha?*
	Libraio	I'm sorry, but at the moment we haven't got anything.
	You	*Come mai?*
	Libraio	Unfortunately I sold the last one an hour ago.
	You	*Non ne aspetta altri?*
	Libraio	Of course. But when are you leaving?
	You	*Partirò il primo giugno.*
	Libraio	Good. If you come here at the end of May I'll have just what you want.
	You	*Posso prenotarne una copia adesso?*
	Libraio	Of course. Leave me ten per cent deposit and your address. When the book arrives I'll let you know.

6 a Per vedere **la Mostra dei mobili antichi** si deve andare a **Cortona**. **b** Per vedere la **Mostra (internazionale) dei telefilm** si deve andare a **Chianciano Terme**. **c** Per vedere **la Festa del lago** si deve andare a **Castiglione del Lago**.

Unit 22

Dialogues

1 a V. **b** No. La trovava molto monotona. **2 a** Quando Nino e Dario erano scapoli uscivano ogni sera. **b** Dicevano sempre che non volevano sposarsi. **3 a** Eugenio Parisi lavorava in un'azienda agricola. **b** Perchè non ha potuto./Perchè suo padre era gravemente ammalato e non poteva più mantenerlo. **4 a** V. **b** No. Suonava la chitarra.

Practice

1 b Faceva così caldo; fa così freddo. **c** C'era tanto sole; c'è tanta pioggia. **d** Uscivo ogni sera; non esco mai. **e** Venivano a trovarmi tante persone; non viene a trovarmi nessuno. **f** Andavo ogni domenica alla spiaggia; vado qualche volta in piscina. **g** Parlavo con tanta gente; non parlo con nessuno. **h** Bevevo caffè e vino; bevo tè e birra.
2 a Perchè era troppo forte. **b** Perchè mi faceva male un dente. **c** Perchè costavano poco. **d** Perchè dov'ero prima dovevo lavorare troppo. **e** Perchè era troppo cara. **f** Perchè non avevamo appetito. **g** Perchè avevano sete. **h** Perchè eravamo stanchi morti. **i** Perchè non mi sentivo bene. **j** Perchè aveva bisogno di soldi.
3 (a)...si radeva, ha telefonato ... **b** ... scriveva, si è rotta ... **c** ... riparava, è arrivata ... **d** ... cucinava, si è scottato ... **e** ... leggeva, se n'è andata ... **f** ... guardava ... gli ha chiesto ...
4 i a No. È laureata da poco tempo. **b** Si offre come baby-sitter di pomeriggio e di sera. **c** Vive a Bergamo. **ii a** Ha il diploma di ragioniera. **b** Vuole lavorare per mezza giornata. **c** Bisogna telefonarle nelle ore dei pasti. **iii a** No. Sono prossimi alle nozze. **b** No. Vogliono prenderlo in affitto. **c** No. Può essere anche piccolo. **iv a** No. È laureato in scienze politiche. **b** Ha trent'anni./Ne ha trenta. **c** No. Lavora da molto tempo. **d** Conosce il francese, l'inglese e il tedesco.
5 A Ma come! Già **te ne vai**? **B** Eh, sì. **Me ne devo andar**e. **A** E Bruna, **se ne va** anche lei? **B** No. Bruna non **se ne va** ancora. Però Anna e Roberto **se ne vanno**. E voi quando **ve ne andate**? **A** Noi **ce ne andiamo** più tardi.

6	*You*	*Dove lavorava, signora, quando era a Napoli?*
	Signora	I worked in an agricultural firm which exported fruit all over Europe.
	You	*Ma lei, che faceva di preciso?*
	Signora	I checked the quality of the fruit.

You	*Trovava il lavoro difficile?*
Signora	Yes. Because a minor error was enough to lose very important customers.
You	*Quanto tempo ha lavorato in quell'azienda?*
Signora	Three and a half years. Then we went to Sorrento because my father was tired of living in a big town.
You	*È per questo che vuol cambiare lavoro?*
Signora	Yes, mainly because of that.

7 È il 91%.

Unit 23

Dialogues

1 a Quando hanno suonato, Bruna è andata ad aprire la porta.
b Le ha scritto il suo indirizzo. 2 a V. b No. (Gianna) ha
smesso di fumare./Non fuma più. 3 a V. b No. Non gli piace.

Practice

1 b Torna...! c Va'...! d Copriti...! e Prendi ...! f Chiama ...!
g Rimani ...! h Non preoccuparti di...!
2 a Non fumare! b Prendi l'aereo! c Non insistere! d Non
parcheggiare lì! e Va' in macchina! f Porta l'ombrello!
g Metti la data...! h Usa la scheda telefonica!
3 b Non usarla! c Non comprarlo! d Non pagarlo! e Non
berla! f Non prenderlo! g Non attraversarla! h Non perderli!
4 a Luigi, sta' zitto! b Alfredo, fammi assaggiare il gelato!
c Elena, va' all'altra tavola! d Vittorio, dammi il bicchiere! e
Maria, dammi il sale e il pepe! f Nina, dimmi cosa vuoi per
secondo piatto!
5 a ... sta facendo il bagno. b ... sta cucinando. c ...sta
piovendo. d ... sta per sposarsi. e ... sta suonando. f ...
stanno per partire.
6 i-e Sta mangiando. ii-f Stiamo comprando ... iii-c Stanno
facendo ... iv-b Sta cucinando. v-d Sta lavorando. vi-a Stanno
chiacchierando.

7	**Mamma**	What are you doing up so early? It's not yet five o'clock!
	You	*Vorrei studiare un po'.*
	Mamma	At this time? How's that?
	You	*Ma non sapevi che oggi ho un esame?*
	Mamma	Oh! I'd completely forgotten. Shall I make you a cup of coffee?
	You	*No grazie. Ritorna a letto.*
	Mamma	Have you still got a lot to do?

You	No. Non molto.
Mamma	You're studying so much, it's true; but in a couple of years' time you'll be a doctor.
You	*Sì. Ma solo se riesco a superare questo esame. È uno dei più difficili.*
Mamma	But why are you so worried?
You	*Perchè questa volta non sono sicura di me.*
Mamma	Don't worry. Everything will be fine. You'll see.

Unit 24

Dialogues

1 a V. b (Se n'è accorta) quando è uscita dal Duomo. 2 a V. b È nata a Lugano nel '70. 3a V. b di usare il suo telefono; di aiutarla a cercare il numero telefonico del suo medico. 4a V. b Ha telefonato al pronto soccorso. 5a La macchina è della signora. b No. Gli ha chiesto di controllare (solo) l'olio e l'acqua.

Practice

1 a Lavatevi le mani! b Aspettate qui! c Venite a tavola! d Sedetevi! e Non gridate! f Non fate troppo rumore! g Non toccate i fiori sulla tavola! h Bevete piano piano! i Non parlate con la bocca piena!
2 i-i ii-f iii-a iv-c v-b vi-e vii-d viii-g ix-h.
3 a … Glieli faccio io. b …Glielo compro io. c … Glieli cambio io. d … Glieli riporto io. e …Gliela imbuco io. f … Glielo prendo io. g … Gliele chiudo io.
4 a È sua. b È suo. c È mio. d Sono suoi. e Sono miei. f Sono sue. g Sono suoi. h Sono mie.
5 b È suo quest'ombrello? d Sono suoi questi occhiali? f Sono sue quelle chiavi? g Sono suoi quei giornali?

6	You	*Ho perso la patente di guida e non so (che) cosa fare.*
	Signorina	Do you know where you lost it?
	You	*Non ne sono certo. Forse l'ho lasciata in macchina. Durante la notte qualcuno è entrato nella mia auto e ha preso tutto.*
	Signorina	Don't worry. There's a good chance of recovering it, because usually they send it to the 'Questura'.
	You	*Che cos'è la Questura?*
	Signorina	It's the police headquarters. Go there and report the loss.
	You	*E sa dov'è, per cortesia?*

Signorina	Certainly. It's in Via Mazzini.
You	*Grazie. Intanto come faccio senza patente?*
Signorina	For the moment you can use a copy of the statement as a document.

7 Il 113.

Unit 25

Dialogues

1 a V. **b** È di Milano ed il giornale che di solito legge è *Il Corriere della Sera*. **2 a** V. **b** No. Escono ogni settimana. **3 a** V. **b** Secondo lui ci dovrebbero essere più documentari. **4 a** Ezio non è d'accordo col suo amico sui programmi televisivi. **b** Vorrebbe abolire le televisioni private.

Practice

1 a La berrei ... **b** Li mangerei ... **c** Lo metterei ... **d** Le prenderei ... **e** L'ascolterei ... **f** Lo guarderei ...
2 a Ada vivrebbe in città. Comprerebbe un piccolo appartamento. Andrebbe ogni sera a ballare. Imparerebbe a guidare. **b** Vivrei al mare. Comprerei una villa. Andrei spesso a nuotare. Imparerei a suonare la chitarra. **c** I signori Miele vivrebbero in montagna. Comprerebbero una casetta. Andrebbero ogni tanto a sciare. Imparerebbero a dipingere.
3 i-g ii-h iii-d iv-f v-a vi-b vii-e viii-c.
4a Te le porterei io ... **b** Te la porterei io ... **c** Te la farei io ... **d** Te lo pulirei io ... **e** Te li cambierei io ... **f** Te la farei io ... **g** Te la imbucherei io ...

5 *You*	*Ciao Renata! Puoi venire alla mia festa stasera?*
Renata	I'd love to, but I'm very busy at the moment.
You	*Ma cos'hai di così importante da fare?*
Renata	I've got to tidy up the house, I've got to do some washing, I'm on my own and I have to think of everything.
You	*E non potresti fare tutte queste cose in un altro momento?*
Renata	Yes, I could, only that my parents are coming back from their holiday abroad today.
You	*Ma non dovevano ritornare la settimana prossima?*
Renata	Yes. In fact they would have liked to stay for five or six days longer, but my aunt has had a baby and so they decided to come back early.
You	*A che ora arriveranno?*

Renata They should be at the airport at six. I'll go and collect them myself by car.

You *Comunque, se cambi idea, puoi sempre farmelo sapere. Chiamami quando vuoi.*

Renata Thank you. If I can, I'd love to come, if it's only to greet you and give you my best wishes.

6 a RAI: Radio Televisione Italiana. **b** *La Stampa, La Repubblica* e (il) *Corriere della Sera.*

Alternative answers are shown thus: un gelato/un caffè. Words in brackets are optional.

Test your Italian I (Units 1–6)

1a Scusi! **b** Buongiorno, come sta? **c i** Una birra, per piacere/per favore. **ii** Un gelato, per piacere/per favore. **d** Dove sono i negozi? **e** Cosa prende? **f** (Prendo) un caffè. **2a i** Come si chiama? **ii** Come ti chiami? **b i** (Che) cosa fa? **ii** (Che) cosa fai? **c** Sono sposato/sposata or Non sono sposato/sposata. **d** Arrivederci, professore. **3a** Parla anche spagnolo, vero? **b** La biblioteca è a sinistra. **c** A che piano abita la signora Verdi? **d** Che giorno parte per Parigi? **e** Vorrei usare le lingue che conosco. **f** Deve prendere l'autobus davanti all'università. **4a**... davanti al cinema. **b**...prima delle otto. **c**... prima dell'una. **d** ...alla prossima ... **e** ...allo sportello... **f**... alle dieci. **5a** posta **b** sciopero **c** saldi **d** granita **6a** (Vorrei) un biglietto per Venezia. **b** A che ora parte il prossimo treno? **c** A che ora arriva a Venezia? **d** È in orario? **7** Vorrei un paio di scarpe nere, una maglietta bianca e un paio di jeans. Quant'è (in tutto)? **8a** Sono nato/nata a... **b** Ho ... anni. **c** Lavoro/sono studente/ studentessa/sono disoccupato/disoccupata. **d** Come si dice in italiano? **9** Prego!

Test your Italian II (Units 7–12)

1a Ho il passaporto. **b** Che bella casa! **c** Non importa/non fa niente. **d** Ho fame. **2a** C'è un buon ristorante qui vicino? **b** (Scusi,) sono occupati questi posti? **c** Abitano al centro? **d** Giocano a tennis? **3a** Vorrei una camera con doccia,

pensione completa, dal quattro al quattordici novembre. **b** Il
ristorante è aperto?/È aperto il ristorante? **c** (Che) cosa c'è da
mangiare? **d** Dov'è il telefono? **e** C'è il dottor Cortese? **f** Posso
lasciare un messaggio? **4a** ... fare ... **b** Vengono ... **c** ... danno
... **d**... ho ... **e** ... posso... **f** ... finisco ... **5a** del formaggio, delle
uova, del prosciutto. **b** quattro etti di formaggio, sei uova, un
etto di prosciutto. **6** Non puoi andare al ristorante 'La
Torinese' perchè è chiuso il mercoledì, **e** non puoi andare al
ristorante 'La Bella Napoli' perchè è aperto solo la sera. **7** Le
piace l'insalata, (ma) non le piacciono i fagiolini; gli piace la
pasta (ma) non gli piacciono i funghi. **8a** Ce n'è una. **b** Ce n'è
uno. **c** Ce n'è una. **d** Ce ne sono tre.

Test your Italian III (Units 13–18)

1a Che sport fa? **b** Come si fa per andare all'università?/Sa
dov'è l'università? **c** (Che) cos'hai fatto oggi? **d** Sei mai stato/a
a Pisa? **e** Ho già mangiato. **f** Non ho ancora pagato. **g**
C'incontriamo più tardi. **2a** col **b** alla **c** dal **d** della **e** dei **f**
dal **3** ho dormito – ho fatto – ho preso – ho comprato – ho
speso – sono tornata – ho risposto – ho scritto – sono uscita –
ho incontrato – siamo andati – abbiamo bevuto **e** (abbiamo)
mangiato – siamo andati – abbiamo visto – l'abbiamo salutato
– abbiamo fatto – siamo tornati. **4** Cerco un appartamento ...
Due bastano/due sono abbastanza ... Veramente lo preferisco
vicino al mare ... Mi piace nuotare ... Non mi piacciono le
piscine/le piscine non mi piacciono ... Mi piace solo il mare. **5a**
L'ho già venduta. **b** Li ho già cambiati. **c** Le ho già comprate.
d L'ho già vista. **e** L'ho già scritta. **f** Li ho già fatti. **6a**
conosco... **b** sai... **c** conosci... **d** può ...

Test your Italian IV (Units 19–25)

1a Non si preoccupi! **b** Si segga qui!/Si accomodi qui! **c**
Scusami del ritardo! **d** Sta' attento! **e** Mi aiuti! (Per piacere)
f Mi sono divertito/a molto. **2** italiana – po' – teatro –
ristorante – Roma – sinistra – Firenze – tutta. **3a**... te lo **b** te lo
c Me l' **d** Glielo **e** Me l' **f** Ce li **g** Me le **4a** Telefonerà **b** se sarà
c Prenoterà **d** Cambieranno **e** Faranno **f** Controlleranno **g**
Saluteranno **5a** Parlava solo italiano. **b** Non si annoiava mai. **c**
Non era mai stanco. **d** Aveva molti amici. **e** Li vedeva ogni
giorno in/nella piazza. **f** Lavorava dalle sette all'una. **g** Andava
alla spiaggia ogni domenica/tutte le domeniche. **h** Mangiava
molta frutta fresca. **6a** Vorrei **b** Potresti **c** Mangerei **d** Andrei **e**
diresti **f** Ti divertiresti ...

adjectives Adjectives give more information about nouns: The *new* house is comfortable. **La casa *nuova* è *comoda*.** This year the prices are *high*. **Quest'anno i prezzi sono *alti*.**

adverbs Adverbs tend to give more information about verbs: You'll *certainly* find it. **Lo troverai *certamente*.** I go there *regularly*. **Ci vado *regolarmente*.** They can also provide more information about adjectives: It's a *really* beautiful film. **È un film *veramente* bello.** In English, adverbs often (but not always) end in -ly. The equivalent of this in Italian is **-mente**.

articles There are two types of articles, definite and indefinite. In English the definite article is *the* and in Italian it is **il/lo/la/l'/i/gli/le**. The English indefinite article *a/an* becomes **un/uno/una/un/un'** in Italian.

gender see Masculine/Feminine

imperative The imperative is the form of the verb used to give instructions, orders or commands: *Sign* here! ***Firmi* qui!** *Turn* right! ***Giri* a destra!** Be quiet! ***Stai* zitto!**

indirect object see Object

infinitive The infinitive is the basic form of the verb, the form found in dictionaries. In English the infinitive is usually accompanied by the word *to*; in Italian infinitives end in **-are**, **-ere**, or **-ire**: *to speak* **parlare**, *to see* **vedere**, *to finish* **finire**.

intransitive verbs Italian verbs that cannot be followed by a direct object, that is, where a preposition is required after the verb, are called *intransitive*. They usually form the perfect tense with **essere**: Maria went *to the* market. **Maria è andata *al* mercato.** She did not stay *at* home. **Non è rimasta *a* casa.**

irregular verbs Life would be considerably simpler if all verbs behaved in a regular fashion. Unfortunately, Italian, like other European languages, has verbs which do not behave according to a set pattern and which are commonly referred to as irregular verbs. Three of the most common ones in Italian are *to go* **andare**, *to have* **avere** and *to be* **essere**, but there are many others.

masculine/feminine In English, gender is usually linked to male and female persons or animals, so, for, example, we refer to a man as *he* and to a woman as *she*. Objects and beings of an indeterminate sex are referred to as having *neuter* gender. So, for instance, we refer to a table as *it*. In Italian, nouns referring to female persons are feminine and those referring to male persons are masculine. But *all* nouns are either masculine or feminine. This has nothing to do with sex: *the butter* **il burro**, *the tea* **il tè**, are masculine in Italian, while *the table* **la tavola** and **la lezione** *the lesson* are feminine. You will find some rules to help you but the best way of mastering gender is to learn the nouns with the appropriate article.

nouns Nouns are words like *door* **porta** and *bread* **pane**. They are often called 'naming words'. A useful test is whether you can put *the* in front of them: *the* door *la* **porta**, *the* bread *il* **pane**.

object: direct/indirect The term 'object' expresses the 'receiving end' relationship between a noun and a verb. So, for instance, 'the patient' is said to be at the receiving end of the examining in this sentence: The doctor examined *the patient*. **Il medico ha visitato *il malato*.** *The patient* is therefore said to be the *object* of the sentence. In sentences such as My mother gave *my wife an expensive ring*, **Mia madre ha regalato *a mia moglie un anello molto caro*** the phrase *an expensive ring* is said to be the *direct object*, because the ring is what the mother actually gave, and the phrase *my wife* is said to be the indirect object because *my wife* is the recipient of the giving. See also **Subject**.

plural see **Singular**

possessives Words like *my, mine* **mio**, *your, yours* **tuo**, *his, hers* **suo**, *our, ours* **nostro** ecc. are called *possessives*.

prepositions Words like *in* **in**, *on* **su**, *between* **fra**, *for* **per** are called *prepositions*. Prepositions often tell us about the position of something. They are normally followed by a noun or pronoun: The consulate is *between* the bank and the church. **Il consolato è *fra* la banca e la chiesa.** This present is *for* you. **Questo regalo è *per* te.**

pronouns Pronouns fulfil a similar function to nouns and often stand in the place of nouns which have already been mentioned. When pronouns refer to people they are called *personal pronouns*.

	singular	plural
first person	io *I*	noi *we*
second person	tu (informal), lei (formal) *you*	voi *you*
third person	lui, lei *he, she*	loro *they*

As you can see, the first person plural pronoun is *we* noi; *we speak noi* parl*iamo* or simply parl*iamo* is therefore the first person plural of the verb par*lare* to speak.

reflexive pronouns Words such as *myself* mi, *yourself* ti, si, *ourselves* ci are called *reflexive pronouns*.

reflexive verbs When the subject and the object of a verb are one and the same, the verb is said to be *reflexive: I washed (myself)* before going out. *Mi sono lavato* prima di uscire. *We enjoyed ourselves* very much. *Ci siamo divertiti* molto.

singular The terms *singular* and *plural* are used to make the contrast between 'one': and 'more than one'. *market/markets* mercato/mercati.

subject The term subject expresses a relationship between a noun and a verb. So, for instance, in the sentence, *The doctor examined the patient Il medico* ha visitato il paziente, because it is the doctor who did the examining, the doctor is said to be the subject of the verb *to examine*.

tense Most languages use changes of the verb to indicate an aspect of time. These changes in the verb are traditionally referred to as tense, and the tenses may be *present, past* or *future*:

> **Present** *Today I am* very busy. **Oggi** *sono* **molto occupato.**
> **Past** *Yesterday I worked* till midnight. **Ieri** *ho lavorato* **fino a mezzanotte.**
> **Future** *Tomorrow I won't do anything.* **Domani non** *farò* **niente.**

verbs Verbs often communicate actions, states and sensations: action: *to play* giocare; state: *to exist* esistere; sensation: *to hear, feel* sentire.

Italian–English vocabulary

For numbers, days of the week, months and seasons consult the *Index*, p. 358. Unless indicated otherwise with (m.) or (f.), nouns ending in -o are masculine, and in -a feminine. Other abbreviations: adj. = adjective; irr. = irregular; pl. = plural, p.p. = past participle; s. = singular. Irregular or doubtful stress is shown by underlining: acc**e**ndere.

a, ad *at, to, in, on*
abbastanza *enough, fairly*
abbigliamento *clothing, clothes shop*
abbonato/a *subscriber*
abbracciare *to embrace, hug*
abbr**a**ccio *embrace, hug*
abitante (m. or f.) *inhabitant*
abitare *to live*
abituato/a *used to*
abolire *to abolish*
accanto a *near, next to*
acc**e**ndere (p.p. acceso) *to light, turn on*
acceso *from* acc**e**ndere
accettare *to accept*
acciuga *anchovy*
accomodarsi *to sit down*; si acc**o**modi! *take a seat!*
accompagnare *to accompany*
accordo: **e**ssere d'accordo *to agree*
accorgersi (p.p. accorto) *to notice, realize*
aceto *vinegar*
acqua *water*; – minerale *mineral water*
acquaio *sink*
acquistare *to acquire, purchase*
adesso *now*
a**e**reo *aeroplane*
aeroporto *airport*
affare (m.): gli affari *business*
affatto (non) *not at all*
affettuoso/a *affectionate*
affittare *to let, rent*; affitto *rent*
agenda *diary*
agenzia di viaggi *travel agency*
agenzia immobiliare *estate agent's*
agitarsi *to get upset, excited*
agli = a + gli
aglio *garlic*
agnello *lamb*
ai = a + i
aiutare *to help*; aiuto *help*
al = a + il
albergo *hotel*
albero *tree*
alcuni/e *a few, some, several*
all' = a + l'
alla = a + la
alle = a + le

allo = a + lo
alloggio *lodging*
allora *so, then*
alto/a *tall*
altrettanto! grazie – *the same to you*
altrimenti *otherwise, or else*
altro ieri (l') *the day before yesterday*
altro/a *other* senz'altro *certainly*
  altro? *anything else?* un altro po'?
  a bit more?
altrochè! *you bet I do! certainly*
alzare la voce *to raise one's voice*
alzarsi *to get up*
amaro/a *bitter*
ambulanza, autoambulanza
  ambulance
americano/a *American*
amico/a *friend* (m/f)
ammalato/a *ill, sick*
ammobiliato/a *furnished*
anche *also, too,* anch'io *me too*
ancora *still, yet, again, more*
andare (irr.) *to go, to suit, to fit*
andare d'accordo *to get on*
andare in giro *to travel round*
andarsene (irr.) *to go away, to be off*
anello *ring*
angolo *angle, corner*
animale (m.) *animal*
anno *year*
annoiarsi *to be/get bored*
anticipo *deposit;* in – *early*
antico/a *ancient, old*
antipasto *starter(s), hors d'oeuvre*
anzi *as a matter of fact, and even, on
  the contrary*
aperto/a *open;* all'aperto *in the open*
appartamento *flat*
appena *as soon as, just, barely*
appetito *appetite*
approvare *to approve of*
appuntamento *appointment, date,
  rendez-vous*
aprire (p.p. aperto) *to open*
apriscatole (m.) *tin-opener*
aranciata *orangeade*
architetto (m. or f.) *architect*
argento *silver*
armadio *wardrobe*
arrivare *to arrive;* arrivo *arrival*
arrivederci, arrivederla *goodbye*

arrosto *roast*
arte (f.) *art;* arte culinaria *cookery*
artista (m. or f.) *artist*
ascensore (m.) *lift*
asciugamano *towel*
asciugarsi *to get dry, wipe oneself*
ascoltare *to listen to*
aspettare *to wait for*
aspettarsi *to expect*
aspirapolvere (m.) *vacuum cleaner*
aspirina *aspirin*
assaggiare *to taste, try*
assegno *cheque*
attendere (p.p. atteso) *to wait*
  – in linea *to hold the line*
attenzione! *be careful!*
attento/a *attentive*
attimo *moment*
attività *activity*
attraversare *to cross*
attraverso *across, through, by means
  of*
attuale *present, current*
attualmente *at present*
auguri (m. pl) *best wishes, greetings*
aumento *rise, increase*
australiano/a *Australian*
auto (f.) *car*
autobus (m.) *bus*
autostrada *motorway*
avanti! *forward! come in!*
avere (irr.) *to have*
avvicinarsi *to approach*
avvocato *lawyer*
azienda agricola *agricultural firm*
azienda *business, firm, farm*
azzurro/a *blue*

baciare *to kiss*
bacio *kiss*
bacione (m.) *big kiss*
bagagli (m. pl.) *luggage;* un bagaglio
  an item of luggage
bagnato/a *soaked, wet*
bagno *bath, bathroom*
balcone (m.) *balcony*
ballare *to dance*
bambina/o *little girl; child, baby, little
  boy*
banana *banana*
banca *bank;* bancario/a *banking*
bar (m.) *bar, café*

basta *enough;* basta così *that's enough*
be', beh *well*
beato/a *lucky;* beata lei! *lucky you!*
bei *from* bello/a
bel *from* bello; bel tempo *fine weather*
bellino/a *pretty*
bello/a *beautiful, nice, handsome, lovely*
bene *well*
benissimo! *great! very well*
benzina *petrol;* – verde *unleaded* –
benzinaio *petrol-pump attendant*
bere (irr.; p.p. bevuto) *to drink*
bevuto/a *from* bere
bianco/a *white*
biblioteca *library*
bicchier(e) (m.) *glass*
bicchierino *small glass*
bicicletta *bicycle*
bidè (m.) *bidet*
biglietteria *ticket office*
biglietto *(bank)note, ticket*
binario *platform*
birra *beer*
biscotto *biscuit*
bisognare *to need, to be necessary*
bisogno di; aver – *to need*
bistecca *steak*
blu *navy blue*
bocca *mouth*
boh! *I don't know*
bollente *boiling*
borsa *bag, handbag*
bosco *wood*
bottiglia *bottle*
box (m.) *garage*
bracciale (m.) *bracelet*
braccio *arm*
bravo/a *good, clever*
breve *brief, short*
brutto tempo *bad weather*
buca delle lettere *letter-box*
buonanotte *good night*
buonasera *good evening*
buongiorno *good morning*
buono/a *good;* buon = buono
burro *butter*
busta *envelope*

c'è *there is, it's there, he's in, she's in*
cadere *to fall*
caffè (m.) *coffee*
calamari (m. pl.) *squid*
calcio *football*
caldo/a *hot;* fa caldo *it's warm/hot*
calendario *calendar*
calmarsi *to grow calm, calm down*
calzino *sock*
cambiamento *change*
cambiare *to change*
cambiare discorso *to change the subject*
cambiare idea *to change one's mind*
cambiarsi *to get changed*
cambio *exchange (rate)*
camera (da letto) *(bed) room*
cameriera *waitress, maid*
cameriere (m.) *waiter*
camicetta *blouse*
camicia *shirt*
camminare *to walk*
campagna *country-(side)*
campanello *(door)bell*
campeggio *camping, campsite*
campo da tennis *tennis court*
candelina *little candle*
cane (m.) *dog*
canzone (f.) *song*
capire *to understand;* ho capito *I understand*
capolinea (m.) *terminus, end of the line*
cappello *hat*
cappotto *coat*
capsula *capsule*
carattere (m.) *character*
caratteristico/a *characteristic*
carciofo *artichoke*
cariato/a *decayed*
carino/a *pretty*
carne (f.) *meat*
caro/a *expensive, dear, darling*
carriera *career*
carta *paper, card;* alla – *à la carte*
carta bollata *stamped paper*
carta di credito *credit card*
carte (f. pl) *playing-cards*
cartolina *postcard*
casa *house, home;* casetta *small house*

caso *chance;* per – *by chance*
cassetta *cassette*
cassetto *drawer*
cassiere (m.) *cashier*
castello *castle*
catalogo *catalogue*
cattedrale (f.) *cathedral*
cattivo tempo *bad weather*
celeste *light blue*
cellulare (m.) *mobile phone*
cena *dinner, supper*
cenare *to have dinner, dine*
cento *hundred;* per – *per cent*
centrale *central*
centralinista (m. *or* f.) *phone operator*
centralino *phone exchange*
centro *centre;* – storico *old town*
centro città *city centre*
cercare *to look for*
certamente, certo *certainly*
certo/a *certain, sure*
che ora/ore..? *what time..?*
che cos'è? *what is it?*
che *that, which, who(m)*
che? che cosa? *what?*
chi *who, whom*
chi si vede! *look who's here!*
chiacchierare *to talk, chat*
chiamare *to call*
chiamarsi *to be called*
chiaro/a *clear, light*
chiave (f.) *key*
chiedere (p.p. chiesto) *to ask*
chiesa *church*
chiesto *from* chiedere
chilo *kilo*
chitarra *guitar*
chitarrista (m. *or* f.) *guitarist*
chiudere (p.p. chiuso) *to close*
chiuso/a *closed;* chiusura *closure*
ci *here, there; us, ourselves, each other*
ci vediamo! *see you!*
ci vuole, ci vogliono *it takes*
ciao! *hello, hi! goodbye*
cin cin! *cheers!*
cinema (m.) *cinema*
cinese *Chinese*
ciò che *what*
cioccolatino *small chocolate*
cioccolato *chocolate*

cioè *that is*
cipolla *onion*
circa *about*
citofono *entry-phone*
città *town, city*
civico *civic*
classe (f.) *class*
classico/a *classical, classic*
cliente (m. *or* f.) *customer*
cognome (m.) *surname*
colazione (f.) *breakfast;* far – *to have breakfast*
collega (m. *or* f) *colleague*
colloquio *interview*
colore (m.) *colour*
coltello *knife*
come *sorry? pardon? how, what, as*
come no! *of course*
come si dice in italiano? *how do you say (it) in Italian?*
come sta?/stai *how are you?*
cominciare a *to begin to, start to*
commerciale *commercial*
commesso/a *shop assistant*
commissariato *police station*
comodino *bedside table*
comodità *comfort, convenience*
comodo/a *comfortable*
compleanno *birthday*
completo/a *full, no vacancies*
complimenti! *congratulations!*
senza –! *no need to be polite*
comprare *to buy*
compreso/a *included*
compressa *tablet*
comunicazione (f.) *communication*
comunità *community*
comunque *anyway, however*
con *with*
concerto *concert*
condire *to season*
conferenza *lecture, conference*
confortevole *comforting, comfortable*
confronto *comparison*
in confronto a *compared with*
congelatore (m.) *freezer*
conoscere *to know*
conseguire *to obtain*
conservare *to keep*
consigliare *to advise*
consolato *consulate*

consultare *to consult*
comsumare *to use*
contabilità *book-keeping*
contattare *to contact*
contatto *contact;* mettersi in – *to contact*
contento/a *pleased, happy*
continuare a *to continue to*
conto, per – mio *personally, on my own, by myself*
conto *bill;* fare il – *to make out the bill*
contorno *side-dish*
contratto *contract*
controllare *to check*
conveniente *convenient*
convento *convent*
conversazione (f.) *conversation*
coperta *blanket*
coperto *cover*
coppa di gamberetti *prawn cocktail*
coprire (p.p. coperto) *to cover*
correre (p.p. corso) *to run*
corrispondenza *correspondence*
corsa *run, race*
corso *from* correre
corso *course, avenue*
cortesia, per – *please*
cortile (m.) *courtyard*
corto/a *short*
cos'è? *what is (it)?*
cosa sono? *what are (they)?*
cosa *thing;* – da niente *nothing*
cosa? che –?; *what?;* cos'è? *what is it?*
così *as, so, like this;* basta – *that's enough*
costare *to cost*
costruire *to build*
costruzione (f.) *building*
costume (m.) (da bagno) *swimsuit*
cotoletta *cutlet, escalope*
cotone (m.) *cotton*
cotto/a (*from* cuocere) *cooked*
cottura *cooking time*
cravatta *tie*
creare *to create*
credere *to think, believe*
crisantemo *chrysanthemum*
cristallo *crystal*
crudo/a *raw, uncooked*
cucchiaino *tea/coffee spoon*

cucchiaio *spoon*
cucina *kitchen, cooker, cooking*
cucinare *to cook*
cugino/a *cousin*
cui *whom, which* il/la – *whose*
culturale *cultural*
cuocere *to cook*
cuoio *leather*

d'accordo *agreed, all right;* essere – *to agree*
da bere *to drink;* qualcosa da bere *something to drink*
da *from, at, to, by, for, as, like, since*
da questa parte *this way, over here*
dappertutto *everywhere*
dare *to give*
dare fastidio *to bother, annoy, disturb*
dare su *to look out over, to give onto*
data *date*
datore (m.) di lavoro *employer*
davanti a *in front of*
decimo/a *tenth*
dei = di + i
della = di + la
dente (m.) *tooth;* al – *slightly underdone*
dentifricio *toothpaste*
dentista *(m. or f.) dentist*
dentro *inside, in*
denuncia *statement*
deposito *deposit*
desidera? *can I help you?*
desiderare *to desire, want, wish*
destro/a *right;* a destra *on the –*
detto *see* dire
devo *see* dovere
di dov'è? dove sono? *where are you from?*
di fronte *opposite, in front of*
dialogo *dialogue*
diamoci del tu (*from* dare) *let's use tu*
diapositiva *slide, colour transparency*
dica! (*from* dire) *go ahead! tell me!*
dietro/indietro *behind*
differenza *difference*
difficile *difficult*
diffuso/a *widely circulated, popular*
dilettante (m. or f.) *amateur*
dipendere *to depend*
dipingere (p.p. dipinto) *to paint*
diploma (m.) *diploma*

dire irr. (p.p. detto) *to say, tell*
diretto/a *direct, through*
direttore (m.) *director*
dirigente (m. or f.) *manager*
disco *record, CD*
discoteca *discotheque*
discretamente *reasonably well*
disegnare *to draw, design*
disoccupato/a *unemployed*
distinto/a *distinguished*
distrarsi (p.p. distratto) *to take one's mind off things*
disturbare *to disturb, bother*
disturbo *disturbance, inconvenience*
disturbo allo stomaco *stomach upset*
dito *finger*
ditta *firm, business*
divano *sofa, settee*
diventare *to become*
diversi/e (pl.) *several*
diverso/a *different*
divertimento *entertainment*
divertire *to amuse, entertain*
divertirsi *to enjoy oneself*
dizionario *dictionary*
do *from* dare
doccia *shower*
documentario *documentary*
documento *document*
dolce (m.) *dessert, sweet;* -i *cakes, sweets*
dollaro *dollar*
domani *tomorrow*
domenica *Sunday*
domestico/a *domestic*
donna *woman*
dopo *later, after(wards), then, beyond*
dopodomani *the day after tomorrow*
doppio/a *double*
dormire *to sleep*
dottore dott. (m. or f.) *doctor*
dov'è? *where is (he/she/it)?*
dove *where*
dovere (irr.) *to have to, owe, be supposed to*
dunque *well, where was I?*
Duomo *cathedral*
durante *during*
durare *to last*
duro/a *hard, solid*

è *is, it's, you are, is it? etc.*
e, ed *and*
ecc. = *etc.*
eccetto *except*
eccezione (f.) *exception*
ecco fatto! *there you are*
ecco! *here is, here are; look!*
economico/a *economic, economical*
edicola *news-stand*
edificio *building*
effettivamente *actually, really*
elegante *smart, elegant*
elettricista (m. or f.) *electrician*
elettrodomestici (m. pl.) *household appliances*
entrare *to enter*
entrata *entrance*
entro *within, on or before*
ero *from* essere
esame (m.) *examination*
esaminare *to examine, consider*
esatto/a *exact(ly)*
esco *from* uscire
esempio *example*
esistere (p.p. esistito) *to exist*
esperienza *experience*
esportare *to export*
esposizione (f.) *exhibition*
espressione (f.) *expression*
espresso *express/fast train*
espresso *expresso (coffee)*
essere (irr.) *to be*
esterno/a *outer, external*
estero *foreign;* all'- *abroad*
età *age*
etto *100 grams*
europeo/a *European*
evidente *evident*

fabbrica *factory*
facile *easy*
fagiolino *green bean*
fai *(from* fare) *you do*
falso/a *false*
fame (f.) *hunger;* aver - *to be hungry*
famiglia *family*
far(e) complimenti *to pay compliments*
  - male *to hurt*
  - sapere *to inform*
fare (irr; p.p. fatto) *to do, make*
fare i bagagli *to pack*

fare il bagno *to have a bath, to swim*
fare il biglietto *to buy a ticket*
fare il pieno *to fill up (with petrol)*
fare una domanda *to ask a question*
farmacia *chemist's shop*
farmacista (m. or f.) *chemist*
fascio *bunch*
fastidio *trouble, bother*
fatto *from* fare
favore (m.) *favour;* per – *please*
fazzoletto *handkerchief*
febbre (f.) *temperature, fever*
felicità *happiness, joy*
ferie (f. pl.) *holidays, leave*
fermarsi *to stop (oneself), stay*
fermata *(bus) stop*
ferragosto *August bank holiday*
ferri: ai ferri *grilled*
ferrovia *railway*
Ferrovie dello Stato *State Railways*
festa *fete, party, public holiday, fair*
fetta *slice*
fiammifero *match*
fidanzato/a *engaged, boyfriend/ girlfriend*
figli *children*
figlio/a *son/daughter*
figurarsi *to imagine, fancy*
figuri; si figuri! *not at all!*
fila *queue;* fare la fila *to queue up*
film (m.) *film*
finanziario/a *financial*
finchè *(non) till, until*
fine (f.) *end*
finestra *window*
finire *to finish*
fino a *until, up to*
fioraio/a *florist;* fiore (m.) *flower*
Firenze (f.) *Florence*
firma *signature;* firmare *to sign*
fisica *physics*
fisso/a *fixed*
fiume (m.) *river*
foglio *sheet*
fondo: là in fondo *down there*
fontana *fountain*
forchetta *fork*
formaggio *cheese*
forno *oven;* al – *baked*
forte *strong, loud*
fotografia *photograph*
fra *in, among, between*

fra poco *soon*
fra un'ora *in an hour's time*
francese *French;* Francia *France*
francobollo *stamp*
fratello *brother*
freddo/a *cold*
frequentare *to attend, go to*
fresco/a *fresh, cool*
frigorifero *fridge*
fritto/a *fried*
frontemare (m.) *seafront*
frutta *fruit*
fruttivendolo *fruiterer, greengrocer*
fuori *out, outside*

gabinetti *toilets*
gamba *leg*
garantire *to guarantee*
garanzia *guarantee*
gas (m.) *gas;* con – *sparkling;* senza gas *still (water)*
gatto *cat*
gelateria *ice-cream parlour*
gelato *ice cream*
generale *general*
generalità (f. pl.) *particulars*
generi (m. pl.) alimentari *groceries*
generoso/a *generous*
genitore (m.) *parent*
Genova *Genoa*
gente (f.) *people*
gentile *kind*
Germania *Germany*
ghiaccio *ice*
già *already; yes, of course*
giacca *jacket*
giallo/a *yellow*
giapponese *Japanese*
giardino *garden;* – pubblico *park*
ginocchio *knee*
giocare a *to play (game)*
giornale (m.) *newspaper*
giornalista (m. or f.) *journalist*
giornata *day;* che bella – *what a nice day!*
giorno *day*
gioventù (f.) *youth*
girare *to turn*
giù *down*
gli *the, (to) him*
glielo = gli + lo
gola *throat*
gomma *tyre, rubber*

gonna *skirt*
grammo *gram*
gran *big large;* in – parte *to a great extent*
grande *big, large, grown up*
granita di caffè *crushed ice with coffee*
granita di limone *crushed ice with lemon*
gratuito/a *free of charge*
grave *serious, seriously ill*
grazie (mille) *(many) thanks*
greco/a *Greek*
gridare *to shout*
grigio/a *grey*
griglia: alla griglia *grilled*
gruppo *group*
guadagnare *to earn*
guaio *trouble, problem;* il – è *the trouble is;* che – *what a nuisance!*
guanto *glove*
guardare *to look at, watch*
guasto/a *out of order, broken down*
guida (f.) *guide*
guidare *to drive*

ha, hai, hanno *from* avere
ho *(from* avere*) I have*
ho capito *(from* capire*) I understand, understood*

i (m. pl.) *the*
ideale *ideal*
ieri *yesterday*
il (m. s.) *the*
imbucare *to post*
immaginare *to imagine*
immediato/a *immediate*
immigrato/a *immigrant*
imparare *to learn*
impegnato/a *busy, engaged*
impiegarsi *to get a job*
impiegato *clerk;* impiego *job*
importa *it matters;* non – *it doesn't matter*
importante *important*
impossibile *impossible*
in giro *out and about*
in *in, inside, to, at, into*
incidente (m.) *accident;* – stradale *road accident*
incominciare a = cominciare a
incontrare *to meet*
incontrarsi *to meet each other*

incrocio *crossroads*
indirizzo *address*
infatti *indeed, in fact*
infine *finally*
influenza *influence, influenza*
informare *to inform*
informatica *computer science*
informazione (f.) *(piece of) information*
ingegnere (m. or f.) *engineer*
ingegneria *engineering*
Inghilterra *England*
inglese *English*
ingrediente (m.) *ingredient*
ingresso *entrance hall, entrance*
insalata *salad*
insegnante (m. or f.) *teacher*
insegnare *to teach*
inserzione (f.) *advertisement*
insieme *together*
insolazione (f.) *sunstroke*
intanto *meanwhile, to begin with*
intelligente *intelligent*
interessante *interesting*
interessare *to interest*
interno *flat number ...*
intervista *interview*
intervistare *to interview*
invece *on the other hand, instead, but, on the contrary*
invitare *to invite*
io *I, me*
Irlanda *Ireland*
iscriversi (p.p. iscritto) *to enrol, register*
istituto *institute*
Italia *Italy*
italiano/a *Italian*

jeans (m. pl.) *jeans*
jogging (m.) *jogging*

lagnarsi *to complain*
lago *lake*
lana *wool*
lasagne al forno *baked lasagne*
lasciare *to leave, let*
latte (m.) *milk*
laurea *degree*
laurearsi *to graduate*
laureato/a *graduate*
lavanderia *laundry;* – a secco *dry cleaning*
lavandino *washbasin*

lavare *to wash, clean*
lavarsi *to get washed, clean*
lavastoviglie (f.) *dishwasher*
lavatrice (f.) *washing machine*
lavorare *to work*
lavoro *work, job*
le (m. *or* f.) *to you;* le (f. pl.) *the*
legge (f.) *law*
leggere (p.p. letto) *to read*
lei *she, her, you*
lenzuolo (pl. lenzuola) *sheet*
lettera *letter*
letto *bed*
letto (*from* leggere)
lezione (f.) *lesson*
lì (over) *there*
libero/a *free*
libreria *bookshop, bookcase*
libro *book*
licenziare *to dismiss, sack*
liceo *secondary school*
lieto/a *happy, glad, delighted*
limonata *lemonade*
limone (m.) *lemon*
linea *line, figure*
lingua *language*
liquore (m.) *liqueur*
litro *litre*
lo *the, it*
locale (m.) *room;* (adj.) *local*
Londra *London*
lontano *far;* – da *far from*
loro *(to) them, they, their, theirs*
luce (f.) *light*
lui *he, him*
lungo/a *long;* lungo *along*

ma *but*
macchè! *not at all, of course not*
macchina *car*
macedonia (di frutta) *fruit salad*
macellaio *butcher*
macelleria *butcher's shop*
madre (f.) *mother*
magari *maybe, I wish I could, I'd love to*
magazzino *store*
maglietta *T shirt, vest*
mai *never, ever*
maiale (m.) *pork, pig*
mal (m.) di gola *sore throat*
mal (m.) di testa *headache*
mal di denti (m.) *toothache*

male *badly, bad;* non c'è male *not bad*
mamma *mother, mummy*
mancia *tip*
mandare *to send*
mangiare *to eat*
mano (f.) *hand*
mantenere (irr.) *to retain, maintain, keep*
manzo *beef*
marche da bollo *revenue stamps*
mare (m.) *sea*
marinaro/a *sea-* (adj.)
marito *husband*
marmellata *jam*
marrone *brown*
matematica *mathematics*
matita *pencil*
matrimoniale: camera – *room with a double bed*
mattina *morning*
maturità classica *school leaving cert. in classics*
me (to/for) *me*
meccanico *mechanic*
medicazione (f.) *dressing, treatment*
medicina *medicine*
medico *doctor*
meglio *better*
mela *apple*
melanzana *aubergine*
melone (m.) *melon*
meno *less*
meno male *thank goodness, a good job that*
mentre *while*
menù (m.) *menu*
mercato *market*
merluzzo *cod*
mese (m.) *month*
messaggio *message*
messicano/a *Mexican*
metro *metre, underground (abbrev.)*
metropolitana *underground*
mettere (p.p. messo) *to put*
mettere da parte *to put aside*
mettere in ordine *to tidy up*
mettersi *to put on, wear*
mettersi in contatto con *to contact*
mezza pensione *half-board*
mezzanotte (f.) *midnight*
mezzi (m. pl.) *means*

mezzi di comunicazione (di massa) *mass media*
mezzo/a *half;* mezzogiorno *midday*
mi *(to/for) me, myself*
mi dispiace *I'm sorry*
mica: non … mica *not really, by any chance*
migliore *better, best*
mila *thousands*
milione (m.) *million*
mille *a/one thousand*
minerale *mineral*
minestra *soup*
minestrone (m.) *vegetable soup*
minicrociera *mini-cruise*
minuto *minute*
mio/a *my, mine*
misto/a *mixed*
mittente (m.) *sender*
mobili (m. pl.) *furniture*
moderno/a *modern*
modo *manner*
modulo *form*
moglie (f.) *wife*
molti/e *many*
molto *very, very much*
molto/a *much*
momento *moment*
mondo *world*
monotono/a *monotonous*
montagna *mountain*
monumento *monument*
morire irr. (p.p. morto) *to die*
mortadella *Bologna sausage*
morto/a *dead*
mostra *exhibition*
mostrare *to show*
municipio *town hall*
museo *museum*
musica *music*
musicassetta *music cassette*

Napoli (f.) *Naples*
naso *nose*
Natale (m.) *Christmas*
nativo/a *native*
nato/a *born*
natura *nature*
naturalmente *naturally*
nazionale *national*
nazionalità *nationality;* di che – ? *what nationality?*
nè … nè *neither … nor*

neanche *not even, neither*
necessario/a *necessary*
necessità *necessity*
negozio *shop*
nci – in + i
nell', nella, nei, negli, *etc. in the*
nero/a *black*
nessuno/a *no, not any, no-one*
neve (f.) *snow*
nevicare *to snow*
niente *nothing*
nipote (m. *or* f.) *nephew, niece, grandchild*
Nizza *Nice*
no *no;* no, grazie *no thank you*
noi *we*
nome (m.) *forename, name*
non *not;* non … ancora *not yet*
non fa niente *it doesn't matter*
non lo so *I don't know*
non … proprio *not at all*
nonno/a *grandfather/grandmother*
nono/a *ninth*
nostalgia *nostalgia;* sentire la – *to feel homesick, to miss*
nostro/a *our, ours*
notizia *(piece of) news*
notte (f.) *night*
nulla *anything, nothing*
numero *number, size*
nuotare *to swim;* nuoto *swimming*
nuovo/a *new*

o *or*
obbligatorio/a *compulsory*
occhiali (m. pl.) *glasses*
occhiata *glance, look*
occhio *eye*
occorrere (p.p. occorso) *to be necessary, to need*
occuparsi di *to deal with, look after*
occupato/a *engaged, busy, taken*
oddio! *my goodness!*
odore (m.) *smell*
offrire *to offer*
oggetto *object*
oggi (m.) *today*
ogni *every, all, any*
ogni tanto *now and then*
olimpico/a *Olympic*
olio *oil*
oliva *olive*
oltre a *besides, apart from*

ombrello *umbrella*
ombrellone (m.) *beach umbrella*
onomastico *name-day*
operaio *worker, employee*
opinione (f.) *opinion*
opinioni a confronto *opinions compared*
oppure *or, or else*
ora *hour, o'clock*
ora *now*
orario *timetable,* in – *on time*
ordinare *to order*
ordine (m.) *order*
orecchio *ear*
organizzare *to organize*
origine (f.) *origin*
oro *gold;* d'oro *golden*
orologio *watch, clock*
ospedale (m.) *hospital*
ospitalità *hospitality*
ospite (m. *or* f.) *guest*
ostello *hostel*
ottavo/a *eighth*
ottico *optician*
ottimo/a *excellent*

pacco *parcel*
padre (m.) *father*
padrona di casa *landlady*
padrone (m.) *owner, landlord*
Paese (m.) *country*
paese (m.) *village, small town*
pagare *to pay*
paio *couple, pair*
palazzo *palace, building*
pallone (m.) *ball*
pane (m.) *bread;* panino *roll*
panetteria *baker's*
panettiere (m.) *baker*
pantaloni (m. pl.) *trousers*
Papa (m.) *Pope*
pappagallo *parrot*
parcheggiare *to park*
parcheggio *car-park*
parco *park*
parecchio tempo *quite a time*
parecchio/a *quite a lot, several*
parente (m. *or* f.) *relative, relation*
parere *to appear, seem*
Parigi (f.) *Paris*
parla? *do you speak?*
parlare *to speak*

parlarsi *to speak to each other*
parola *word*
parrucchiere (m.) *hairdresser*
parte (f.) *side, part;* a – *not included*
partenza *departure*
parti: da queste – *in/to these parts*
partire *to leave*
passaggio: di – *passing through*
passante (m. *or* f.) *passer-by*
passaporto *passport*
passare *to pass, spend*
passato *past*
passeggiata *walk*
passeggiero *passenger*
passo *step*
passo: a due passi da ... *very near ...*
pasta *pasta, cake*
pasticceria *patisserie*
pasticciere (m.) *pastrycook, confectioner*
pasto *meal*
patata *potato;* patatina *chip*
patente (f.) di guida *driving licence*
paura: aver – *to be afraid*
pazienza! *never mind*
(che) peccato! *what a pity!*
pelle (f.) *leather*
pendente *leaning*
penna *pen*
pennette rigate (f. pl.) *pasta quills*
pensare *to think, believe*
pensiero *thought*
pensione (f.) *guest house, pension*
pensione completa *full board*
pepe (m.) *pepper*
peperone (m.) *pepper (veg)*
per *in order to, for, through, by, about, round*
per carità! *not at all*
per forza *at all costs, necessarily*
per piacere *please*
per terra *on the floor*
pera *pear;* – avocado *avocado pear*
percentuale (f.) *percentage*
perchè *why, because*
perdere (p.p. perso) *to lose, miss*
pericoloso/a *dangerous*
periferia *outskirts, suburbs*
periodo *period*
permesso! *excuse me! may I come in?*
però *however, but*

perso *from* perdere
persona *person*
personale (m.) *personnel, personal*
personalmente *personally*
pesca *peach*
pesce (m.) *fish*
pescheria *fishmonger's*
pescivendolo *fishmonger*
piacciono *from* piacere
piace di più *from* piacere *to prefer*
piace: mi piace *I like*
piacere *to please, to like*
piacere (m.) *pleasure, favour*
piacere! *pleased to meet you, how do
    you do?*
pianista (m. or f.) *pianist*
piano *quietly, slowly*
piano *floor*
pianoforte (m.) *piano*
pianta *plan, plant, map*
pianterreno *ground floor*
piatto *plate, dish, course*
piazza *square*
piccolo/a *small, little*
piede (m.) *foot;* a piedi *on foot;* in
    piedi *standing*
pieno/a *full*
pigiama (m.) *pyjamas*
pillola *pill*
pioggia *rain*
piombare *to fill (of teeth)*
piovere *to rain*
piscina *swimming pool*
pittore (m.) *painter*
più *more, most;* più tardi *later*
più avanti *further on*
più presto (al) *as soon as possible*
piuttosto *rather*
pizza *pizza;* pizzeria – *house*
plastica *plastic*
po': un po' di *a bit of, a little*
poco a poco *little by little*
poco/a *a few, little*
poi *then, after*
politica *politics*
politico/a *political*
polizia *police*
pollo *chicken*
poltrona *armchair*
pomeriggio *afternoon*
pomodoro *tomato*

ponte (m.) *bridge*
porta *door, gate*
portafoglio *wallet*
portare *to take, bring, wear, carry*
portiere (m.) *porter*
portoghese *Portuguese*
possibile *possible*
possibilità *possibility, chance*
posso *(from* potere) *I can*
posta *post office*
posto *place, seat, job, space*
posto di lavoro *place of work*
potabile *drinkable*
potere (irr) *to be able*
povero/a *poor*
pranzo *lunch;* pranzare *to lunch*
pratico/a *practical*
preferenza *preference*
preferenza: di – *mostly, preferably*
preferibilmente *preferably*
preferire *to prefer*
preferito/a *favourite*
prego *don't mention it, can I help
    you?, etc.*
prende *has, have, take(s)*
prendere (p.p. preso) *to have, take,
    get, buy*
prendo *I take, have*
prenotare *to book*
prenotazione (f.) *booking*
preoccuparsi *to worry*
preparare *to prepare*
presa *socket*
preso *from* prendere
presso *care of*
prestare *to lend, borrow*
presto *early, soon;* far – *to be quick,
    hurry up;* a – *see you soon*
prezzo *price*
prima *at first;* – di *before*
prima di tutto *first of all*
primi (i) di agosto *early August*
primo = primo piatto
primo/a *first*
principale *main, principal*
privato/a *private*
problema (m.) *problem*
processione (f.) *procession*
produrre irr. (p.p. prodotto) *to
    produce*
produzione (f.) *production*

prof. = professor(e)
professionista (m. or f.) *professional,
 expert*
professore (m.) *teacher, professor*
profondo/a *deep, thorough*
profumo *perfume*
progetto *project, plan*
programma (m.) *programme*
promettere (p.p. promesso) *to
 promise*
pronto soccorso *casualty, first aid*
pronto/a *ready:* pronto? *hello!
 (telephone)*
pronuncia *pronunciation*
proposta *proposal, proposition*
proprio *just, really*
proprio/a *one's own, real, really, just*
prosciutto *ham;* – crudo *Parma ham*
prossimo/a *near, next*
provare *to try (on), taste*
pubblico/a *public*
pulire *to clean*
pullman (m.) *coach*
punto: in – *punctually*
puntuale *punctual*
può *from* potere
pure *too, also, by all means*
puro/a *pure*
purtroppo *unfortunately*

qua *here;* di qua *this way*
quadro *picture*
qual = quale *which, what*
qualche *some, one or two*
qualche volta *sometimes*
qualcosa *something*
qualcuno *someone, anyone, one or
 two*
qualunque *any, whatever, ordinary*
quando *when*
quant'è? *how much is it?*
quanti/quante? *how many?*
quanto fa? *how much does it come to?*
quarto/a *fourth, quarter*
quasi *almost, nearly*
quattro chiacchiere: fare – *to have a
 chat*
quegli *those; from* quel
quel/quello/a *that (one)*
questo/a *this (one)*
questura *police station (HQ)*
qui *here;* – vicino *near here*

quindi *so, well, therefore*
quindicina: una – *about fifteen;
 fortnight*
quinto/a *fifth*
quotidiano/a *daily;* quotidiano *daily
 paper*

racchetta *tennis racket*
raccolta *collection*
raccomandata *registered letter*
radersi *to shave*
radio (f.) *radio*
raffreddore (m.) *cold*
ragazza *girl, girlfriend*
ragazzo *boy, boyfriend*
ragione (f.) *reason;* aver – *to be right*
ragioneria *book-keeping,
 accountancy*
ragioniera/e (f. or m.) *accountant*
rallegramenti! *congratulations!*
rapido *high-speed train*
rapporto *report, link, relationship*
rasoio *razor*
ravioli (m. pl.) *ravioli (pasta)*
recente *recent*
regalare *to give as a present*
regalo *present*
regolare *regular*
reparto *department*
repubblica *republic*
residente *resident*
residenziale *residential*
respirare *to breathe*
restare *to remain, stay*
resto *change, balance*
ricetta *prescription*
ricevere *to receive;* ricevuta *receipt*
richiamare *to call back*
richiedere *to ask for, order*
ricordarsi *to remember*
rientrare *to come back, re-enter*
rilassarsi *to relax*
rilevante *important, relevant*
rimanere irr. (p.p. rimasto) *to remain,
 stay*
rimasto *from* rimanere
ringraziare *to thank*
riordinare *to tidy up*
riparare *to repair*
ripetere *to repeat*
riportare *bring back*
riposarsi *to (have a) rest*
riposo *rest*

risolto (*from* risolvere) *solved*
risotto *risotto (rice)*
rispondere (p.p. risposto) *to answer,
reply*
risposta *answer*
ristorante (m.) *restaurant*
ritardo *lateness, delay;* essere in – *to be
late*
ritirare *to collect, get back*
ritornare *to return*
ritorno *return, way back*
ritrovare *recover, find*
riunione (f.) *meeting*
riuscire irr. (p.p. riuscito) *to manage,
succeed (like* uscire)
rivestirsi *to get dressed again*
rivista *magazine*
rivolgersi *ask, apply*
roba *things, stuff*
romanzo *novel*
rompere (p.p. rotto) *to break*
rosa *rose, pink*
rosso/a *red*
rosticceria *take-away*
rotto *from* rompere
ruba: andare a – *to sell like hot cakes*
rumore (m.) *noise*
ruolo *role*
Russia *Russia* russo/a *Russian*

sa *from* sapere
sacco *sack;* un – di soldi *pots of
money*
sala da pranzo *dining room*
salame (m.) *salami sausage*
saldi (m. pl.) *sale(s)*
sale (m.) *salt*
salire *to go up, get on*
salmone (m.) *salmon*
salone (m.) *large sitting room*
salotto *sitting room*
salsa *sauce*
salumeria *grocery, delicatessen*
salumiere (m.) *grocer*
salutare *to greet, say hello, goodbye*
salutarsi *to greet each other*
salute (f.) *health;* alla –! *cheers!*
saluto *greeting*
San Marco *St Mark*
San Pietro *St Peter*
sandalo *sandal*
sanitario/a *of health, sanitary*
sanno *see* sapere

sapere *to know*
sarete *you will be, from* essere
sbagliato/a *wrong*
sbaglio *mistake*
sbrigare *to deal with*
sbrigarsi *to hurry (up)*
scacchi (m. pl.) *chess*
scaffale (m.) *bookshelf*
scambio di ospitalità *exchange*
scambio *exchange*
scapolo *bachelor*
scappare *to dash off*
scarpa *shoe*
scatola *tin, box*
scelta *choice*
scendere (giù) *to go/come
down(stairs), to get off*
scheda telefonica *phonecard*
schiena *back*
sci (m.) *skiing;* sciare *to ski*
scientifico/a *scientific*
scienza *science*
scienze economiche *economics*
sciopero *strike*
sconto *discount*
scontrino *ticket, receipt*
scorso/a *last*
scottarsi *to get burnt*
scritto *from* scrivere
scrivania *desk*
scrivere (p.p. scritto) *to write*
scuola *school*
scuro/a *dark*
scusare *to excuse;* scusi! *excuse me*
se *if*
secco/a *dry*
secolo *century*
secondo *according to*
secondo/a *second*
sede (f.) centrale *head office*
sedere, sedersi (irr.) *to sit (down)*
sedia (a sdraio) *(deck) chair*
seduto/a *seated*
segnale (m.) acustico *(sound) signal,
tone*
segretaria *secretary*
segreteria telefonica *answer-phone*
sei *you are (from* essere)
semaforo *traffic light*
sembrare *to seem, appear*
semola di grano duro *durum wheat*
semplice *simple*

sempre *always;* – dritto *straight ahead*
sentire *to hear, feel*
sentir dire *to hear of;* senti! *listen!*
sentirsi *to feel*
sentirsi male/bene *to feel ill/well*
senza *without*
senz'altro! *of course, certainly*
separato/a *separated*
sera *evening*
servire *to serve; need*
servirsi da soli *to help oneself*
servizio *service*
sesto/a *sixth*
seta *silk*
sete (f.) *thirst;* aver – *to be thirsty*
settentrionale *northern, north*
settimana *week*
settimanale *weekly*
settimo/a *seventh*
si dice *one says (it)*
si figuri! *not at all, it's no trouble*
si *one, oneself, you (impersonal)*
si prega di *please*
sì *yes (I do)* sì, grazie *yes please*
Sicilia *Sicily*
sicuro/a *sure, safe*
sig. = signor(e)
sig.na = signorina
sig.ra = signora
sigaretta *cigarette*
signora *lady, woman, Madam, Mrs*
signore (m.) *(gentle)man, Mr, Sir*
signorile: appartamento – *luxury flat*
signorina *young lady, woman, Miss*
simpatico/a *nice, pleasant*
singolo/a *single*
sinistro/a *left;* a sinistra *on the left*
sistema (m.) *system*
sistemare *to fix, arrange*
sistemarsi *to get settled*
smarrimento *loss*
smarrire *to lose, mislay*
smettere (p.p. smesso) *to stop*
so *from* sapere; non lo so *I don't know*
soccorso *assistance, help*
sociale *social*
società *company, society*
soddisfatto/a *satisfied, happy*
soggiorno *living room*
sogliola *sole*

sognare *to dream*
solamente/solo/soltanto *only*
soldi (m. pl.) *money*
sole (m.) *sun*
solito; di solito *usually*
solo/a *alone;* da – *on one's own*
sono *I am; they are: from* essere
sono io *it's me*
sopportare *to bear*
sopra *upstairs*
soprattutto *above all*
sorella *sister*
sorpreso/a *surprised*
sotto *under, underneath, by*
sottopassaggio *underpass*
spaghetti (m. pl.) *spaghetti*
Spagna *Spain;* spagnolo/a *Spanish*
sparecchiare *to clear the table*
spazzolino *toothbrush*
specchio *mirror*
speciale *special*
specialità *speciality*
spedire *to post, despatch, send*
spegnere (irr.) *to turn off, switch off*
spendere (p.p. speso) *to spend*
spensierato/a *carefree*
spento *from* spegnere
sperare di *to hope to*
spesa *shopping*
speso *from* spendere
spesso *often*
spettacolo *show*
spiacere = dispiacere
spiaggia *beach*
spiccioli (m. pl.) *small change*
spiegazione (f.) *explanation*
spina *plug*
sport (m.) *sport*
sportello *counter, window counter*
sposarsi *to get married*
sposato/a *married*
sposo/sposa *bridegroom/bride*
sta: come –? *How are you?*
stadio *stadium*
stagione (f.) *season*
stamattina *this morning*
stampa *press*
stanco/a *tired*
stanotte *tonight, last night*
stanza *room*
stare *to be, stay*
stare + gerund *to be doing*

stare attento *to be careful*
stare male/bene *to be/feel unwell/well*
stare meglio/peggio *to be/feel better/worse*
stare per *to be about to*
stasera *this evening*
Stato *State*; gli Stati Uniti *USA*
stato *from* essere *or* stare
statua *statue*
stazione (f.) di servizio *service station*
stazione (f.) *station*
sterlina £ *sterling*
stesso (lo) *all the same*
stesso/a *same*; io – *I myself*
stia tranquillo/a! *don't worry!*
stipendio *salary, wages*
stomaco *stomach*
strada *street, road*; per – *in the street*
straniero/a *foreign*
strano/a *strange, odd, funny*
studente (m.) *student*
studentessa *(female) student*
studiare *to study*
studio *office*; – legale *lawyer's office*
stufo/a (di) *fed up (with)*
su *on*
subito *straight away, immediately*
succedere (p.p. successo) *to happen*
successo *from* succedere
sud (m.) *south*
sugo *sauce*
suo/a *his, your(s), her(s)*
suonare *to play (an instrument), ring*
superare *to pass (an exam)*
supermercato *supermarket*
supplemento *supplement*
svegliare *to wake someone up*
svegliarsi *to wake up*
Svizzera *Switzerland*
svizzero/a *Swiss*

tabaccaio, tabaccheria *tobacconist's*
tabacco *tobacco*
taglia *size*
tagliatelle *pasta strips*
taglio *cut*
tanto da vedere *so much to see*
tanto/a, tanti/e *so much/so many*
tappeto *carpet*
tardi *late*; far – *to be late*
tasca *pocket*
tassì (m.) *taxi*
tavola/o *table*

tavolino *small table*
tazza/tazzina *cup/small cup*
tè (m.) *tea*
teatro *theatre*
tecnico/a *technical, technician*
tedesco/a *German*
telefonare *to phone*
telefonata *phone call*
telefonino *mobile phone*
telefono *telephone*
telegramma (m.) *telegram*
televisione (f.) *television*
televisivo/a *television (adj)*
tema (m.) *theme*
tempio *temple*
tempo *time, weather*
tenda *curtain*
tenere (irr.) *to keep, hold*
terrazza/o *terrace, balcony*
terzo/a *third*
testa *head*
testo *text, words*
ti *(to/for) you, (to/for) yourself*
tipo *type, kind*
tirare *to pull*; – vento *to be windy*
titolo di studio *qualification(s)*
tocca a te! *it's your turn*
toccare *to touch*
togliere (irr.) *to take off, pull out*
tolto (p.p.) *from* togliere
Torino (f.) *Turin*
tornare = ritornare
torre (f.) *tower*
torto (aver) *to be wrong*
tosse (f.) *cough*
tovagliolo *serviette, table napkin*
tra = fra
traduzione (f.) *translation*
tramezzino *sandwich*
tranquillo/a *quiet, calm*
trascorrere (p.p. trascorso) *to spend (time)*
trasferirsi *to move*
trasporto *transport*
trattare *to treat, deal with*
trattoria *modest or trendy restaurant*
traversa *turning*
treno *train*
trentenne *thirty-year-old*
trentina: una – *about thirty*
trimestre (m.) *term*
troppo (adv.) *too, too much*

troppo/a *too*
trota *trout*
trovare *to find, see, visit*
trovarsi *to be;* – bene *to be happy*
tu *you (informal)*
tuo/a *your(s) (informal)*
turismo *tourism*
turista (m. or f.) *tourist*
tutti e due/tutte e due *both (of them)*
tutto a posto *everything in order*
tutto *all, everything*
tutto/a *all, whole, every*
tv private *independent TV*

ubriacarsi *to get drunk*
uccello *bird*
ufficio *office*
uliva = oliva
ultimo/a *last*
un un', uno, una *a, an, one*
università *university*
universitario/a *(of the) university*
uno/a *one;* è l'una *it's one o'clock*
uomo (pl. uomini) *man*
uovo (pl. uova) *egg*
urgente *urgent*
usare *to use*
uscire (irr.) *to go out, leave*
uscita *exit, way out*
utile *useful*
uva (s.) *grapes*

va bene *all right, it fits*
va/vado *from* andare
vacanza *holiday*
vaglia (m.) *postal order*
vasca da bagno *bathtub*
vasto/a *huge*
vecchio/a *old*
vedere (p.p. visto) *to see*
vediamo un po' *let's have a look*
vegetariano/a *vegetarian*
veloce *fast*
vendere *to sell*
vendita *sale*
Venezia *Venice*
venire (irr. p.p. venuto) *to come*
ventina: una – *about twenty*
vento *wind*
venuto *see* venire
verde *green; unleaded petrol;* al –
    broke
verità *truth*

vero/a *true;* vero? *isn't it? don't you?
    etc.*
versare *to pour*
verso *at, about, towards*
vestirsi *to get dressed*
vestito *suit, dress;* – da sera *evening
    dress*
Vesuvio *Vesuvius*
vetrina *shop window*
vi/ve *(to/for) you, yourselves*
via *street, road, away*
viaggiare *to travel;* il – *travelling*
viaggiatore (m.) *traveller*
viaggio *journey*
vicino *near;* – a *next to*
vicino/a di casa *neighbour*
video *video*
videoregistratore (m.) *video recorder*
vietato/a *forbidden, prohibited*
villa *villa;* villetta *small villa*
villaggio *village*
villeggiatura *holiday*
vino *wine*
violinista (m. or f.) *violinist*
violino *violin*
visione (f.) *vision*
visitare *to visit, examine*
vissuto *from* vivere
visto *from* vedere
vita *life*
vitello *calf, veal*
vittoria *victory*
vivere (p.p. vissuto) *to live*
voce (f.) *voice*
vogliamo *see* volere
voi *you (pl)*
volentieri *willingly*
volere *to wish, want*
volta: una – *once;* due volte *twice*
vongola *clam*
vorrei *I would like*
vostro/a *your, yours*
vuole *from* volere; ci vuole *it takes*
vuoto/a *empty*
water (m.) *w.c.*

zero *nought, zero*
zia /zio *aunt/uncle*
zitto/a *quiet*
zona *zone*
zucchero *sugar*
zucchino/zucchina *courgette*

This is not an exhaustive vocabulary list; it is provided to help you with exercises in the *Practice* sections of the book.

Abbreviations: adj. = adjective; adv. = adverb; f. = feminine; form. = formal; inf. = informal; m. = masculine; n. = noun; p.p. = past participle; pl. plural; s. = singular; vb. = verb

able: to be – potere
about circa; *a book – Italy* un libro sull'Italia
about a fortnight una quindicina di giorni
abroad all'estero; *for –* per l'estero
after dopo
age età
agency agenzia
ago fa
agree (vb.) essere d'accordo
agricultural agricolo/a
ah ah!
all tutto/a
all right va bene
almost quasi
alone da solo/a
already già
also anche, pure
always sempre
ambulance (auto)ambulanza
America l'America; *American* americano/a
among fra
and e, ed
another un altro, un'altra

another time in un altro momento
any ne
anyone qualcuno
anything qualcosa; *– else?* altro?
anyway comunque
appetizers; a selection of – antipasto misto
apple mela
are: they – sono
arm braccio
arrive (vb.) arrivare
as come
as soon as possible al più presto
at a; *– your house* da te; *at what time?* a che ora?
at about (of time) verso
at first prima
be (vb.) essere (p.p. stato)
beach spiaggia
beautiful bello/a
because perchè
bed letto; *to go back to –* ritornare a letto
bedroom camera (da letto)
been: have you – to...? sci (inf.)/è (form.) stato/stata a...?

beer birra
before prima di; – *nine* prima delle nove
begin (vb.) (in)cominciare
better (adv.) meglio
bicycle bicicletta
big grande
bill conto
bit: *a* – un po' ; *a* – *more*... un altro po' di ...
black nero/a
blue azzurro/a; *light* – celeste
book (n) libro; (vb.) prenotare
bored: to get – annoiarsi
born: I was – sono nato/a
bottle bottiglia
boy ragazzo; – *friend* ragazzo
bread pane (m.)
bridge ponte (m.)
brother fratello
brown marrone
but ma, però, invece
buy (vb.) comprare, prendere
by vicino a; – *car* in macchina

cake pasta, torta
call (vb.) chiamare
can I? posso?
can't you...? – non puoi (inf.)/può (form.)..?
cannot: he cannot/can't non può
car macchina, auto (f.); *by/into/in the* – in macchina
car-park parcheggio
cards carte (f. pl.)
careful: be – *!* sta' (inf.)/stia (form.) attento!
cathedral Duomo
cent centesimo
centre: in the – al/nel centro
certain certo/a, sicuro/a
chance; not by any – non ... mica
change (vb.)cambiare; – *one's job* cambiare lavoro; – *one's mind* cambiare idea
cheese formaggio
child bambino/a; *children* figli
chips patatine fritte
cinema cinema (m.)
class classe (f.)
coffee caffè (m.)
Coliseum Colosseo

come (vb.) venire (p.p. venuto)
come back (vb.) ritornare
copy copia
could you...? potresti...?
couldn't you..? non potresti..?

day giorno; *the* – *after tomorrow* dopodomani
difficult difficile
dinner cena
dislike (vb.) non piacere
do (vb.) fare (p.p. fatto)
do a tour (vb.) fare il giro
doctor medico, dottor(e) (m. or f.)
document documento
doesn't non; *he* – *speak* non parla
dog cane (m.)
don't non; *I* – *speak* non parlo; – *mention it* prego; *don't you?* vero?
door porta
drink (vb.) bere (p.p. bevuto)
drive (vb.) guidare *driving licence* patente (f.)
during durante

early presto
easy facile
eat (vb.) mangiare
egg uovo; *eggs* le uova
England l'Inghilterra; *English* inglese (m./f.)
enjoy oneself (vb.) divertirsi
enough abbastanza; *to be* – bastare; *(that's)* – *!* basta (così)!
enrol (vb.) iscriversi (p.p. iscritto)
evening sera
ever mai
every ogni
everything tutto
everywhere dappertutto
exactly esattamente, di preciso
exam(ination) esame (m.)
excellent ottimo/a
excuse me! (mi) scusi! (form.)
expect (vb.) aspettare
eye occhio; *my eyes hurt* mi fanno male gli occhi

fairly abbastanza
family famiglia
far from lontano da
father padre (m.)
feel (vb.) sentirsi

find (vb.) trovare
fine benissimo; *it's –* va benissimo
firm azienda; *agricultural –* azienda agricola
first (adv.), *at first* prima; *on the – of June* il primo giugno
fish pesce (m.)
flat appartamento
foot piede (m.)
football calcio
for per, da; *we have been here –* siamo qui da
fortnight; about a – una quindicina di giorni
four quattro
France la Francia; *French* francese
friend amico, amici (pl.); amica amiche (pl.)
from da
from: I come/am – Pisa sono di Pisa
fry (vb.) friggere
full board pensione completa

Germany la Germania; *German* tedesco/a
get (vb.) prendere (p.p. preso)
get into (vb.) entrare
get up (vb.) alzarsi
give (vb.) dare
go (vb.) andare; *to – and have...* andare a prendere...
go back to (vb.) ritornare a
go on holiday (vb.) andare in vacanza
go out (vb.) uscire
going; I'm – to buy vado a comprare
good buono/a; *– morning* buongiorno
goodbye arrivederci! ciao (inf.)!
got: I have got ho
gram grammo; *100 grams* un etto
Greece la Grecia; *Greek* greco/a
green verde
greetings saluti
grey grigio/a
grilled alla griglia

half mezzo/a; *– board* mezza pensione
ham prosciutto; *Parma ham* prosciutto crudo
happy contento/a
hard duro/a; *to work –* lavorare molto/duro
have (vb.) avere, prendere; *I'll –* prendo

have to (vb.) dovere
hello ciao!; *(phone)* pronto!
help (vb.) aiutare; *– me!* aiutami! (inf.), mi aiuti! (form.)
her/his name is si chiama
here qui
here you are ecco!
hi!/hello! ciao!
his/her (il) suo, (la) sua, i suoi, le sue
holiday: on – in vacanza
home: at – a casa
hope (vb.) sperare
hotel albergo
hour ora; *two hours a day* due ore al giorno
house casa
how are you? come stai (inf.)/sta (form.)?
how do you say it in Italian? come si dice in italiano?
how does one get to...? come si fa per andare a...?/sa dov'è...?
how long...? quanto tempo...?
how many hours a day? quante ore al giorno?
how many? quanti/e?; *– times a year?* quante volte all'anno?
how much (does it come to altogether)? quant'è?
how old are you? quanti anni hai (inf.)/ha (form.)?
how's that? come mai?
hungry: to be – aver fame
hurt (vb.) far male
husband marito

I io
I am/I'm sono
I'd like vorrei
ice cream gelato
idea idea
if se
important importante; *(that's) so –* di così importante
in in, a
interesting interessante; *did you do anything – ?* cos'hai (inf.) fatto di bello?
is, it is è; *– there?* c'è?
it (object) lo/la
Italy l'Italia; *Italian* italiano/a

jeans jeans (m. pl.)
job lavoro; *what (job) do you do?* che cosa fai (inf.)?/fa (form.)?
jogging: to go – fare il jogging
July: in – a luglio

kind gentile
knee ginocchio
know (vb.) sapere; *I don't –* non lo so; *to – that* sapere che

lake lago
language lingua
large grande, vasto/a
last (vb.) durare; *it lasts* dura
last scorso/a; *– year* l'anno scorso
last: the – one l'ultimo
later più tardi
leave (vb.) lasciare, partire, andar via
left (adj.) sinistro/a; *on the –* a sinistra
leg gamba
let (vb.) lasciare; *you can let me know* puoi (inf.) farmelo sapere
library biblioteca
like (vb.) *(to want)* volere
like: he likes gli piace; *she –* le piace; *do you –?* ti (inf.)/le (form.) piace?
like; I would – vorrei, mi piacerebbe
listen to (vb.) ascoltare
little piccolo/a
live (vb.) abitare, vivere
local locale
London Londra
look (vb.) guardare; *– for* cercare
lose (vb.) perdere, smarrire
lot: a – molto; *a – of time* molto tempo; *lots of* molti/e
love (letter ending) un caro saluto

Madam signora
manage (vb.) riuscire
many molti/e
married sposato/a
matter: it doesn't matter non importa/non fa niente
may I ....? permesso?/posso?
maybe forse
me io, mi; *– too* anch'io
meanwhile intanto
meet up (vb.) incontrarsi; *we'll meet up* c'incontriamo, ci vediamo
meeting riunione (f.)

message messaggio
Milan Milano (f.)
mind: to change one's – cambiare idea
mixed misto/a; *– salad* insalata mista
moment: one – un momento! un attimo!
month mese (m.)
most il/la più
mother madre (f.), la mamma
much molto; *not much* non molto
music musica
must: I must devo
my (il) mio, (la) mia, le mie, i miei
myself: of – di me

name nome (m.) *what's your name?* come ti chiami (inf.)/si chiama (form.)?
name: her/his – is si chiama
name-day onomastico
Naples Napoli (f.)
navy blue blu
near (next to) vicino a...
near vicino; *-by* qui vicino
nearly quasi
never mai, non... mai...
newspaper giornale (m.)
next (adj.) prossimo/a; *– to* vicino a
nice bello/a, simpatico/a; *what a – picture!* che bel quadro!
night notte (f.)
no no; *no thank you* no, grazie
nose naso
not non; *not...yet* non...ancora
nothing niente, nulla; *– else* nient'altro
November novembre
now adesso, ora
nuisance guaio

o'clock: from seven – dalle sette
of di
often spesso
old vecchio/a
old: I am 18 years – ho diciotto anni
on su; *– time* in orario
once una volta
one si, un, una, uno
one day un giorno
only solo

open (vb.) aprire (p.p. aperto);
 aperto/a (adj.)
opera opera
optician ottico; *at the optician's*
 dall'ottico
other altro/a
our (il) nostro, (la) nostra, i nostri, le
 nostre
over there lì; – – *by ...* lì, vicino a ...

pair paio
parents genitori (m. pl.)
Parliament: the Houses of – il
 Palazzo del Parlamento
party festa
pass (vb.) passare; *(an exam)*
 superare
passport passaporto
pay (vb.) pagare
people gente (f. s.); *four* – quattro
 persone
pepper pepe (m.)
perhaps forse
phone (vb.) telefonare; (n.) telefono
play (vb.) giocare a
please per piacere, per favore, per
 cortesia
post office posta
postcard cartolina
prefer (vb.) preferire
present (gift) regalo
price prezzo
private bath: with – con bagno
put (vb.) mettere (p.p. messo)

ready pronto/a
really veramente
recommend (vb.) consigliare
red rosso/a
reserve (vb.) prenotare, riservare
rest (vb.) riposarsi; *I can* – mi riposo
restaurant ristorante (m.), trattoria
right: all – va bene
Rome Roma
room camera; *(space)* posto
rose rosa

salt sale (m.)
sea mare (m.)
seat posto
second secondo/a
see (vb.) vedere (p.p. visto)
see you soon a presto

seem (vb.) sembrare, parere
selection of appetizers antipasto
 misto
sell (vb.) vendere
shoe scarpa
shop negozio
shower doccia
sister sorella
sit (vb.) sedersi; *sit down!* siediti!
 (inf.)/si segga (form.)!
ski (vb.) sciare
skiing: I like skiing mi piace sciare
so allora
so many tanti/tante
some del della, etc.
some, someone qualcuno
something qualcosa; – *to drink*
 qualcosa da bere
sorry: – I'm late scusami (inf.)/mi
 scusi (form.) del ritardo
Spanish spagnolo/a
speak (vb.) parlare; *I* – parlo; *to* – *to*
 parlare con/a
spend (vb.) *a lot of time playing with ...*
 passare molto tempo a giocare con
sport: what sport(s) do you do? che
 sport fa?
square piazza
St Mark's Square Piazza San Marco
stamp francobollo
steak bistecca; *grilled* – bistecca alla
 griglia
straight ahead sempre dritto
student studente (m.), studentessa (f.)
study (vb.) studiare
summer estate (f.); *in* – d'estate
Sunday domenica
supposed to: they were – dovevano
sure certo/a; – *of myself* sicuro di me
swim (vb.) nuotare; *I like swimming*
 mi piace nuotare
swimming pool piscina

T shirt maglietta
take (vb.) prendere (p.p. preso)
taken occupato/a
teacher professor(e)
tennis tennis (m.)
thank you grazie; – *for ....* grazie di/per
that che
that (one) quello/a; *that's fine* va
 benissimo

the il, lo, la, l', i, gli, le
theatre teatro; *to the* – a teatro
them (direct object) li/le
then poi, allora, dunque
there lì, là, ci
there is c'è; – *are* ci sono; *it's not* – non c'è
they are sono
thing cosa
think (vb.) pensare; *I don't* – *so* mi sembra di no
thirsty: to be – aver sete
this evening stasera
this, this one questo/a; *these* questi/queste
through per; – *train* treno diretto
Thursday giovedì
ticket biglietto; – *office* biglietteria
till a, fino a
time tempo; *on* – in orario; *have a good -!* buon divertimento!
time (by the clock) ora; *at what* – ? a che ora?
time: this – questa volta; *at another* – in un altro momento
timetable orario
tired stanco/a
to a, ad, da; *in order to* per
to: – *me* mi; – *him* gli; – *her* le; – *you* ti (inf.)/le (form.); – *you* (pl.) vi; – *them* (a) loro/gli
today oggi
together insieme
tomorrow domani
too anche, pure; (adv.) troppo
too many troppi/e; *too much* troppo
tourist turista (m./f.)
towel asciugamano
tower torre (f.); *the Leaning Tower* la Torre Pendente
town città; – *centre* centrocittà; *old* – centro storico
town hall municipio
train treno; *by* – in/col treno
travel (vb.) viaggiare
travel agency agenzia di viaggi
two due

understand (vb.) capire
unemployed disoccupato/a
unfortunately purtroppo
university università; *at* – all'università

vegetable soup minestrone (m.)
Venice Venezia
Verona Verona
very molto; – *kind of you* molto gentile
very much moltissimo
Vesuvius il Vesuvio
village villaggio, paese (m.)

wait (vb.) aspettare
want (vb.) volere
we're, we are siamo
we've been here since/for ... siamo qui da ...
week settimana
well bene; *to feel* – sentirsi bene
went: he went è andato/andava
what (che) cosa? *at* – *time?* a che ora?
what a nuisance! che guaio! *what a nice house!* che bella casa!
what do I do? come faccio?
what do we do? come facciamo?
what have you got to do..? cos'hai (inf.)... da fare ...?
what is there to eat? cosa c'è da mangiare?
what time is it? che ora è?/che ore sono? *at what time?* a che ora?
when quando; – *you like* quando vuoi
where dove
whether se
which che
white bianco/a
who che; *who?* chi?
why not? perchè no?
why? perchè? come mai? *is that why..?* è per questo che..?
wine vino
with con
without senza
woman donna, signora; *young* – signorina
work (n.) lavoro; *to* – lavorare, funzionare
worry (vb.) preoccuparsi; *don't* – ! non preoccuparti (inf.)/non si preoccupi (form.)!
write (vb.) scrivere (p.p. scritto)
wrong: to be – aver torto

year anno

yellow giallo

yes sì; – *please* sì, grazie; *yes?* prego?

yesterday ieri; *the day before* – l'altro ieri

yet: not yet non ancora

you tu, lei, voi; – *yourself* lei; *to* – le (form.), ti (inf.), vi (pl.)

you were eri (inf.)/era (form.)

your (form.) (il) suo, (la) sua, i suoi, le sue

your (inf.) (il) tuo, (la) tua, i tuoi, le tue

your (pl.) (il) vostro, (la) vostra, i vostri, le vostre

grammar index